KB264567

차이나 소프트

차이나 소프트

ⓒ2003, 조창완

초판인쇄　　2003. 2. 20.
초판발행　　2003. 2. 25.

지 은 이　　조창완
편　　집　　이승희
마 케 팅　　이태준
펴 낸 이　　강준우
관　　리　　정현주 · 박진영
디 자 인　　김정현
펴 낸 곳　　도서출판 문화유람

등　　록　　2002. 10. 18(제17-332호)
주　　소　　서울시 강동구 성내동 434-10 광명빌딩 3층
전　　화　　02) 486 - 0385
팩　　스　　02) 474 - 1413

E - mail　　12345@inmul.co.kr
홈페이지　　http://www.inmul.co.kr

값 11,000원

ISBN 89 - 953504 - 1 - 5　03330

파손된 책은 교환하여 드립니다.

조창완의 중국 보고서

차이나 소프트

문화유람

들어가며

　조금은 속된 표현이지만 '한 방 먹는 다' 는 말이 있다. 중국에서 살면서 그런 느낌을 종종 받는다. 어제도 이런 일이 있었다. 친하게 지내던 형이 몇 일전 베이징의 패스트푸드점에 핸드폰과 지갑, 신분증 등이 든 다이어리를 놓고 나와서 택시를 탔다고 한다. 내릴 때 쯤 지갑을 찾다가 다이어리를 분실한 것을 알았다. 절망적인 마음이었지만 혹시나 하는 마음에 핸드폰으로 전화를 걸었다. 당연히 전원을 꺼 놓았으리라는 예측과 달리 전화는 신호가 갔고, 어떤 소년이 전화를 받았다. 소년은 지금 그 패스트푸드점에 있으니 얼른 오라는 말을 했다. 재빨리 가서보니 형 옆에서 음식을 먹던 중학생쯤 된 4명의 소년이 다이어리를 보관하고 있다가 건네줬다. 돈도 돈이지만 신분증이 없어지면 겪을 고통을 생각하면 그 형에게는 천당과 지옥을 왔다간 경험일 것이다.

　내가 알고 있는 중국에 대한 상식으로도 이런 경우는 설명을 할 수 없다. 공장안에 있는 비품도 못 가져가는 게 이상하다는 것이 중국식 상식이고, 주인이 없는 물건은 당연히 자신의 차지라고 인식하고 있는데, 이런 경우가 어떻게 설명될 수 있을까. 하지만 이 역시 필자가 적지 않은 선입견을 갖고 중국을 접했다는 것을 보여준다. 중국은 변하고 있다. 물론 내 집 앞 8차선 도로는 초등학교 하교시간마다 학부모들이 가져온 차로 정체가 되는 답답한 질서의식을 매일 확인해야 한다. 하지만 돼지우리를 상상하게 하던 중국 기차 안이 바뀌는 데는 1년 남짓이었고, 지금은 기차 바닥에 쓰레기를 버리는 사람을 찾기 쉽지 않다. 이런 변화를 보지 않고, 중국이 '어떻다' 라는 설명이 가능할까. 중국에 접근할 때 가장 중요한 것은 우리 안에 존재하는 선입견이나 편견을 버리는 것이다. 물론 그것이 얼마나 어려운가는 누구나 안다. 그리고 그 선입견과 편견으로 인해 많은 문제를 얼마나 잘못 이해하고, 잘못 풀어내는지 수없이 보게 된다. 필자가 이 글을 쓰게 된 것도 거기에서 출발했다. 우리가 중국을 이해할 때 너무나 쉽게 판단하려하는 것은 아닌지. 또 그런 선입견과 편견으로 중국을 잘못 이해해서 결국 우리가 중국과 부딪히는 곳에서 번번히 지고 있지는 않은지 생각해 왔다.

이번 책은 그런 생각을 갖고, 도전했지만 그다지 쉽지 않았다. 기본적인 집필 목적은 중국에 대한 기본적인 이해이다. 정치, 경제, 역사, 문학, 문화의 각각의 키워드를 통해 중국을 이해하는 것이다. 그리고 그 가장 큰 전제로 우리

가 중국에 관해 가지고 있던 선입견과 편견에 대한 도전이다. 하지만 이 작업
은 당연히 쉽지 않았다. 필자 역시 적지 않은 선입견과 편견에 사로잡혀 있기
때문이다. 이를 보완하기 위해 가능한 많은 책을 읽고, 많은 자료를 검색하고,
많이 생각하려 애썼다. 또 쌍방향성이 뛰어난 '오마이뉴스' 연재를 통해 그런
문제를 적극적으로 풀어냈고, 그 결과 많은 도움을 받았다고 생각한다. 항상
주변에서 지지와 비판을 아끼지 않는 아내 하경미에게 감사한다. 또 이 책을
쓰고 있을 때, 태어난 아들 용우가 자라서 읽어도 유효한 책을 쓰고 싶었는데,
그 답안은 15년 후쯤에 들어야 할 것 같다. 그리고 앞 책부터 적지 않은 도움을
준 이승희씨에게도 감사드린다.

2003년 정초 하늘나루(天津)에서 조창완

차이나 소프트

차례

제3부 문화로 읽기

차이나 소프트

차례

제5부 역사로 읽기

제1부 정치政治로 읽기

정치는 그 사회의 가장 큰 동력이다. 공산 중국에서 정치는 사회를 좌지우지하는 가장 중요한 체계다. 아직 경제나 문화 부분 등의 독립성이 보장되지 않은 상황에서 모든 요소는 정치의 영향을 받을 수밖에 없다. 그런 의미에서 중국 정치에 관한 이야기를 머리에 둔다.

정치 부분의 작은 이야기는 '공자가 봉(?)' 등을 포함해 8개로 잡았다. 공자는 고대의 위인이자 정치사상가 이다. 우리나라 사람들은 중국에서도 우리와 같이 유가(儒家)의 정치이념이 절대적인 통치이념으로 작용한다고 생각하는 것 같다. 하지만 그렇지 않은 것이 중국의 상황이다. 우선 공자를 중심으로 중국 정치이념을 살펴본다. 이후의 주제들도 모두 현대에 지속적으로 영향을 주는 정치요소를 재점검하는 것이다.

현대 정치에서 아이러니한 삶을 산 장궈다오(張國燾)나 린비아오(林彪) 등도 그런 의미에서 점검할 만하다. 최근에 화궈펑(華國峰) 등의 공산당 자진탈당으로 말해주는 중국 내 정치이념의 혼란까지도 다룬다. 또 리펑(李鵬), 주룽지(朱鎔基)가 상당 부분 뒤로 물러서고, 장쩌민(江澤民)의 주도하에 그의 후계자들로 분류되는 후진타오(胡錦濤), 정칭홍(曾慶紅) 등이 앞으로 정국(政局)은 중국 미래에 시사하는 바가 많다. '정치로 읽기'는 중국 근대이후 정치 해석에서 시작해서 가장 최근의 정치흐름과 정치 과제를 마지막으로 다룬다.

제1장 공자(孔子)가 봉(?)인가

공자가 봉(?)

공자(孔子)의 고향이자 그가 잠들어 있는 산둥성(山東省) 취푸(曲阜)의 공림(孔林), 공묘(孔廟), 공부(孔府)에는 지금도 공자를 기리는 사람들의 발길이 끊이지 않고 있다.

맹자(孟子)의 고향인 산둥성 추현(鄒縣)의 맹자사당에 찾는 사람이 드문것과 아주 대조적이다.

그러나 매년 10월 말이면 공자를 모신 축제가 벌어지는 이곳이 언제나 양지였던 것은 아니다. 중국 근대 사상의 아버지 루쉰(魯迅)은 공자를 혹독히 비판했다. 그는 역작 『광인일기』를 통해 "역사책에는 연대가 없고 어느 페이지에나 '인의도덕(仁義道德)' 이라는 몇 글자가 비스듬하게 씌어 있었다. 어차피 잠도 오지 않고 해서, 한밤중까지 자세히 들여다보았는데, 그러자 글자와 글자 사이에서 또 다른 글자가 보였다. 책에 가득 씌어져 있는 두 글자는 '식인' (食人)' 이었다!"(전형준 역)라며 유교

9,999계단으로 되어 있는 타이산(泰山) 등산로. 공자도 몇 차례 이곳에 올랐다. 물론 당시에는 이런 계단이 아니었다.

의 허위의식을 비꼰다.

바로 공자의 사상이 위정자들의 사상의 기초가 되어 백성들 위에 군림하는데 도움을 주었기 때문이라는 것이다. 루쉰(魯迅)은 또 노자(老子)의 한 순간을 담은 '관문 밖으로'를 통해 노자 사상의 가치를 더 높게 산다고 말했다.

공자의 사상은 이후에도 몇 차례의 위기를 맞는다. 물론 역사상 끊임없이 오간 논쟁은 배제한다. 무엇보다 1966년~1976년까지 10년간 중국 대륙을 휩쓴 문화대혁명(文化大革命)은 공자에게는 큰 위기였다. 여기에는 '비림비공(批林批孔)' 운동이 있었기 때문이다. 이는 초반기 문혁(文革)의 중심세력인 린비아오(林彪)가 자신의 정치적 세력이 무너지자 마오쩌둥(毛澤東)을 암살하기 위해 세력을 모았으나 여의치 않자 결국 군용제트기로 소련으로 망명하려 하지만 몽골에서 비행기가 추락해 사망한다. 이 사건으로 유가(儒家)의 대표인 공자는 같이 비판을 받는다.

'비림비공(批林批孔)'은 비림정풍(批林整風)운동과 비공(批孔)투쟁을 결합시킨 말로, 공자의 주요 말씀 중에 하나인 '극기복례(克己復禮)'는 노예제도를 복귀시키려는 것이고, 린비아오(林彪)의 '반혁명수정주의 노선' 역시 극기복례(克己復禮)를 통하여 '지주·자산계급의 전제(專制)'를 복귀시키려는 것으로 보았기 때문에 공격하였던 운동이다.

이런 흔적은 공산 중국의 철학적 기초인 린제유(任繼愈) 편의 『중국철학사』에 간명하게 나타난다. 1973년에 펴낸 이 책에서 유물론적 체계를 세우기 좋은 도가와 달리 유가는 유심론(唯心論)적인 요소가 풍부하다며 호되게 비판한다. 이는 유가의 권위 자체는 인정되지만 공자, 맹자보다는 혁명의 정당성을 처음으로 표출한 동중서(董仲舒)의 가치를 더 높게 평가했다. 그리고 유가사상(儒家思想)의 적통(嫡統)이라는 현대 한국에서도 호되게 비판받고 있다.

문혁(文革)* 당시 비판받은 공자의 노선은 "노예소유주의 이익을 대변하여 노예제의 사상적 지주인 천명론(天命論 – 하늘이 왕을 내린다는 것)을 극력(極力) 옹호하고, 노예소유주 계급의 '禮'와 '仁'을 선양(禪讓)"(『중국철학사』 린제유(任繼愈) 중) 했기 때문이다. 이는 순자(筍子)나 한비자(韓非子)에게도 비판을 받았던 내용이다. 또 전제 왕권이 몰락하는 정권 말기에 봉기한 〈황건적의 난〉, 〈황소의 난〉, 〈태평천국의 난〉 등이 모두 도가사상

문화대혁명(文化大革命)을 일반적으로 文革이라고 줄여서 말한다.

고궁(古宮) 태화전, 타이산 대묘와 더불어 중국 3대 전각(殿閣)중 하나다.

을 토대로 했기 때문에 정복세력에게 문약한 유가는 항상 비판을 받았다. 이렇듯 각 시대 후반에 도가사상이 부흥하기는 했지만 중국 역사에서 공자가 언제나 홀대받은 것만은 아니다.

후한(後漢) 시대 이후 위정자들의 대다수는 유가이념(儒家理念)을 통치이론의 중심으로 삼았다. 이런 상황에서 불교의 전래는 유가에게도 힘이 됐다. 불교의 유심론(唯心論)을 수혈(輸血)받아 이념적으로 큰 힘을 얻은 유가는 위진 남북조(魏晉南北朝), 수(隋), 당(唐)대에 중심사상이 되었다. 이후에도 송(宋), 명(明)은 물론이고 이민족으로서 중국을 장악한 원(元), 청(淸)대에도 유교는 중심이념이 되었다. 공자의 사상이 가장 힘든 시기는 무엇보다도 근대 이후이다. 서구에 끊임없이 위협받던 당시 중국 내부에서 나약한 중국의 원인을 유가사상에서 찾았다. 하지만 중국에서 사상 수용에 관한 이분법적인 사고는 위험하다.

톈진사회과학원(天津社會科學院)에서 중국문화와 기업관리를 연구하는 둥쓰타이(董四代)는 "중국은 철저하게 유가, 불가, 도가의 사상을 결합하면서 살아왔지 결코 한 사상이 절대적으로 우세한 적은 없다. 당(唐)대에는 이념적으로 유가, 불가, 도가가 철저히 골고루 안배된 복잡한 시기이지만, 가장 아름다운 문화의 꽃이 피어났으며 공자가 가장 비판받았던 '비림비공(批林批孔)' 시대 역시 정치적으로 혼란한 시대여서 빚어진 복잡한 사태일 뿐, 결코 중국내부에서 유가를 일방적으로 매도한 적은 없다. 지금도 각 기업의 문화를 보면 불교를 기업문화로 한 슈앙싱(雙星)이나 유교를 기업문화로 삼은 창훙(長虹) 등이 각기 번성하듯이 중국 문화는 종교 간에 배타적인 적이 없다."고 말했다. 그는 또한 "이미 유교는 우리 핏속에 있는 하나의 중요한 성분인데 그것을 버릴 수도 없지만 버려할 이유도 없다"고 말한다.

중국 사상사의 특징은 종교 간의 철저한 융화이다. 유가는 불교가 들어온 이후 내심수행(內心修行)에 대한 관심을 증대시킴으로써 종교 간에 융화(融和)를 꾀했다. 그러면서도 민중의 힘에 대한 인식도 강하게 했다. '水能載舟 水亦可覆舟(물은 배를 띄우지만, 뒤집을 수도 있다; 한편으로는 이로움을 주지만, 다른 한편으로는 해를 끼칠 수도 있다)'라고 해서 물과 같은 백성의

공자(孔子)를 모신 대성전. 공자의 위패(位牌)를 모시고 있다.

공자의 묘석. 옆에는 아들
공리(孔鯉)가, 앞쪽에는 자
사(子思)의 묘가 있다.

힘을 중시했다.

타이산에 오르면

중국인의 종교 간에 융화는 어디서나 쉽게 느낄 수 있다. 특히 공자의 고향인 취푸(曲阜)에서 한 시간 거리이자 '태산이 높다하되 하늘 아래 뫼이로다' 라는 시조로 우리에게 친숙한 타이산(泰山)에 오르면 유가와 도가 그리고 불교문화를 모두 만날 수 있다.

타이산의 입구에 있는 공자가 타이산에 오른것을 기념하는 공자등림처(孔子登臨處)와 중국 3대 전각*의 하나인 다이먀오

(岱廟)가 있다. 또한 '공자는 성인 중의 태산이고 태산은 산악 중의 공자다(孔子聖中之泰山, 泰山嶽中之孔子)'라며 타이산 정상 공묘(孔廟) 입구에는 이렇게 공자와 타이산을 비유하는 글이 써 있다.

타이산은 중국의 오악(五岳)의 하나인 동악(東岳)으로 제왕이 된 사람은 이곳 산꼭대기와 산기슭에서 '봉선(封禪)' 의식을 행하였다. 이러한 황제들이 행하던 봉선(封禪)은 도가문화(道家文化)의 유산이다. 산신(山神)을 숭배하는 것은 도교에서만 있는 전통이기 때문이다.

산에 오르면서 만나는 일천문(一天門), 중천문(中天門), 남천문(南天門)을 비롯해 타이산 정상에 있는 옥황정(玉皇頂) 역시 도가문화의 유산이다. 그리고 도가와 유가의 흔적 못지 않게 중국에서 손꼽히는 사찰인 링옌스(靈岩寺)나 뽀자오스(普照寺)가 있어 불교에 배타적이지 않은 것을 알 수 있다.

이런 흔적은 우리에게도 익숙한 『서유기(西遊記)』 등 중국 고전에서도 쉽게 찾아볼 수 있다. 『서유기』는 불가를 중심으로 도가, 유가가 모두 합쳐져 있다. 명(明)대 오승은(吳承恩)의 작품인 『서유기』는 대당(大唐) 황제의 칙명으로 불전(佛典)을 구하러 인도에 가는 현장삼장(玄奘三藏)과 그 일행의 이야기이다.

『서유기』는 우선 불전을 구하러가는 현장의 이야기라는 점에서 불가적인 색채를 띠지만 손오공(孫悟空)으로 표출되는 이야기는 대부분 도가 이야기이다.

옥황상제는 도가의 절대신이고, 손오공이 먹는 천도복숭아 역시 도가사상의 산물이다. 그러나 현

중국 3대 전각.
타이산(泰山)의 대묘(岱廟), 고궁(古宮) 태화전(太和殿), 공자의 사당 대성전(大成殿).

장(玄奘)이 황제의 명을 받아 떠난다는 점에서 유가의 군신(君臣)관계가 담겨져 있는 소설이기도 하다. 이런 종교의 복합관계는 중국 문화 대부분에 깊숙이 뿌리박혀 있는 것이다. 한국의 경우 산사에 산신전(山神殿) 등 샤머니즘적 요소가 있다지만 절이나 사당의 경우 그런 흔적이 더욱 짙다. 대부분의 사묘(寺廟)에는 불가와 도가 등이 복잡하게 얽혀 있다.

근대 이후 공자의 사상은 몇 차례의 홍역을 치렀다. 하지만 이는 어떤 변화나 계몽운동과 더불어 구호화(口號化)된 측면이 강하다. 중국 역사에서 어떤 사상이 절대적으로 득세한 것도 없고, 더욱이 배타적인 적도 드물다.

모든 사상을 결합해서 자신에게 필요한 요소를 축출해 앞에 세우고 다른 것을 곁가지로 세우는 것이 중국 문화의 과정이다. 따라서 공자도 비판적인 입장에서 앞에 세워진 적이 있지만 그가 절대적으로 부정되지는 않았다.

현대에 들어 공자는 수십만에 달하는 취푸(曲阜)와 주변 지역을 먹여 살리는 역할을 한다. 공자의 유산이 바로 관광자원이기 때문이다. 2500년 전 태어난 공자가 이젠 중국인들에게 돈을 벌어 주는 진짜 봉(?)으로 되살아나고 있는 것이다.

제2장 중국인의 절대적인 사랑 쑨원(孫文)

치우치지 않은 정치적 행보

중국 근대사에서 극적인 인물을 꼽으라면 몇 사람이 있다. 청나라 말기 정권을 움직인 서태후(西太后)도 있고, 청나라의 마지막 부흥을 꾀한 위안스카이(袁世凱)도 있고, 새로운 중국성립을 다른 방식으로 고민한 량치차오(梁啓超)나 캉유웨이(康有爲)도 있을 것이다. 하지만 이 근세(近世)를 가장 잘 넘긴 이를 꼽으라면 누구라도 중국 건국의 아버지 쑨원(孫文)을 꼽을 것이다.

중국 건국의 아버지 쑨원(孫文).

필자가 중국에서 만난 것 중에 가장 특이한 것은 쑨원에 대한 중국인들의 절대적인 사랑이었다. 중국 대도시에 가면 빼놓지 않고 만날 수 있는 곳이 하나있는데 바로 쑨원의 호에서 따온 '중산(中山)공원'이다. 그러면 '얻어맞는 문제'를 해결해준 마

광둥성(廣東省)에 자리한 쑨원(孫文)의 생가. 할아버지에게 이야기를 듣는 쑨원의 어린시절 상이 있다.

오쩌둥(毛澤東)이나 '배고픔'을 해결해준 덩샤오핑(鄧小平)을 기념한 것이 아니라 쑨원을 기념하는 공원이 왜 많이 생겼을까. 이런 의문은 난징(南京)에 있는 중산릉(中山陵)에서 절정에 달한다.

묘의 입구에서 중심지까지 반시간을 걸어야 도착할 수 있는 거대한 규모도 규모이지만 '중국 건국의 아버지'라고 불리는 그의 묘를 전제주의(專制主義) 왕들의 묘를 지칭하는 능(陵)이라고 부르는 것도 특이하다.

이밖에도 쑨원의 고향인 샹산(香山)을 중산(中山)으로 바꾼 것을 비롯해 고향인 광저우(廣州)의 중산기념관(中山紀念館)과 비(碑)는 물론이고 상하이, 베이징의 그가 살았던 집도 잘 보존되어 숭배 분위기가 물씬 풍긴다. 베이징의 외곽에 있는 샹산(香山) 피윈스(碧雲寺)는 쑨원이 죽은 후 안치된 곳으로 유명하다. 여기에는 모두 쑨원의 유물로 채워져 있는데, 산의 이름조차도 쑨원의 고향인 샹산(香山)으로 개명됐다.

최근에는 쑨원의 생애를 다룬 드라마가 심심치 않게 만들어지고 있다. 더욱 흥미로운 것은 중국뿐만 아니라 대만도 쑨원을 정신적 지도자로 삼는다는 데 있다.

사실 필자는 쑨원이라는 인물을 그다지 좋아하지 않는다. 그의 혁명가적인 기질은 좋아하지만 그가 혁명을 이루기 위해 모색하던 다양한 방식을 보면 일본 등 외세의 힘을 빌어서 청(淸)왕조를 몰아내고 정권을 장악하려는 속성을 강하게 느끼기 때문이다. 그의 정치적 지향은 백범 김구와 이승만의 정치 행보를 복합해 놓은 것처럼 복잡하기만 하다. 혁명을 위해 투쟁할 때의 모습은 김구 선생을 닮았지만, 일본은 물론이고 영국 등 외세를 빌려 자국에서 정치적 힘을 확보하려는 것은 이승만을 닮았기 때문이다.

그의 단편적인 삶을 살펴보자. 1866년 11월 광둥성(廣東省) 샹산(香山-현재의 중산(中山))에서 태어났다. 형이 하와이에서 경제적으로 성공해 서구에 눈을 돌릴 수 있었고, 서서히 혁명가의 기질을 갖기 시작한 그는 마을사람들이 미신으로 숭배하는 북제묘(北帝廟)와 신상(神像)을 파괴하는 행동을 보이기도 했다. 후에는 의학을 배워 의사로 명성을 높인다.

1894년 청일전쟁(淸日戰爭)때 하와이로 건너가 중국 부흥을 의미하는 흥중회(興中會)를 조직한 뒤 화교(華僑)들을 모아, 이듬해 10월 광저우(廣州)에서 거병(擧兵)하였으나 실패하고 일본으로 망명, 변발을 자르고 양복차림을 하기 시작하였다. 그가 혼란에 빠진 중국 정치계에 이름을 올린 것은 1896년 10월 〈런던 청나라 공사관 감금사건〉 때문이다. 그가 광저우(廣州) 봉기를 실패한 후 영국에 갔다가 스스로 청나라 공사관으로 들어가 갇히는 꼴이 된다. 다행히 컨트리 경의 구명운동과 『더 글로브』지가 〈중국 혁명가가 런던에서 유괴, 공사관에 감금되다〉는 특종을 터트리는 바람에 석방된다.

그는 이때 영국에 머무는 동안 삼민주의(三民主義)를 구상하였다. 삼민주의는 중국을 천년의 전제국가에서 해방하고, 만주족의 지배와 서구 제국주의 마수에서 벗어나기 위해서는 민족(民族)과 민권(民權), 민생(民生), 이 세 가지 혁명을 통해 찾아야 한다는 것이었다.

이후에 다시 중국에 돌아가 여러 차례 봉기(蜂起)를 일으키다가 실패, 감금(監禁), 석방(釋放)을 거듭하면서 명사(名士)가 됐다. 그는 혁명의 동지로 일본을 상당히 중시했다. 일본인들과 합작해 다시 봉기(蜂起)를 준비하고, 한편으로는 보황파(保皇派-청조를 옹호하면서 그 체제 속에서 개혁을 하자는 파)인 캉요웨이(康有爲) 등과 접촉해 혁명을 모색하지만 서태후(西太后)의 '무술정변(戊戌政變)'*으로 인해 이 세력이 타격을 받아 쫓

무술정변(戊戌政變): 청·일 전쟁에 패배한 뒤에 근대화를 이룩하려는 기운이 일어나서 1898년 광서제는 캉요웨이 등 혁신적 관리들을 등용하여 입헌군주제의 실시를 비롯한 여러 가지 근대적인 개혁을 단행하려고 하였다. 그러나 그러한 개혁시도는 서태후를 비롯한 보수파의 반발을 사게 되어, 그들의 음모로 100일 만에 실패하고 말았다. 그 결과 광서제는 갇히고 캉요웨이 등이 탄압을 받았다. 또 전제정치가 부활되었으며, 중국의 자주적인 근대화 운동은 실패로 끝나고 말았다.

기는 신세가 된다.

1900년 쑨원은 청나라 거물 리훙장(李鴻章)과 합작을 시도하지만 리훙장이 북양대신(北洋大臣)이 되는 바람에 실패하고 후이저우(惠州)의 무력봉기는 일본의 지원철회로 인해 역시 실패한다.

그러나 이러한 거듭된 실패에도 불구하고 1905년 일본에서 8천여 명에 이르는 유학생들을 규합해서 '중국혁명 동맹회'를 만들어 각종 홍보활동과 조직활동을 한다. 한편 먼저 귀국한 동지들이 각지에서 일으킨 봉기중 하나인 1911년 제10차 황화강(黃花岡) 봉기 역시 실패했다. 그러나 그 와중에서도 중국은 물론이고 세계적으로 쑨원의 이름은 높아간다.

1911년 신해혁명(辛亥革命)*이 일어나면서 중국은 급속히 변혁의 시대에 들어간다. 이때 국제적으로 지명도가 높은 쑨원은

광저우(廣州)위에수(越水) 공원의 중산 기념비. 쑨원(孫文)의 정치적 고향인 광저우(廣州)에는 그의 정치적 발자취가 많다.

신해혁명(辛亥革命): 1911년(辛亥年)에 일어난 중국의 민주주의 혁명. 제1혁명이라고도 한다. 이 혁명으로 청나라가 멸망함으로써 2000년간 계속된 전제정치(專制政治)가 끝나고, 중화민국(中華民國)이 탄생하여 새로운 정치체제인 공화정치의 기초가 이루어졌다. 1900년의 의화단(義和團)사건 이후 청나라의 유럽 열강에 대한 굴종적 태도는 한층 더 심해졌다. 1905년 각 지의 반정부 세력은 중국 최초의 정당인 중국 혁명동맹회(革命同盟會)를 결성하였다. 청나라도 이에 대항하여 중앙집권 체제의 운동(新政運動)을 도모하였으나 사회적 모순은 격화되고, 신정반대 · 세금거부 · 그리스도교 배격 등의 대중투쟁이 전국적으로 확대되었다. 이 움직임에 따라서 지방의 유력자, 즉 향신(鄕紳)과 상공업계를 기반으로 입헌파(立憲派)가 형성되어 입헌군주제를 지향하여 국회 속개(速開) 운동을 일으켰다. 이에 대해 화교(華僑) 외에 재일본유학생과 국내의 지식 청년층을 참가시킨 혁명파는 중국동맹회를 결성하여 비밀결사인 회당(會黨)과 손을 잡고 민주공화제를 지향하는 반청(反淸) 무장투쟁을 전개하였다.

쑨원(孫文)이 사망한 후 시신이 안치되었던 샹산(香山) 피윈스(碧雲寺).

1911년 크리스마스 날 상하이에 돌아옴으로써 화려하게 중국 정치의 전면에 자리한다. 청조(淸朝)의 몰락은 이제 불을 보듯 뻔했지만 이와 더불어 중국을 삼키려는 서구 제국주의 세력의 움직임도 기민(機敏)했다. 이 와중에 쑨원은 상하이에 도착한지 4일 후인 12월 29일 난징(南京)에서 열린 선거에서 압도적인 표로 임시 대총통에 추대된다.

1912년 1월 1일에 쑨원을 대총통으로 한 중화민국(中華民國)을 탄생시켰으나 얼마 후 북부의 군벌들과 타협하여 정권을 위안스카이(袁世凱)에게 넘겨주었다. 이후 위안스카이(袁世凱)는 선거에서 승리한 국민당의 당수(黨首) 쑹자오런(宋敎仁)을 암살하고 황제로 등극하려는 야심을 보였다. 쑨원은 다시 봉기를 일으켰으나 실패해 일본으로 망명했다. 쑨원은 일본과 중국에서 새로운 세력 모으기를 지속했고, 장쩨스(蔣介石)등이 참여했다.

위안스카이의 야망은 광둥(廣東)등 남방에서 확산된 반(反)위안스카이(袁世凱) 세력이 확장되어 그의 지지자였던 군벌(軍閥)들이 하나둘 등을 돌리기 시작하자 꺽이기 시작했으며 1916년 6월 5일 마침내 위안스카이는 숨을 거둔다.

이후 쑨원은 다시 힘을 모았지만 각 지역에서 군림하던 군벌의 성장으로 인해 좌절할 즈음인 1919년 5·4운동*이 일어났다. 또한 중국에 대한 야심을 불태우던 일본에 대한 경계심도 커져갔다. 1924년 쑨원은 국민당은 물론이고 공산당 장교들의 토대가 된 황푸군관학교(黃埔軍官學校)*를 세워 힘을 모았다. 학교 내부는 국민당의 실질적 지휘자인 장쩨스(蔣介石)가 주역이었지만 서서히 발원하는 공산당의 활동무대이기도 했다.

쑨원은 부인 쑹칭링(宋慶齡)등과 더불어 일본 국민들에게 불평등한 조약을 직접 호소하기위해 일본을 직접 방문하고, 베이징도 방문했다. 하지만 이런 가운데 지병이 악화되어 1925년

5·4운동: 1919년 5월 4일 중국 베이징의 학생이 일으킨 반제국주의·반봉건주의 혁명운동. 중국의 신민주주의 혁명의 출발점으로 평가되며, 또한 근대사·현대사의 새로운 기원을 여는 시기로 평가되기도 한다. 당시 제1차 세계대전에서 유럽 열강이 중국침략의 고삐를 늦추고 있을 때, 일본은 21개 조항 요구 등으로 중국에 대한 압력을 가중시키고 있었다. 대전이 끝나자 독일에 대한 전승국인 일본·영국·프랑스·이탈리아·미국 등은 파리에서 평화회의를 개최하고, 독일이 중국 산둥성에 가지고 있던 권익을 일본에게 양보하라는 일본의 요구를 받아들였다. 이에 분격한 베이징의 학생은 5월 4일 데모를 벌여 반대의 기세를 올렸다. 학생들 사이에는 이미 21개 조항 요구반대운동의 경험이 있었고, 또한 베이징대학을 중심으로 한 문학혁명 이후의 신문화운동도 경험하였다. 그리하여 이 5·4운동은 애국운동에 그치지 않고, 봉건주의에 반대하고 과학과 민주주의를 제창하는 문화운동의 요소를 띤 광범한 민중운동으로 발전하는 계기가 되었다.

3월 12일 간장암으로 베이징에서 사망한다. 그는 샹산(香山) 피원스(碧雲寺)에 안치되어 있다가 1926년 6월 1일 난징(南京) 중산릉(中山陵)으로 무덤을 옮겼다. 그는 결국 중국 통일의 꿈을 이루자 죽게 된 것이다.

쑨원의 인생은 위와 같이 실패로 거듭된 것이다. 그럼에도 불구하고 그가 대만은 물론이고 공산 중국에서도 영웅이 된 것은 공산당과 국민당 어디에도 확실한 지지를 남기지 않은 이유 때문이라고 본다. 거기에 새로운 중국 수립에는 맨몸으로 중국 건국을 끌어가던 쑨원의 정치적 자산이 필요했다. 결국 서로 쑨원이 자신들의 정치사상을 지지한다고 믿은 두 세력은 각각의 쑨원을 만들어냈다.

쑨원은 혁명을 성공시키기 위한 기초로 국민정신의 일신을 꾀하는 '심리건설(心理建設)'이 필요하다고 판단했다. 정치적, 군사적인 혁명운동으로 부족하며, 정신 혹은 사상의 혁신이 이루어져야 함을 절감했던 것이다. 보다 구체적으로는 중국인의

황푸군관학교(黃埔軍官學校): 중국 국민당 지도자 쑨원(孫文)이 세운 학교. 제1차 국공합작의 한 성과로 설립된 당군(黨軍:국민혁명군)을 조직하기 위해 설립한 간부양성기관이다. 1924년 1월의 중국국민당 제1차 전국대표회의에서의 결의에 따라 코민테른·소련 등의 원조를 받아 동년 6월에 광저우(廣州) 교외에 있는 황푸(黃埔)에 설립, 교장에 장쩨스(蔣介石)가 취임하였다. 당군이 없었기 때문에 체험해야 했던 혁명과정에서의 오류에 대하여 쑨원은 뼈아픈 반성을 하고 스스로의 혁명군을 조직하려고 한 것으로서 커다란 의미를 갖는다. 군관학교 및 그 밑에 조직된 교도단(敎導團:聯隊)은 소련의 적군(赤軍)을 본떠서 교장·사령관·대장(隊長) 외에 당대표와 정치부원을 두고 국민당이 통제하도록 하였으며, 또 군대의 정치교육을 담당시켰다. 최초의 당 대표는 랴오중카이(廖仲愷), 정치부주임은 다이치타오(戴季陶), 부주임은 저우언라이(周恩來)였으며, 기타 다수의 구소련 군사고문이 교관으로 있었다. 교장이던 장쩨스는 군관학교를 중심으로 한 당군을 장악하여 국민정부 내에서의 자기 세력을 형성해갔다. 후일 군사고문단과 장쩨스의 대립과 학교와 군대 내의 항쟁 등이 뒤얽혀 복잡한 파벌 항쟁으로 발전한다. 군관학교는 1926년의 2전대회(二全大會)에서 중앙군사정치학교로 개칭되었다.

전통적인 사고방
식, 즉 구태의연한
심리와 사상을 타
파하고 혁신시켜
야 혁명이 성공할
수 있다고 보았다.
이에 따라 민족주
의와 민권주의도
그 성격이 다소 바
뀌게 된다. 청나라

쑨원(孫文)이 죽은 후 소
련에서 보내왔다는 관. 관
이 도착했을 때는 쑨원은
중산릉에 안장되었기 때
문에 샹산 피윈스에 보관,
전시하고 있다.

왕조를 무너뜨리는 민족 혁명을 완수하고 중화민국을 수립함으
로써 민권을 위한 정치 혁명도 완수 했지만, 제국주의로부터 민
족해방이라는 과제는 달성하지 못했다고 판단한 것이다. 결국
'연아용공(聯俄容共)', 즉 소비에트 러시아 및 공산주의 세력과
협력하여 서구 열강의 제국주의에 대항해야 한다는 주장에 이
르게 된다.

민생주의에서도 대지주, 대자본가의 등장을 예방하면서 일종
의 국가사회주의적인 산업발전을 꾀했던 것에서 더 나아가 농
민에게 토지를 균등하게 분배하는 '농민해방'까지 꾀하게 된다.

연아용공, 노동원조(노동자 농민을 동원함)라는 새로운 정책
은 1924년 1월 중국 국민당 제1차 전국대표대회에서 공표, 채
택되었다. 이로써 국공합작의 기틀이 마련되었고 노동운동과
농민운동이 격화되었으며, 급기야 전국적인 혁명운동으로까지
이어졌다. 그러나 쑨원은 전국적인 혁명운동의 전개를 당부하

는 유언을 남기고 세상을 떠났다. 이런 쑨원의 사상은 중국혁명의 사상적 기반과 지도원리가 되어 정치적 입장을 달리 했던 국민당과 공산당 모두 그를 추앙하게 된다. 이는 사망 당시 국민당이 장례를 준비했고 레닌이 그를 위해 관(棺)을 보내는 예우를 한 것만 봐도 그의 위상을 알 수 있다. 더욱이 그의 부인인 쑹칭링(宋慶齡)이 그가 사망 후 국공합작과 항일전쟁을 선도하여 공산중국의 성립에 지대한 역할을 하였고 국민에게 덕망이 높아 중국에서 쑨원의 위상도 그 만큼 커졌다.

살아생전에 쑨원은 별다른 영화를 누리지 못했지만 그는 죽어서 '중산릉(中山陵)' 이라는 절대 군주시대의 묘명(墓名)을 갖는 등 '중국 건국의 아버지' 로 추앙(推仰)받고 있다.

쑨원은 근대 중국역사상 최대의 풍운아였고, 흥미로운 삶을 살았다. 그는 수십차례의 봉기를 벌였지만 번번이 실패했고 그 봉기로 인해 처형된 동지의 숫자만 해도 엄청나다. 또한 삼민주의(三民主義)를 주창(主唱)했지만 그의 국제정서에 대한 감각은 일본인들에게 동정을 구할 만큼 미약했다.

그가 동정을 구걸했던 일본인들은 그가 난징(南京)에 묻힌 후 약 10년 뒤인 1937년 12월부터 다음해 1월까지 난징(南京)과 그 부근에서 35만 명 가량을 학살하는 만행을 저질렀다. 하지만 그의 사후 영화(榮華)는 여전히 빛난다. 중국인들에게 그는 영원한 혁명가이고, 중국 성립의 투쟁철학을 만들어줬기 때문이다. 그는 한족(漢族) 중심의 중국이 지속되는 한 영원히 '건국의 아버지' 로 숭앙(崇仰)받을 것이다.

제3장 중국에 윤봉길 의사 같은 이가 있을까?

민족보다는 理念을 지키기 위한 혁명적 삶

중국의 근대사를 살펴보면 우리나라에 비교가 안될 만큼 만신창이였다. 아편전쟁(阿片戰爭)을 기점으로 서구 제국주의는 물론이고 일본에게 끊임없이 협박을 받아야만 했다. 베이징 서북 방향에 있는 위앤밍위앤(圓明園)은 서구에 대한 동경과 배신의 역사로 중국이 그 기억을 잊지않기 위해 의도적으로 보존하고 있는 곳이다. 청 왕조가 들어서 조성되기 시작한 이 여름 궁전은 청나라 후반 전성기를 이끈 건륭제(乾隆帝)가 서구의 바로크식 건축양식을 모방해 지은 화려한 궁전이다. 하지만 1860년 제2차 아편전쟁 때 영국, 프랑스 연합군에 의해 이곳은 기둥하나가 제대로 남아있지 않을 만큼 초토화 됐다.

위앤밍위앤(圓明園)은 연합군의 공격을 받아 수십일 간 불탔고, 서양 군인들은 자기 몸을 가누지 못할 정도로 보물을 챙겼다고 기록하고 있다. 아름다운 궁전의 대리석과 비석이 그 자리

루쉰(魯迅) 공원안에 있는 윤봉길의사의 의거 기념석. 이 의거로 임시정부는 중국에 그 존재를 인식시키게 됐고, 험로를 거쳐서 민족의 정통성을 이을 수 있었다.

에 있었다고는 도저히 상상하기 어려울 만큼 완벽하게 파괴되어 있기 때문에 위앤밍위앤(圓明園)의 역사를 말하는 중국인들의 표정은 잔득 상기되어 있다.

그런 중국사를 만나면서 우리들은 작은 의문을 갖게 된다. 바로 우리의 안중근, 윤봉길 같은 독립지사가 왜 없는가 하는……. 우리가 역사에서 윤봉길 의사를 배울 때 상하이 홍쿠공원(虹口公園 현재는 魯迅公園)에서 도시락 폭탄을 던져 일본군 수장들을 날릴 때, 도대체 수억에 달하는 중국인들은 무엇을 하고 있었는가…….

이민족 수난에 대한 불감증, "기다리면 어떤 세력도 무너지고……"

사실이다. 중국인 가운데는 한국의 독립지사들이 일본군이나 천황을 향해 폭탄을 던지던 때, 자신들은 어디에 있었는가라고 물을 것이다. 그럼 중국인들은 과연 겁쟁이여서 일본을 향해 폭탄한번 못 던진 것일까. 이것으로 중국인들의 혁명기질의 부족이나 소심함으로 파악하는 것은 지나치게 단편적인 시각일 수 있다.

중국인들은 한국인 못지않게 용감하기도 하다. 물론 그들은 기질이나 전투 능력에 있어서 위구르나 말갈, 여진, 만주족에 비해 강하지 못하다. 중국사에서 자신들의 영토가 파키스탄까지 이르렀다는 당(唐) 나라 시대만 해도 한족(漢族)의 정부는 스스로 오랑캐라 부르던 변방의 민족들에게 조공에 가까운 대우를 해야만 했다. 중국이 변방(邊方)국가에 상대적으로 강한 힘을 발휘했던 것은 몇 황제에 지나지 않았다. 중국의 영토를 서구로 넓히는 데 공헌을 한 한무제(漢武帝)조차 후반에는 신선술에 빠져서 점차 세력이 약화됐고, 가장 강성했다는 당태종(唐太宗) 역시 후반에 고구려(高句麗) 원정 실패로 그 세력이 극히 약해졌다.

당연히 당시 국제사회에서 중국의 힘은 약할 수밖에 없었다. 이런 역사는 수(隋), 당(唐), 송(宋), 명(明) 등 한족 정권과 원(元), 청(淸) 등으로 이어지는 한족(漢族)과 변방(邊方)민족의 정권 교체사를 통해 대강이나마 알 수 있다.

그들이 이 과정을 통해 배운 것은 무엇일까. 사실 세월이 오랫동안 흐르니 변방민족도 우리민족이랑 큰 차이가 없고, 우리랑 생각하는 것이 같더라하는 것이다. 이는 중원에 들어온 변방민족에게도 마찬가지였다. 물론 중국에도 악비(岳飛)같은 독립운동가도 있었고, 반청복명운동(反淸復明運動)이 있었지만 그들은 "기다리면 어떤 세력도 무너지고 다시 힘을 얻을 수 있다"는 관념을 갖고 있었다.

역사는 항상 그것을 증명했고, 근·현대에도 그런 생각은 마찬가지였다. 그런 사고가 일본이라는 침략자에 대한 방어능력을 약화시켰다. 더욱이 그 시기는 국민당과 공산당의 내전(內戰)으로 중국민족의 방어기제가 대외적으로 작용하기에는 문제가 있었다.

그러면 중국에는 우리와 같이 목숨을 던져서 무엇인가를 지킨 이들이 없을까. 자신의 이념을 지키기 위해 목숨을 던진 이는 인구 대비로 봐도 우리나라의 투쟁에 비해 결코 떨어지지 않는다. 일본이 패망한 가장 큰 이유는 미국의 원자폭탄이 있기도 하지만 중국 대륙에서 벌어진 항일전쟁의 영향이 적지 않다. 당시 중국인 가운데 항일전쟁으로 죽어간 이는 수없이 많았으며, 이 과정에서 일본군도 상당수의 병력을 잃었다. 결국 일본으로서는 더 이상 전쟁을 지속할 군인의 숫자가 절대적으로 부족했던 것이다.

취추바이(瞿秋白), 文人이자 혁명가로 낭만적인 삶을 살다

이런 대외적인 상황과 달리 내부적으로 공산화를 위해 자신의 목숨을 바친 이도 많았다. 또 반청복명(反淸復明)을 위해 목숨을 던진 이도 많았다. 물론 민족간 정권 쟁탈전에서 수많은 이들이 희생되었지만 이보다는 자신의 이념을 지키기 위해 희생된 이들이 적지 않다. 이런 희생자는 당연히 공산당의 초기 발전과정에서 많았다.

국민당은 공산당의 뿌리를 뽑기 위해 공산당 초기부터 집단적인 검속(檢束)을 통해 많은 이들을 처형했다. 이 가운데는 마오쩌둥(毛澤東)의 첫 부인인 양카이후이(揚開慧)와 그의 동생도 포함되어 있다. 단지 우리 역사가 아니어서 인식하지 못했을 뿐이지 혁명과 투쟁을 위해 흘린 피가 적지 않다.

취추바이(瞿秋白), 홍군(紅軍)의 전사(戰士)이자 문인(文人)으로 기억된다.

근·현대 교체기의 희생자에 관한 기록으로 우리가 쉽게 만날 수 있는 것이 조너선 스펜스의 『천안문』(이산 간)이다. 이 책에는 근·현대 중국 정치의 현장에서 희생당한 많은 이들에 대한 기록이 있다. 그런 이들 가운데 가장 드라마틱한 삶을 산 이가 바로 취추바이(瞿秋白)와 우리에게도 잘 알려진 작가 딩링(丁玲)이다.

2001년에 정치드라마는 실패한다는 중국 드라마의 관행을 깨고, 시청률에서도 대대적인 성공을 거둔 드라마가 있다. 바로 중국 홍군(紅軍)의 대장정(大長征)을 다룬 〈장정(長征)〉이다. 드라마의 중반에서 취추바이(瞿秋白)의 낭만적이면서도 비극적인 모습이 가장 잘 나타난다.

취추바이는 감수성이 가장 예민한 나이인 16세 때 그의 어머니가 몰락한 가세와 자신의 처지를 비관하고 성냥개비의 붉은 부분인 적린(赤燐)을 상당량 술에 타서 먹어 자살을 했다. 어머니의 자살 후 그는 베이징에 올라가 러시아어 전문학교에 입학했다.

그는 학업 중에 시를 배웠으며, 불교(佛教) 등에도 심취했다. 이 기간에 그는 리다자오(李大釗)의 도움으로 마르크스 사상을 배워, 새로운 희망을 찾아 러시아로 떠난다.

1922년 러시아를 방문한 천두슈(陳獨秀)를 만난 인연과 러시아에서 싹 튼 혁명의 기운에 감동해 공산당에 가입한다. 1923년 여름 광저우에서 열린 제 3차 공산당 전국대회에서는 24세의 나이에 중앙위원에 피선(被選)됐다. 러시아에 대한 포괄적인 지식이 인정됐기 때문이다. 이후 취추바이는 상하이에서 교수로 활동했으며, 1925년에는 베이징에 정착하고 이곳에서 쉬즈모(徐志摩), 딩링(丁玲) 등과 교분을 나눴다.

1931년에 마오쩌둥(毛澤東)의 부탁으로 지앙시 소비에트에 들어와 새로운 시도를 하지만 '조화주의자(調和主義者)' 라는 비판을 받고 당의 핵심기구인 정치국에서 물러났다. 1934년 1월 소비에트에 들어온 그는 마오쩌둥이 주도하는 소비에트의 교육부장이 된다. 대장정 때 취추바이는 주력이 이동하면 후방에 남아 소비에트를 계속 유지하면서 장정군(長征軍)을 추격하는 국민당 군을 저지하는 임무를 맡았다. 하지만 시인이였던 취추바이의 군사적 지도력은 떨어졌다. 결국 1935년 2월 상하이로 도주하다가 국민당 군대에 체포되어 1935년 6월 18일 총살당했다. 이후 그는 혁명열사로 취급됐지만 문화대혁명(文化大革命) 기간에 '탈영자'로 인식되어 1968년에는 '부르주아 세력의 일원'으로까지 비난을 받았다. 하지만 중국 역사에서 취추바이의 모습이 두드러진 것은 그가 중국 문학사에서도 족적(足跡)을 남긴 시인이었기 때문이다. 또한 취추바이의 삶 자체가 드라마틱하기에 더욱 기이한 모습을 갖고 있는지도 모른다.

딩링(丁玲), 근·현대의 고통을 글로 남긴 여걸(女傑)

취추바이(瞿秋白)와 몇 차례 삶이 교차했던 딩링(丁玲)은 중국 현대사의 급류를 타고 가장 빠르게 움직인 부표(浮漂)와도 같은 여인이다. 그녀의 삶을 이해하는 것은 곧 중국 현대사가 가진 기이한 흐름들을 이해할 수 있는 길이기도 하다.

그녀의 초반기를 규정할 수 있는 것은 여성해방을 부르짖는 페미니스트로서의 모습이다. 1904년 후난(湖南)성 창더(常德)에서 태어난 그녀는 아버지가 1908년에 병사하면서 곡절 많은 삶에 들어간다. 1921년에는 진보적인 선생을 해고하는 학교의 조치에 항의해서 자퇴하고 친구 왕젠훙(王劍虹)과 상하이로 왔지만 이후, 난징(南京), 상하이(上海), 베이징(北京)을 오간다.

그녀는 1923년 취추바이(瞿秋白)를 알게 되고, 루쉰(魯迅)에게도 편지를 보낸다. 1925년 후예핀(胡也頻)과 동거한 후 1927

딩링(丁玲), 중국 현대 문학계의 거장이자 다양한 인상을 심어준 여류작가이다.

년에는 중국 페미니즘 문학사의 걸작으로 꼽히는 『소피의 일기』를 출간해 일약 스타가 된다. 그러다 1931년 후예핀이 상하이에서 처형된 후에 좌익에 투신한다.

좌익 간행물 베이더우(北斗)를 주편하고, 1932년에는 공산당에 가입한다. 1935년에는 난지에서 가택연금당하지만 1936년 탈출해 홍군(紅軍)의 대장정(大長征) 기착점인 바오안(保安)에 가서 사회주의 문학에 치중한다. 1942년에는 천밍(陳明)과 결혼한다. 1949년 공산화 이후에는 문학 분야에서 상당한 지위에 오르지만 1955년에는 반당사건에 몰린다. 1958년에는 헤이룽지앙(黑龍江)성에서 육체노동을 한다. 문혁(文革)기간에도 고통을 당하는데 1978년에야 누명을 벗고, 1979년에는 작가협회 부주석으로 선임된다. 이후에 병으로 고통을 당하다가 1986년 83세에 영면(永眠)한다.

그녀는 다른 이들이 국민당에 처형당할 때, 살아남았다는 것 등으로 인해 수없이 고통을 당한다. 또 선도적인 자유연애주의자로 방종에 가까운 성적 탐닉을 겪었던 것으로 유명하다. 그녀는 봉건적 인습에 얽매이지 않고 격렬했던 분열과 격동의 시간에 자신의 이상을 실현하기 위해 문학적으로, 정치적으로 끊임없이 날아오른 불나비 같은 삶을 살았다.

그녀는 페미니즘 경향의 소설에서 사회주의 리얼리즘에 이르기까지 힘든 가운데도 창작을 지속한다. 그녀에 대한 이데올로기나 도덕적 평가는 지금 어떤 의미를 부여할 필요가 없을 것이다. 그녀나 중국의 현대가 걸어온 방향이 도덕적, 이데올로기적 허수가 많았던 문화대혁명이나 지도권 쟁탈전과 연결되어 있기 때문이다. 그녀의 삶에 관한 기록은 우리나라에도 번역된 쫑청(宗誠) 교수의 책 『딩링』을 읽으면 알 수 있다.

중국은 영웅을 원하고

팡즈민(方志敏), 영웅이 필요한 현대사에서 부각되는 인물 가운데 하나다.

중국 근·현대사의 인물 가운데 안중근 의사나 윤봉길 의사 같은 이를 찾기는 쉽지 않다. 그래서 윤봉길 의사의 의거는 중국인들에게도 큰 인상을 남겼었다. 중국의 대외적인 정치 문제가 심각하지 않았던 1909년 안중근의 의거는 인상적이지 않았지만 중국 역시 일본 제국주의의 피해를 보던 1932년 윤봉길의 의거는 중국인들에게 큰 인상을 남겼다.

이 의거를 통해 만신창이가 됐던 대한민국 임시정부는 소생할 수 있었고, 이후 저지앙(浙江)-광둥(廣東)-광시(廣西)-충칭(重慶)으로 이어지는 험난한 여정을 이어갈 수 있었기 때문이다.

중국도 이런 열사를 만들고 싶어 하는 경향이 있다. 1935년 국민당의 포위전에 맞서 싸우다가 회유에 굴복하지 않고, 처형당한 팡즈민(方志敏)이나 예팅(葉庭) 장군, 양후청(揚虎城) 장군 등을 중국인들은 영웅시하고 있다.

제4장 4반세기 만에 이룩된 공산혁명의 꿈

공산당의 태동, 전환점인 대장정(大長征)과 시안사변(西安事變)

상하이의 번화가인 난징루(南京路)에서 그리 멀지 않은 마탕루(馬當路)의 중간에 자리한 임시정부 청사는 동강난 우리 역사를 지탱해줄 역사의 현장으로 언제나 우리 관광객들에 의해 붐비고 있다. 그러나 우리 여행객들은 그 임시정부 청사 바로 옆에 중국사에서 가장 중요한 장소가 있다는 것을 간과하기 쉽다.

중국 역사의 가장 큰 전환점이 된 공산주의가 태동한 '중국공산당 제1차 회의장소(中共一大會址)'가 바로 그곳. 우리 임시정부 청사에서 200미터도 떨어지지 않은 이곳에서 1921년 7월 23일 마오쩌둥(毛澤東), 리따(李達), 동삐우(董必武) 등 13명의 대표가 모였다. 공산당 창당대회는 프랑스 경찰에게 발각되어, 곧바로 저지앙(浙江) 지아싱(嘉興) 난후(南湖)의 배로 옮겨져 치러진다.

당시만 해도 이 회의가 중국 역사를 뒤집어놓을 맹아(萌芽)였다는 것을 몰랐을 것이다. 이렇듯 미약하게 시작한 중국 공산당은 약 4반세기만에 중국사를 바꾸는 힘으로 성장했다. 곳곳에 등장한 변혁을 중심으로 중국 공산당의 출발기와 성숙기를 여행한다.

난창봉기(南昌蜂起), 영웅들은 한데 모이고

상하이의 한 골방과 지아싱(嘉興)의 호수에서 곡절 끝에 태동한 중국 공산당이 성장하는 데는 몇 가지 포인트가 있다. 하지만 이 속을 살펴보면 사람들 간의 개인적인 갈등과 우정이 역사를 변화시키는 중요한 작용을 했다. 이 장에서는 그 갈등을 중심으로 중국 공산당의 태동에서 완성까지를 살펴보자. 중국 공산당이 만나는 첫 문제는 이미 거대한 세력을 형성한 국민당과 어떻게 주도권 쟁탈전을 하는 가 였다. 이 과정에서 가장 의미 있는 사건이 바로 국공합작이다. 북방(北方)에 있는 군벌(軍閥)과 서구제국주의에 대항하기 위해 맺어진 1차 국공합작(1924.1~1927.7)과 일본에 대항하기 위해 형성된 2차 국공합작(1937.9~1945.8)은 결과적으로 공산당의 생존 기반과 생존 여력을 키워줘 중국을 지배할 수 있는 힘을 만들어줬다.

1차 국공합작은 1927년 장쩨스(蔣介石)가 상하이에서 공산당에 대한 대대적인 검속을 실시하면서 와해됐다. 공산당이 본래의 의도에서 벗어나 자기 세력 불리기에 들어갔다고 판단해서 급히 이뤄진 이 조치를 통해 공산당에 대한 대대적인 검거와 처형에는 성공했지만 이 사건은 난창봉기(南昌蜂起)를 촉발시켜 결국 공산당의 세력화에 결정적인 동기를 제공한 셈이 됐다.

난창봉기는 결과적으로 위기에 몰린 공산당을 융합시

지아싱(嘉興) 난후(南湖)에 있는 회의 배. 상하이에서 옮겨 이곳에서 비밀리에 회합을 가졌다.

키는데에 큰 힘을 형성하는 계기로 작용했다. 장쩨스의 상하이 쿠데타 이후 이 조치에 불만을 품은 주더(朱德) 등은 3만 명의 병사를 동요해 8월 1일 무장봉기를 일으켰다. 이 봉기의 주도그룹은 저우언라이(周恩來), 류보청(劉伯承), 허룽(賀龍), 예칭(葉挺), 장궈다오(張國燾) 등으로 훗날 중국 공산화의 주도적인 역할을 한 이들이다. 하지만 봉기는 국민당의 반격으로 밀리기 시작했고, 주도세력은 광저우(廣州)까지 밀렸다가 패퇴한다. 그러나 각 주도자들은 살아남아 계속해서 공산주의 맹아(萌芽)를 키운다. 산이 많고, 다른 지역과 연결되기에 불리한 자연조건을 가지고 있어 여전히 낙후한 모습을 가지고 있는 난창(南昌)은 중국 공산당군에 있어서 가장 중요한 성지가 되었고, 지금도 시내 곳곳에서 그 흔적을 만날 수 있다.

난창봉기로 인해 중국 공산당사에 가장 의미 있는 마오쩌둥(毛澤東)과 주더(朱德)의 징강산(井岡山) 회사(回事)가 이뤄진다. 그래서 징강산(井岡山)은 현대사의 양산박(梁山泊)으로 불린다. 후난성(湖南省)에서 소비에트(각 지역 단위로 형성하는 프롤레타리아 지배의 공산화 운동)운동을 벌이다가 국민당에 밀려 천연

준의회의터. 이곳 회의에서 마오쩌둥(毛澤東)은 중국 공산당의 헤게모니를 장악했다.

의 요새(要塞) 징강산(井岡山)에 둥지를 튼 마오쩌둥(毛澤東)에게 난창봉기로 밀려난 주더(朱德)가 찾아오면서 맺어진 두 사람의 우정은 중국 공산당의 절대적인 힘으로 작용한다.

마오쩌둥과 주더의 만남, 또 이어진 마오와 저우언라이(周恩來)의 만남이 없었다면 지금의 공산 중국은 상상할 수 없을 만큼 중요한 사건이었다. 마오에게 있어 주더는 군사 부분에서 저우언라이는 대외정책에 있어서 가장 중대한 키워드를 제공해 주었기 때문이다. 하지만 중국 공산당이 소년기에서 청년기를 거치지 않고, 장년으로 급성장할 수 있는 기반을 제공한 것은 대장정이다.

주변이 천혜(天惠)의 낭떠러지로 연결된 징강산(井岡山)이나

홍군이 도하작전을 벌였던
윈난(雲南)성 리지앙(麗江)
의 진사지앙(金沙江). 당시
를 기념하는 동상이 있다

루이진(瑞金)등도 토벌을 위해 진격하는 국민당을 막기에는 역
부족이었다.

1929년 4월에 홍군(紅軍)은 징강산을 포기했으며, 1934년 10
월에는 루이진(瑞金)을 기반으로 공산당은 극비리에 장정(長征)
을 시작한다. 처음 장정을 이끌던 세력은 여전히 중국 공산당에
큰 목소리를 반영하던 소련 군사고문 브라운과 유학파 였다. 하
지만 이들은 중국에 대한 이해가 많이 부족했고, 홍군(紅軍)은
초반기에 결정적인 패배를 계속한다.

이 과정에서 어렵사리 구이저우(貴州)성 준이(遵義)에 도착한
다. 이 회의에서 소련유학파나 브라운 등은 헤게모니를 마오쩌
둥에게 넘긴다. 이 때문에 중국 공산당은 준의회의(遵義會議)
이후 처음으로 자주 독립적인 중국식 마르크스주의를 채택하게

됐고, 유아기에 머물던 중국 공산당이 청년기에 접어들었다고
본다. 준의회의(遵義會議) 이후 광시(廣西), 윈난(雲南)으로 긴
길을 우회해 쓰촨(四川)으로 접어든다.

장궈다오(張國燾)를 망친 카인 콤플렉스

진사지앙(金沙江)과 대설산을 넘어 쓰촨성(四川省) 마오궁(懋
功)에 도착한 홍군(紅軍)의 주력은 장궈타오(張國燾)가 이끄는
제4방면 군(軍)과 극적인 상봉의 기쁨을 젖어든다. 그러나 이
기쁨도 잠시. 마오쩌둥(毛澤東)과 장궈다오의 갈등이 시작된 것
이다.

마오궁에서 만날 때, 장궈다오는 허난(河南), 후베이(湖北), 안
후이(安徽) 등에서 태동한 제4방면 군(軍)을 쉬샹첸(徐向前)과
이끌고 있었다. 1방면 군(軍)에 비해 국민당이나 군벌의 공격이
적어서 숫적으로 훨씬 우위에 있었다.

반면에 마오쩌둥은 준의회의(遵義會議)에서 부여받은 당권을
갖고 있었다. 결국 두 세력간의 헤게모니 쟁탈전은 작전의 분리
로 이어졌다. 마오쩌둥이 이끄는 남방군(南方軍)은 항일전쟁과
안전을 위해 샨시(陝西)나 산시(山西)로 이동해야 한다고 주장
하여 그 길을 먼저 갔다.

쉬샹첸(徐向前)과 장궈다오(張國燾)는 창지앙(長江) 남쪽으로
다시 세력을 확대해가야 한다는 입장을 견지했고, 결국 그들은
갈라섰다. 마오쩌둥이 이끄는 약 3만 명의 남방군은 티벳과 경
계를 이루는 위험한 지역과 거대한 습지를 지나서 1935년 10월

옌안(延安) 양지아링(楊家嶺)의 장정 기념관. 대장정의 도착지에 자랑스럽게 그 기억을 회고해놓았다.

20일 샨시(陝西)성 북부에 이미 자리를 잡고 있던 홍군(紅軍) 25, 26, 27사단과 합류했다. 이 지역이 바로 위치(吳旗)나 바오안(保安) 등의 근저(根底)였고, 후에 주력이 옌안(延安)으로 이동한다. 반면에 남방군(南方軍)이 떠난 후 쓰촨(四川)에 남아있던 4방면 군(軍)의 훗날은 너무 참담했다.

이미 마오 군(軍)의 추격로를 쫓기에 벅찼던 장쩨스(蔣介石) 군(軍)은 이들의 군대를 대상으로 포위작전을 펼쳤다. 결국 4방면 군은 국민당군의 공세에 못이겨 1년후인 1936년 12월에 북쪽으로 이동한 남방군을 쫓아 이동했다. 이들의 군대는 황허(黃河)를 건너다 국민당군의 공격으로 부대는 거의 전멸했고, 쉬샹첸(徐向前)과 장궈다오(張國燾) 등은 비참한 상태로 바오안(保安)에 도착했다. 쉬샹첸은 장궈다오에게 책임을 물면서 정치적

왼쪽은 징강산(井岡山) 따징(大井)에 있는 난창봉기군의 이동경로 전시관. 오른쪽은 홍군열사들의 기념비.

으로 구제받을 수 있었다. 그러나 1937년 장궈다오(張國燾)는 공산당 중앙위에서 '견책'을 받았고, 1938년에는 소비에트를 떠나, 한코우(漢口)에 가서 국민당에 투항했다. 그는 국민당에 들어가 장쩨스를 찬양하고 홍군을 비난하는 입장에 섰다. 1949년 국민당이 패주했을 때, 장궈다오는 가족과도 헤어져 홍콩으로 피신했다. 그 후 마오쩌둥은 장궈다오의 가족을 홍콩으로 보내 그와 함께 지내도록 조치해줬다.

장궈다오의 인생은 공산당 최고 지도자 가운데 하나였다가 결국 패장(敗將)의 신세에 배신자가 되어 한때의 적에게 은혜를 입는 처지가 되고 말았다. 장궈다오를 망친 가장 큰 원인은 이른 성공으로 인한 자만과 베이징 대학 학생 지도자를 지냈다는 엘리트 의식 때문이다. 그는 베이징 대학에서 학생 지도자를 지

낼 때 첸두슈(陳獨秀), 리따자오(李大釗) 등과 사귀었고, 도서관
에서 일하던 마오쩌둥 등에게 공산주의를 전파한 인물이다. 그
런 그가 막상 거대한 자신의 부대를 뒤로하고 마오쩌둥의 아래
에 서기는 자존심이 상했을 것이다. 그는 결국 억지스런 방식으
로 당권을 장악하려 애썼고, 그것이 자신의 파멸을 자초했다.

아버지를 잃은 장쉐량(張學良)의 한이 국민당의 발목을 잡다

공산 중국을 만든 마지막 갈등은 사실 공산당과 국민당 사이
가 아닌 국민당 내부에서 만들어졌다. 그 중심사건에는 2001년
10월 하와이에서 101세의 나이로 죽은 장쉐량(張學良)이 서 있
다.

홍군(紅軍)은 어렵사리 장정(長征)을 마치고, 험난한 자연조건
을 가지고 있어서 쉽사리 국민당 군이 침입하기 어려운 샨베이
(陝北)에 자리했다. 그렇지만 이미 전력은 약해질 대로 약해졌
고, 샨베이의 지형도 전적인 보호막이 될 수 없었다. 그럴 때 공
산당에 구세주처럼 나타난 것이 장쉐량이었다.

아버지 장쭈어린(張作霖)이 일본군에 의해 폭사(暴死)된 것에
원한을 갖고 있던 장쉐량에게 공산당 토벌만을 생각하는 장쩨
스(蔣介石)의 조치는 문제가 있다고 생각했다. 결국 당시 국민
당 군 동북군(東北軍) 책임자였던 장쉐량은 제17로군의 양후청
(楊虎城)장군 등과 협력해 1936년 12월 12일 샨시성(陝西省) 시
안(西安)에서 공산당 토벌(討伐)을 지휘 중이던 장쩨스를 체포

중국 공산당이 첫 회합을 가
진 회의 터.

했다. 그는 장쩨스에게 압력을 가해 내전(內戰)을 중지하고 항일(抗日)에 나서도록 했다. 샨베이와 그리 멀지 않고, 정치적으로도 불안한 상황이었기 때문에 주변에서 극구 말렸지만 이상스레 고집을 부리고 시안(西安)을 향했던 장쩨스는 이 사건으로 인해 목숨을 얻는 대신 공산당과 타협해 2차 국공합작을 추진해야 했다.

이미 중국 전역에 파고든 일본군을 무찌르는 공동전선의 성격을 띠고 홍군은 팔로군(八路軍)으로 변신했다. 이로 인해 중국 공산당은 세력을 유지하는 한편 여전히 부패한 모습을 보인 국민당 군에 염증을 내던 중국인들의 관심을 얻게 됐다. 공산당은 항일전을 통해 전열된 힘을 보여줬고, 일본이 항복한 후 서북향으로 진격할 수 있었다. 그리고 1949년 10월 1일 이들은 톈안먼(天安門)의 누각에서 광장을 바라볼 수 있었다. 1921년 프랑스 조계지에서 비밀리에 회합을 가진지 스물여덟 해 만이었다.

제5장 마오(毛澤東)를 중심으로 모든 것을 파괴한 '문혁(文革)'

신중국(新中國) 건설과 내우외환(內憂外患) 속 기틀 잡기

국민당과의 내전에서 승리한 중국 공산당은 1949년 10월 1일 톈안먼(天安門)에서 축배를 들었다. 지금도 10년 단위로 큰 행사가 열리는 이날은 중국 3대 휴일(국경절로 불리는 이날과 5월 1일 근로자의 날(勞動節), 그리고 우리의 설에 해당하는 춘지에(春節))의 하나로 자리 잡았다. 새롭게 건국한 중국 공산당에게 가장 큰 문제는 국민당의 지배 당시 엄청나게 급등한 물가를 잡는 것이었다. 그

1949년 10월 1일 이후 톈안먼(天安門)은 중국 현대사의 가장 큰 굴곡을 지켜봤다.

팔로군(八路軍) 당시 주더(朱德)와 펑더화이(彭德懷). 이들은 최고의 전사들로 명성이 높다.

런데 이 역할을 '재정의 마술사'라는 천윈(陳雲)이 놀라울 정도로 빨리 해결했다. 출판사의 견습공으로 사회에 첫발을 디딘 후 노동자 출신 간부로 양성된 천윈(陳雲)은 공산화와 더불어 부총리가 되는 한편 재정경제위원회 주임을 겸직해 물가 장악에 최선을 다했다. 그는 1949년 11월 13일 물가앙등 방지를 위한 긴급지시를 발동하는 한편 지폐의 발행을 억제하고, 식량과 면사 등을 나라가 관리하는 방식을 택해 쉽게 물가를 잡을 수 있었다.

한편 완벽한 사회주의를 건설하기 위해 토지개혁이 단행된다. 물론 이 과정에서 백만 명에 달하는 지주들이 희생된 것으로 추정되지만 토지개혁은 대다수 농민의 환영을 받았고, 더불어서 마약과 구악(舊惡)을 타파하고, 교육을 강화하는 등 사회주의의 토대를 만들어갔다.

정치적으로 봤을 때, 중국은 마오쩌둥(毛澤東)의 확신대로 공산주의에 치중했다. 이를 위해 마오는 1949년 12월 16일, 스탈린의 70세 생일 직전 모스크바에 도착했다. 하지만 그에 대한 소련의 대우는 푸대접이 아니라 무(無)대접에 가까웠다. 스탈린은 마오에게 일본이 침공할 경우 지원을 하겠다는 것과 5년간 3억 달러 정도의 차관이라는 초라한 선물을 안겨 준채 소련과도 밀접한 관계가 있는 몽골의 독립을 요구했다.

마오로서는 치욕이었지만 수용할 수밖에 없었다. 일단 불안한 중국을 정비하기 위해서는 유일한 우군(友軍)에 가까운 소련의 도움이 절대적이었기 때문이다.

린비아오(林彪)가 이끄는 해방군은 1949년 티벳을 침공했다. 중국은 해방이라고 불렀고 티벳인들은 "누구로부터 무엇으로부터의 해방인가"를 물었지만 중국은 대답해줄 리가 없었다. 티벳은 저항했지만 체계적인 군대와 전투 경험을 가진 해방군을 이길 수는 없었고, 1951년 완전히 점령된다.

중국은 티벳과 하이난다오(海南島)에 이어, 장쩨스(蔣介石)가 있는 대만을 점령하려 했다. 그러나 미국의 지원을 받고 있는 대만을 점령하는 일은 그리 쉽게 결정내리기 어려웠고, 이 기로 속에 1950년 6월 한국전쟁이 발발했다. 대만을 치기 위해 저지앙(浙江)과 지앙시(江西)에 주둔했던 인민해방군은 한반도와 가까운 산둥(山東)반도와 동북3성으로 대대적인 이동을 할 수 밖에 없었다.

한국전의 양상이 1951년 9월 인천상륙작전 이후 북한군이 밀리기 시작하자 중국은 펑더화이(彭德懷)를 사령관으로 지원군을 파병한다. 11월말부터 대대적으로 공세를 취해 12월에는 다시 한국군과 연합군을 38선까지 끌어내렸다.

조너선 스펜스는 『현대중국을 찾아서』에서 10월부터 25만 명의 인민해방군이 북한에 들어가서 작전을 돕고, 11월말에는 70만 명 이상으로 증가했다고 말한다. 하지만 인민해방군의 한국전 참전은 아직도 모든 과정이 뚜렷하지 않고, 갖가지 비화들이 쏟아지고 있다. 중국군과 북한군의 반격은 결국 미국의 원자폭탄 투하설로 완전히 긴장상태에 돌입한다.

한국전쟁(韓國戰爭) 당시 펑더화이(彭德懷)와 김일성. 김일성은 중국의 도움으로 사지에서 탈출할 수 있었다.

결국 모두를 위해 휴전이 성립된다. 하지만 중국으로서는 국가가 채 정비되지도 않은 상황에서 너무나 큰 희생을 치렀다. 한국전쟁이 끝난 후 중국 정부가 무엇보다 먼저 추진한 것은 중국 내부에 남아있는 '반동혁명분자'의 색출이었다. 국민당에 가담했거나 그렇게 의심받은 이들은 대대적인 검열을 당했고, 대부분은 공개적으로 처형됐다.

한국전쟁 등 외부의 상황이 정돈되고, 토지개혁 등 내부의 중대 사안이 정리되자, 국가산업 정비를 위한 1차 5개년 계획(1953~1957년)이 시작됐다. 다행히 첫 5개년 계획은 성공적이었다. '매 맞는 문제'를 해결한 이후 드디어 '배고픈 문제'도 해결할 수 있지 않을까 하는 기대가 클 수밖에 없었다.

추락한 식량 공급, 2천만 명 이상 아사(餓死)

1차 5개년 계획 이후 중요한 회의는 1958년 8월 아름다운 휴양도시 베이따이허(北戴河)에서 열렸다. 이 회의의 최대 사건은 대약진(大躍進)운동*의 공식적인 추인이다.

마오는 이 회의에서 반대세력과 끊임없는 논리싸움으로 1957년 '백화운동(白話運動)'*에 이어 인민공사(人民公社) 설립과 대약진운동을 공식추인 받아서 주도적으로 일을 이끌어 나간다. 하지만 문제는 여기서 시작됐다.

1차 5개년 계획이 성공적이었지만 식량 생산에 비해 인구가 급격히 증가해 식량난의 우려가 있었다. 농촌에 대대적인 인민공사를 설립할 문제에 관한 결의를 채택하고, 삼면홍기(三面紅旗)운동으로 대약진운동을 전개할 것을 결의했다. 결국 이 정책은 현대 중국이 실시한 경제정책 중 최악의 실수였다.

중공업 발전을 위해 맹목적으로 쇠붙이를 모아 용광로에 던지는 꼴로 시작된 이 정책으로 인해 식량생산은 급감했고, 개인에게 지급되는 곡물량은 1957년 205kg에서 계속해서 떨어져 1959년 183kg, 1961년에는 154kg까지 떨어졌다. 결국 이 기간 동안 2천만 명이 기아로 목숨을 잃는 처참한 상황이 계속됐지만 책임을 두려워한 지방정부의 잘못된 보고로 인해 이 정책은

대약진(大躍進)운동: 중국정부가 추진한 경제의 고도성장정책. 중국은 제2차 5개년계획이 시작된 1958년 마오쩌둥(毛澤東)에 의하여 제기된 '사회주의 건설의 총노선' 주도하에 경제의 대약진과 인민공사(人民公社)를 설립하는 전국적인 대중운동을 전개하였다. 중국의 삼면홍기(三面紅旗)는 '총노선' '대약진' '인민공사' 등 3가지 경제정책을 상징적으로 일컫는 말이었다. 중국의 발표에 의하면, 제2차 5개년 계획의 첫해인 58년의 농공업생산 총액은 전년비 48% 증가를 보였다고 하고, 그 후 계속 비약적인 신장을 이루었다고 한다. 그러나 이런 성장지수는 과장된 보고에 의한 것이었으며 59년부터 계속 3년간 자연재해가 있었고, 구(舊)소련이 60년 이래로 경제 원조를 전면적으로 중단한 데다 중·소 관계가 악화된 점 등의 원인으로 대약진정책은 중도에서 좌절되었다. 두 번째의 대약진은 화궈펑(華國鋒)이 집권, 사인방(四人幇)을 체포하고, 77년 5월 9일 중국 공산당 제10기 3중전회(三中全會:중앙위원회 제3회 전체회의)에서 "공업은 다칭(大慶)을 배우자. 농업은 다자이(大寨)를 배우자"라는 슬로건을 내걸고 프롤레타리아독재의 혁명을 계속 추진할 것을 외치면서 크게 추진하였지만 큰 성과를 거두지 못하였다.

백화운동(白話運動): 중화민국 초기의 문학운동. 예로부터 지식인이 독점해 온 문어문(文語文)을 배제하고, 구어문(口語文)인 백화문(白話文)으로 새로운 문학을 창조하려던 운동이다. 1917년 잡지 『신청년(新靑年)』에 게재된 후스(胡適)의 〈문학개량추의(芻議)〉를 시발로 하여, 이 잡지의 동인(同人)을 중심으로 새 문학이념과 함께 고취되었으며, 문학혁명이라고도 불렸다. 이듬해 루쉰(魯迅)이 『광인일기(狂人日記)』를 발표함으로써, 백화문에 의한 중국 신문학이 최초의 결실을 보았다. 이에 대해 전통을 고수하는 쪽의 저항도 만만치 않아, 백화문은 1919년 5·4운동의 고조된 분위기 속에서, 학생·지식인 등의 애국적 주장과 〈과학과 민주주의〉를 공통항(共通項)으로 한 그들의 신사조(新思潮)를 담는 표현수단으로 급속히 보급되었다. 또 그 이듬해에는 문교부가 초등학교 교과서의 문어문 추방을 지시하기에 이르렀다.

1964년의 류사오치(劉少
奇). 그는 마오가 있는
상태에서 권좌에 오름으
로 인해 희생됐다.

쉽사리 고쳐지지 않았다.

다행히 1959년 제2기 전국인민대표대회에서 마오쩌둥에 이어 국가주석이 된 류사오치(劉少奇)가 경제정책을 수정해가면서 1962년 이후에는 약간 회복기미를 보인다.

류사오치가 그나마 움직일 수 있었던 것은 '재정의 마술사' 천원(陳雲)이 상하이 부근 칭푸(靑浦)현을 방문해 인민공사들의 어려운 상황을 파악하여 보고함으로써 가능했다.

루산(廬山)에서 전쟁의 영웅은 힘을 잃고

류사오치(劉少奇)에게 권력과 대중의 인기까지 일부 내준 마오쩌둥(毛澤東)으로서는 만회할 기회를 얻어야만 했다. 솔즈베리가 '새로운 황제들'이라고 표현했을 만큼 권위에 젖어든 마오는 반격을 엿보았고, 『손자병법(孫子兵法)』에도 능해 '성동격서'(聲東擊西 동쪽으로 소리치고 서쪽을 공격한다는 뜻으로 적을 교란시키는 방법을 일컬음)를 잘 알았던 마오쩌둥은 그 계기를 1959년 지앙시(江西)성의 휴양지인 루산(廬山)에서 시작했다.

이백, 두보 등 중국 문인이 한두 수 이상의 시를 남겼고, 장쩨스(蔣介石)도 휴양지로 삼았던 루산에서 시작된 중국공산당 제

8기 중앙위원회 제8차 총회 및 중국 최고 지도자 회의에서 마
오쩌둥은 그의 오랜 동지이자 부하인 펑더화이(彭德懷)를 희생
양으로 삼았다.

린비아오(林彪)와 더
불어 홍군(紅軍)시절
부터 가장 뛰어난 부
장이었던 펑더화이는
충심(衷心)이 담긴 사
적인 편지를 통하여
농촌상황에 대해 마오
가 잘못 이해하고 있

마오쩌둥(毛澤東)과 중국
공산청년단의 접견. 마오
는 대약진(大躍進)운동의
실패 등으로 가라앉기도
했으나 죽을 때까지 언제
나 주역이었다.

으며, 그것이 국가를 위기에 넣을 수 있다는 우려를 보냈는데,
마오쩌둥은 이 편지를 회의에서 회람시키고, 펑더화이에 대한
대대적인 공격을 시작했다.

이 히스테리한 마오의 공격에 주더(朱德), 저우언라이(周恩
來), 류사오치(劉少奇) 등이 있었지만 누구도 펑을 변호해주지
않았고, 펑더화이(彭德懷)는 갈수록 위기에 빠져들었다. 1959년
9월 국방부장에서 해임되고, 1965~1966년에 모든 공직을 빼
앗겼다. 옛 동지들은 마오의 공격이 펑더화이에게만 집중된 것
에 안심했다.

하지만 옛 친구의 낙마를 애써 무시하던 지도자들은 머잖아
칼날이 자신을 향해 올 거라는 것을 예측하지 못했다. 마오를
대신해 그 칼날을 쥔 이는 펑더화이와 더불어 가장 뛰어난 작전
가로 꼽히던 린비아오(林彪)였다.

문혁(文革) 때의 농촌 모습. 고등교육을 받은 이들은 대부분 희생양이 됐다. 최근 상무위원에 오른 이들 가운데 상당수도 이때 시련을 겪었다.

린비아오는 대약진운동의 실패로 위기에 빠진 마오를 구하는 척하며 마오를 숭배의 대상으로 올려놓는데 열을 다했다. 그러나 이미 마오쩌둥은 이런 모든 상황을 이성적으로 판단하기에 너무나 힘들었다. 거기에 마오의 아내 지앙칭(江靑)이 합세하면서 중국 정치상 거대한 환란인 문화대혁명(文化大革命)의 불씨가 붙여진다.

문화대혁명(文化大革命)의 광기는 치솟고

1965년 11월 야오원위안(姚文元)이 상하이에서 우한(武漢)의 연극 〈하이루이(海瑞)의 파면〉에 대한 강력한 비판문을 쓰면서 문화대혁명(文化大革命)은 시작된다.

1966년은 문혁(文革)의 광기가 불 붙은 해다. 지앙칭(江靑)을 비롯해 왕흥원(王洪文), 장춘차오(張春橋), 야오원위안(姚文元) 4인방은 린비아오(林彪)의 후원 하에 문혁을 주동했고, 1966년 늦봄부터는 대학가에 대자보가 붙고, 홍위병(紅衛兵)이 만들어지면서 중국은 순식간에 광기 속에 빠져든다.

펑더화이(彭德懷)의 붕괴를 제대로 직시하지 못했던 첫 번째 희생자는 류사오치(劉少奇)였다. 그는 '반(反)마오쩌둥 실권파

의 수령', '중국의 흐루시초프'라는 비판
을 시작으로 다음해는 당에서 제명되는
한편 모든 공직을 박탈당했다. 이후 주더
(朱德) 등 중국 공산당의 원로도 각다귀와
같은 홍위병들에게 수난을 받았다. 최근
에 나온 덩샤오핑(鄧小平)의 딸 덩롱(鄧榕)
의 『불멸의 지도자 등소평(鄧小平)』에 잘 묘사되듯이 당시 중국
공산당에는 원로라는 개념이 없었다.

문혁(文革) 당시 대학가. 베이징대 등에는 수업은 거의 사라지고, 대자보와 시위가 그 자리를 차지했다.

　　1949년 이후 성역으로 인식되던 지도자들의 공관이 있는 중
난하이(中南海)도 완전히 초토화에 가깝게 붕괴했다. 물론 가장
큰 수난을 받은 인물은 모든 것을 잃어버린 류사오치(劉少奇)와
다른 원로들에게 약간의 보호를 받아 당적만을 유지한 채 1969
년 10월 22일 난창(南昌)으로 하방 된 덩샤오핑(鄧小平) 등 주자
파(走資派 당시 자본주의와 같은 정책을 쓰려는 정치인들에 대한
통칭)로 몰린 정치인들이었다.

　　문혁은 국가의 모든 체계를 흔들었다. 하지만 마오쩌둥(毛澤
東)은 조반유리(造反有理 모든 항거에는 무릇 정당한 이유가 있
다)라는 말로 홍위병(紅衛兵)을 옹호했고, 각다귀와 같이 국가
를 휘두르던 홍위병은 법과 질서 등 모든 것을 통치했다. 그러
나 문혁의 광기는 1971년 9월 13일 마오쩌둥에 대한 반역을 시
도하다가 발각된 린비아오(林彪)가 몽골로 가는 도중에 비행기
가 추락해 죽음으로써 한 축이 무너졌다. 그리고 1976년 1월 8
일 저우언라이(周恩來)가 사망했다.

　　중국인들에게 가장 사랑받는 정치가로 가장 먼저 꼽히는 저

텐안먼(天安門) 광장 남쪽에 있는 마오쩌둥(毛澤東) 기념관. 마오의 시신이 방부처리 되어있다. 그는 1976년 9월9일 사망했다.

저우언라이의 죽음으로 인해 중국은 적잖이 침체됐고, 4월 5일에는 톈안먼(天安門)에 사람들이 모여서 저우언라이의 추도식을 열었다. 시위는 더욱 커졌고, 첫 번째 톈안먼(天安門) 사태로 기록된 이 사건으로 인해 덩샤오핑(鄧小平)은 다시 당원자격을 유지하는 것 말고는 모든 것을 잃었다. 대신에 부각한 인물이 화궈펑(華國鋒)이다.

그리고 1976년 7월 28일에는 현대에서 가장 큰 자연재앙으로 꼽힐 탕산(唐山) 대지진이 일어났다. 탕산 뿐만 아니라 베이징과 허베이(華北)전역에 큰 피해를 준 이 지진으로 40만 명(최하 통계는 24만 명, 최고는 65만 명 가량) 가량이 사망했다.

1976년 9월 9일에는 마오쩌둥(毛澤東)이 사망했다. 새로운 황제를 같이 데려가기에는 너무나 많은 희생자였다. 마오가 죽은 후 지앙칭(江靑) 등 4인방*은 정권을 장악하려 했지만 당시

중국공산당 중앙위원회 제
1부주석겸 국무원 총리인
화궈펑(華國鋒)과 군부지
도자들인 예젠잉(葉劍英),
왕둥싱(汪東興) 등이 연합
하여, 그해 10월 이들 일
당을 체포하였다. 그리고
중국공산당 정치국 회의를

1976년 예젠잉(葉劍英)의 주도하에 사인방이 분쇄되자, 중국인들은 거리로 뛰어나왔다.

통하여 이들을 반당집단으로 결정하였으며 그 죄상을 발표하였다.

4인방의 체포와 재판으로 중국의 문화대혁명은 종결을 선언하였고 그후 문혁파(文革派)들은 군력에서 숙청되었으며 덩샤오핑(鄧小平) 일파가 실권을 장악한다.

4인방: 중국 공산당 중앙위원회 부주석 왕훙원(王洪文). 정치국 상임위원 겸 국무원 부총리 장춘차오(張春橋). 정치국 위원 지앙칭(江靑). 야오원위안(姚文元) 등 4인의 소위 반당집단(反黨集團)을 일컫는다.

제6장 오뚝이 덩샤오핑(鄧小平)의 재기와 실책

원로들의 도움으로 부활한 덩샤오핑(鄧小平)

1976년 9월 9일 새벽 1시 10분 미국 언론인 해리슨 E 솔즈베리가 '황제'라고 지칭했던 마오쩌둥(毛澤東)이 죽었다. 그의 동지였던 저우언라이(周恩來), 주더(朱德) 등 혁명 1세대가 모두 같은 해에 졌다. 당(唐)나라의 여제(女帝) '측천무후(則天武后)'를 꿈꾸던 지앙칭(江靑)이 이끌던 4인방은 예젠잉(葉劍英)의 주도하에 제거됐다.

마오는 새로운 황제의 후임으로 화궈펑(華國鋒)을 낙점했다. 마오가 "당신에게 맡기면 안심이다"라는 말까지 했다. 하지만 '호박머리' 화궈펑은 마오가 부활할 수 있는 마지막 카드를 열어준 '오뚝이' 덩샤오핑(鄧小平)을 이겨내기에는 그릇이 너무 작았다. 또 마오에게 승계 받을 좋은 것과 나쁜 것을 구별하지 못했다. 좋은 것은 정치적 카리스마였고, 나쁜 것은 그다지 세련되지 못해 번번이 실패한 경제정책이었다. 그럴 수밖에 없었

던 것은 그에게는 덩샤오핑(鄧小平)처럼
밀어준 후원자도 적었고, 경제적인 마인
드도 부족했다. 더욱이 화궈펑은 예젠잉
(葉劍英) 등 원로의 움직임 속에서 허둥지
둥됐다. 반면에 '오래 엎드린 자는 반드
시 높게 난다(伏久者必飛高)'라는 법구경
(法句經) 말처럼 덩샤오핑은 기회를 엿보
고 있었다.

1974년 4월 유엔회의 참석 전 덩샤오핑(鄧小平). 이 회의 참석을 기점으로 덩샤오핑은 확실히 재기했다.

덩샤오핑은 1966년부터 시작된 류사오
치(劉少奇) 비판과 더불어 주자파로 낙인
되었고, 1969년 10월에는 난창(南昌)의 공장으로 유배에 가까
운 하방을 당했다. 하지만 마오는 덩샤오핑이 당적을 잃는 마지
막 사태까지 가지 않도록 했기 때문에 그는 부활할 수 있었다.

덩샤오핑의 딸 덩롱(鄧榕)의 『불멸의 지도자 등소평(鄧小平)』
에는 이런 역정이 잘 정리되어 있다. 문혁(文革)이 막바지에 치
닫고 있던 1973년 2월 19일 덩샤오핑의 가족은 특별열차를 타
고, 베이징에 돌아온다. 그는 서쪽 교외 화위안춘(花園村)에 머
물면서 서서히 정치적 부활을 꿈꾼다.

마오쩌둥은 덩샤오핑의 복귀를 후원한다. 1973년 12월 12일
부터 22일까지 정치국회의를 소집한 마오는 덩샤오핑을 중앙
군사위원회 위원과 중앙정치국 위원을 담당하도록 한다. 그리
고 1974년 4월 저우언라이(周恩來)가 주최한 시아누크 왕의 환
영연회에서 6년 만에 얼굴을 드러낸다. '오뚝이'의 부활 소식
은 금방 소문이 났다. 이미 죽음을 목전에 둔 저우언라이는 물

옌안시절 마오와 지앙칭(江青). 그들은 혁명의 초발심을 잃고, 한사람은 황제가 됐고, 다른 사람은 여제를 꿈꾸었다.

론이고 마오쩌둥, 예젠잉(葉劍英) 등은 자신의 후계로 덩샤오핑이 가장 안전하다는 것을 직감할 수밖에 없었다. 더욱이 덩샤오핑은 4인방의 거두 지앙칭(江青)과 대결을 피하지 않는 등 강한 모습을 가지려고 노력했다.

1975년 1월 13일 제 4기 전국인민대표대회 1차 회의가 소집됐다. 저우언라이(周恩來)는 자신이 죽어가는 지 알면서도 회의의 업무보고를 했다. 저우는 지앙칭에게 권력이 넘어가는 것을 막고, 덩샤오핑을 보호해야 한다는 의지를 가진 것 같았다. 4기 전인대에서 덩샤오핑은 당 부주석, 중앙정치국 상임위원회 위원, 국무원 제1부총리, 군사위원회 부주석과 해방군 총참모장 직을 맡았다. 거의 완벽에 가까운 부활이었다.

덩샤오핑은 1975년 2월 문혁의 여파로 정체되어 있던 철도를 뚫는 것을 시작으로 경제 살리기에 나섰다. 그해 말부터 상황이 호전되면서 덩샤오핑의 인기도 더불어 올라갔다. 그러나 덩샤오핑과 상극인 4인방은 1975년 12월부터 중앙정치국 회의를 열어 그를 비판하기 시작했다. 12월 20일에는 덩샤오핑이 자아비판을 했다. 이달에 4인방의 지략가 캉성(康生)의 죽음으로 덩샤오핑에 대한 비판의 목소리도 더욱 커져갔다.

1976년은 중국사에서 쉽사리 잊지 못할 한해였다. 1월 8일 저우언라이(周恩來)가 죽고 주더(朱德), 마오쩌둥(毛澤東)도 죽었다. 그리고 탕산(唐山) 대지진으로 40만 명 가량이 죽는 참사가 발생했다. 이 모든 사건들은 덩샤오핑(鄧小平)에게 올지도 모르는 사상비판을 막아주는 역할을 했다.

그해 마오는 불안해 했고, 1월에는 화궈펑(華國鋒)을 내세우는 한편 덩샤오핑은 외무업무를 전담하는 쪽으로만 지시했다.

마오가 덩샤오핑을 약간 밀어내는 것에 고무된 4인방은 이전에 썼던 대학가 대자보를 동원해 덩샤오핑을 비판했다. 하지만 그 역풍이 불기 시작했다. 문혁(文革)의 문제를 알고 있던 시민들은 청명절에 톈안먼(天安門) 광장으로 모여서 4인방의 문제를 지적했다. 그리고 1976년 4월 5일 톈안먼 광장에 모인 군중을 대상으로 진압에 들어갔고, 첫 번째 '톈안먼사건' 이 일어났다.

덩샤오핑은 군중을 간접적으로 지원했고, 머잖아 다시 연금상태에 들어갔다. 하지만 마오의 사망 후 4인방이 분쇄되고, 덩샤오핑에게 날아오던 화살들은 모두 거두어졌다. 그러나 덩을 두려워했던 화궈펑은 마오의 재산을 계승하는 데만 치중했고, 원로는 물론이고, 국민 등 모두의 마음을 잡기에 너무 약했다.

1977년 7월 16일부터 21일까지 열린 당 제10기 3중전회(3中全會)에서 덩은 복권했다. 덩샤오핑은 자오쯔양(趙紫陽)과 후야오방(胡耀邦)을 양팔로 해서 헤게모니를 잡아가기 시작했다. 솔즈베리는 그의 책 『새로운 황제들』에서 "1978년 11월에서 12월 사이에 덩샤오핑은 화궈펑을 허수아비로 전락시키고, 실권을 장악했다"고 본다. 물론 그의 뒤에는 예젠잉(葉劍英)을 비롯해 천원(陳云) 등 원로의 도움이 있었기 때문이다.

사실 재정의 귀재로 공산화 이후 초기 경제를 이끈 천원은 덩샤오핑의 '흑묘백묘론'(黑猫白猫論 검은 고양이든 흰 고양이든 쥐만 잘 잡으면 된다는 발전 중심의 이론)에 맞서 '조롱론'(鳥籠論 경제는 새와 새장과 같은 관계로 보는데, 새는 꽉 쥐면 죽으므로 꽉 쥐어서도 안 되지만 그렇다고, 놔두면 날아가 새장에 가둘 수밖에 없다. 즉 사회주의 경제식의 통제가 필요하다는 논의 이다)을 편 인물이기도 하다. 하지만 속도의 차이일 뿐 서로 상대방의 내공을 인정하고 있었다.

덩샤오핑(鄧小平)의 비상

덩샤오핑(鄧小平)은 실권을 장악한 후 경제정책을 최우선으로 했다. 1979년 4월 중앙위원회 업무회의에부터 현 중국 발전의 초석이 된 경제특구에 관한 논의를 시작했고 시행했다.(자세한 내용은 경제 '외자기업이 없으면 중국 발전도 없다'에 자세히 기술함) 그해 7월 전국인민대표자대회(전인대)에서는 농업에 관심을 기울이는 경제 형태로 돌아갈 것을 주창하는 동시에 4개 현대화가 주로 거론됐는데, 여기에서 천원(陳雲)은 재정긴축을 요구하는 등 개방의 호흡조절을 역설했다.

1980년 9월 덩샤오핑의 오른팔 자오쯔양(趙紫陽)이 화궈펑(華國鋒)을 대신해 총리에 임명되면서 덩샤오핑은 실질적으로 모든 권력을 장악했다. 덩은 이후 다양한 외부환경 속에서 경제 발전을 위한 토대 만들기에 치중했다. 다행히 1982년과 1983년

62억, 52억 달러의 무역흑자가 났다. 하지만 1985년은 이전의 폐쇄사회와 그간 진행된 개방 사이의 문제가 급속히 부상하기 시작했다. 조너선 스펜스는 당시에 "농업생산, 1가구1자녀정책, 공업 인센티브제와 경제특구, 지적 표현, 대미-대소관계, 당 조직과 군대의 정리와 재편, 인민저항의 합법성" 등이 초미의 관심사이자 불화의 근원으로 자리하고 있다고 봤다.

이런 불안 속에서도 사회는 계속해서 변화해갔다. 막후의 실세인 덩샤오핑은 1987년 11월 말 리펑(李鵬)을 임시 총리로, 당과 군대에 영향력을 가진 양상쿤(楊尙昆)을 국가주석으로 밀었다. 그러나 1988년 경제상황은 그다지 좋지 않았다. 물가는 계속 오르고 있었고 농민들이 환금작물 재배를 위해서 일반 곡물 재배를 줄였기 때문에 식량 배급제에 문제가 생기기도 했다. 인사가 만사인 게 정치인데, 덩샤오핑의 인사는 그다지 똑 부러지지는 않았다. 가장 큰 예가 리펑의 무능력이었다.

마이니치 신문의 기자로 톈안먼에 관한 상세한 책을 쓴 가미무라 고지의 『중국 권력 핵심』에는 리펑에 관한 농담을 소개하는데, 그 농담 속에서 리펑은 "나는 할 줄 아는 것이 아무 것도 없다"는 말로 그를 소개할 만큼 경멸과 조롱의 대상으로 보고 있다. 이런 모든 상황은 1989년 6월 4일 톈안먼(天安門) 광장에서 벌어진 비극으로 가는 빌미를 제공하고 있었다.

프랑스 혁명 200주년이자 5·4운동 70주년, 중화인민공화국 건국 40주년인 이 해는 그간의 개방의 속도와 갖가지 갈등이 중층적으로 작용하고 있었다. 이런 분위기 속에서 4월 15일 후야오방(胡耀邦)이 심장마비로 사망한다. 변화를 바라는 층에

텐안먼(天安門) 광장의 오후. 이곳으로 현대사의 격류들이 휩쓸려 갔다.

서는 이 흐름을 호기로 생각했다. 특히 후야오방(胡耀邦)은 1986년, 1987년 학생시위를 옹호했다는 비판을 받았고, 이 때문에 1987년에는 해임됐고, 해임과정에는 자기비판서까지 제출했으니 그에 대한 동정은 자연스러운 흐름이었다. 1976년 저우언라이(周恩來)가 죽었을 때, 텐안먼 시위에 암묵적인 동의를 보낸 덩샤오핑이 권좌에 있는 만큼 한번 목소리를 내볼 심사였다. 22일 장례식 날 광장의 진입을 통제했지만 광장의 군중은 늘어나기 시작했고, 5월 17일에는 100만 명이 넘는 것으로 추산됐다.

언론 역시 서서히 호의를 갖기 시작했다. 좀 더 강한 개방주의자인 자오쯔양(趙紫陽)은 5월 19일 광장에 가서 단식 농성하

는 이들을 말렸다. 하지만 다음날 리펑(李鵬)과 양상쿤(楊尙昆)
은 계엄령을 선포했고, 인민해방군이 베이징으로 들어오기 시
작했다.

톈안먼(天安門) 사태와 상하이방의 부상

5월 31일 덩샤오핑(鄧小平)은 중난하이(中南海)에서 리펑(李
鵬)과 야오이린(姚依林) 부총리를 호출했다. 그리고 자오즈양(趙
紫陽)을 제쳐두고 자신이 후계자가 될 것으로 믿었던 리펑에게
한마디 던졌다. "자네들이 장쩌민(江澤民) 동지를 핵심으로 하
여 훌륭하게 단결할 수 있을 것을 희망하네"라고. 덩샤오핑은
톈안먼(天安門)의 진압을 추인했고, 그 전면에 장쩌민이 섰다.

6월 3일 밤늦게 군은 광장에 모인 군중들에게 대대적인 진압
작전을 시작했다. 군의 진압으로 사망한 숫자는 정부 발표는
319명(군인 포함) 이었지만 서방 언론 보도는 2000~3000명가
량으로 추산된다.

당시 현장을 취재했던 솔즈베리나 가미무라 고지 등은 현장
에서 벌어진 잔악성을 그들의 책에서 잘 표현하고 있다. 1976년
톈안먼에 빚진 덩샤오핑으로서는 최악의 결정을 내린 것이다.
더욱이 5월 30일을 전후로 대학생들이 광장에서 서서히 빠져
나가는 등 열기가 식고 있는 상황에서 벌어진 일이기에 더욱 그
러했다.

6월 24일 중국 공산당 13기 중앙위원회는 전체회의를 열어
「자오쯔양(趙紫陽)이 범한 잘못에 관한 보고」를 채택하는 동시

에 장쩌민을 총서기로 정식 선출했다. 톈안먼에서 물러나야할 첫 번째 대상으로 불려진 리펑(李鵬)을 전면에 내세울 만큼 덩샤오핑은 어리석지 않았다. 대신에 상하이 당서기였지만 중앙정치에는 거의 얼굴을 드러내지 않았던 장쩌민(江澤民)이 그 자리를 차지했다.

장쩌민은 혼자 올라오지는 않았다. 그의 오른팔인 쩡칭홍(曾慶紅)을 비롯해 그와 함께 성장했던 많은 이들이 그를 동행했다. 중앙정치에는 곧바로 '상하이방' 이라는 말이 탄생했다.

톈안먼은 국제사회에서 중국에 대한 거센 반감을 불러일으키기에 충분했다. 누구나 덩샤오핑이 지도자라는 것을 알기에 그에게는 그만큼의 책임이 갔다. 1989년 9월 4일 덩은 당 정치국

에 사표를 써서 보
냈다. 당시의 상황
이 부담스러웠던 원
로들도 사표를 받는
데 동의했다. 그렇
다고 '오뚝이'가 움
직일 수 있는 한 가
만히 있을 리는 만
무했다. 1990년을
맞이하는 춘지에(春
節설날)는 상하이를 방문해 푸동(浦東)개발을 역설하는 주룽지
(朱鎔基)를 만났다. 이 길에서 덩샤오핑은 장쩌민과 어울리지
않는 리펑이라는 짝 대신에 주룽지로 바꿀 생각을 갖게 됐다.

만년의 덩샤오핑(鄧小
平). 베이다이허(北戴河)
에서 편안한 모습을 하
고 있다.

　덩샤오핑은 여전히 건재했다. 1992년 1월 19일 오전 9시 광
둥성(廣東省) 선전(深圳)에 덩샤오핑을 태운 기차가 도착했다.
유명한 남순강화(南巡講話)의 시작이었다. 주하이(珠海)를 거쳐
상하이에서 막을 내린 이 길에서 덩샤오핑은 지속적인 개방을
확실시 했다. 험난한 정치투쟁에서 세 번이나 살아난 덩샤오핑
이었지만 죽음 앞에서는 일어설 수 없었다. 1996년 2월 19일
밤 9시 파킨슨병에 의한 호흡순환기능 부전으로 사망했다.

　사실 덩은 1989년 톈안먼에서 사망했을 수 있다. 솔즈베리는
『새로운 황제들』의 끝을 1989년 톈안먼에서 멈추었다. 스펜스
도 『현대 중국을 찾아서』의 마지막을 톈안먼에서 맺었다. 서구
인들의 시각에서 볼 때 톈안먼은 그만큼 심각했을 것이다. 하지

만 중국인들에게조차 이런 시각이 전적으로 맞다고 생각하는 것은 옳지 않다. 중국의 역사는 어차피 중국의 몫이기 때문이다.

제7장 2002년 11월 장쩌민(江澤民)의
화려한 감독 데뷔

95년 이후 덩샤오핑(鄧小平)을 딛고 헤게모니 잡아

1978년 연말 화궈펑(華國鋒)을 밀어내고 실권을 장악한 덩샤오핑(鄧小平)은, 1989년 톈안먼(天安門)의 비극으로 위기를 맞았다. 하지만 조타수를 자오쯔양(趙紫陽)에서 장쩌민(江澤民)으로 바꾸는 등의 회생책으로 살아남는다.

당시 장쩌민의 등장은 의외였다. 그의 앞에는 리펑(李鵬)이 있었기 때문이다. 물론 톈안먼에서 군중들이 쫓아내라고 외치는 리펑을 권좌를 앉힐 만큼 덩샤오핑이 정치감각이 없지는 않았기 때문이다. 장쩌민은 1985년 상하이 시장으로 중앙정계에서 들어선다.

지금은 중국 경제의 제1도시인 상하이를 책임지는 시장이나 당서기가 요직에 들지만 당시만 해도 상하이는 개발의 전 단계여서 위상은 그다지 높지 않은 편이었다. 이후 그는 1987년 11월에 열린 중국 공산당 제13기 1중전회(一中全會)에서 중앙정계의 흰자위인 중앙정치국 위원에 오른다.(노른자위는 상무위원인데, 중앙정치국 위원 가운데 6~10명가량이 상무위원을 맡는다) 그렇다고 해도 자오쯔양과 경합하던 리펑 등 기라성 같은 선배들이 포진한 상황이었기 때문에 장쩌민의 등장은 의외였다. 하지만 장쩌민은 톈안먼 사태가 끝난 1989년 6월 중앙위원회 총서기에 올라 당을 장악하고, 1989년 11월에는 중앙군사위원회 주석에 올라 군을 장악한다. 또 1993년 3월에는 양상쿤(楊尙昆)으로부터 중화인민공화국 국가주석을 인계받아 취임하면서 실질적인 중국의 리더가 된 것처럼 보인다. 하지만 그의 위에는 여전히 덩샤오핑이 있었다. 어떻든 주도권을 잡기 위한 헤게모니 쟁탈전이 없을 리 없다.

1994년 6월 23일 홍콩 『문회보(文匯報)』는 덩샤오핑의 칭다오(靑島) 시찰을 보도하면서 중앙과 지방관계의 개선 등 몇 가지를 말했다고 보도했다. 일본 마이니치의 기자 가마무라 고지는 저술에서 1992년 남순강화가 보수파에 대한 반격이듯이 당시의 이 기사도 누군가를 향한 것이었고, 그 누군가는 권력을 장악하던 장쩌민을 향한 것으로 봤다.

사실 끝없는 도전과 재기에 의해 오뚝이처럼 살아난 덩샤오핑과 달리 장쩌민은 한갓 권력의 하부에 있다가 어느 날 분 변화의 바람 속에서 갑자기 상경해 황제에 오른 한 고조(漢 高祖) 유방(劉邦)과 같은 인물로 보였다. 그러나 장쩌민은 이미 쇠약한 덩샤오핑을 압도할 힘을 갖고 있었고, 이 칭다오 시찰 기사는 진위마저 의심받으며 별다른 의미를 갖지 못한다.

필자의 주위에 있는 이들 가운데 장쩌민을 두꺼비에 비유하는 이가 있다. 그를 두꺼비에 비유하는 것은 인상 때문이기도 하지만 기(氣)를 모으는 힘이 유달리 뛰어나다는데 있다. 두 팔을 내리는 주룽지(朱鎔基)와 달리 배가 나온 장쩌민은 대부분 두 손을 배꼽 아래 단전 쪽으로 모아 항상 자신의 기가 빠져나가지 않도록 보호한다. 이는 독특한 인상을 만드는 한편 강한 인상을 주기도 한다.

1994년 여름 덩샤오핑은 중국 최고 수뇌부의 대결장인 베이다이허(北戴河) 회의에 참석하지 못한다. 덩샤오핑의 생일인 8월 22일 장쩌민과 리펑 등이 덩샤오핑의 집에 방문한다. 이와 더불어 덩샤오핑의 건강악화설이 힘을 얻고, 장쩌민은 친정체제 구축에 더욱 힘을 싣는다.

그해 9월 25일부터 열린 공산당 제14기 중앙위원회 제4회 전체회의(14기 4중전회)에서 상하이 시장인 황쥐(黃菊), 우방궈(吳邦國) 등 친위세력을 중앙정계로 끌어올린다. 이른바 상하이방(上海幇)의 전면적인, 아니 노골적인 부각이었다.

1995년 1월 덩샤오핑 집안의 대변인과 같은 역할을 한 그의 3녀 덩룽(鄧榕)이 미국에서 가진 『뉴스위크』와의 기자회견에서 "지난 5년간 중국이 얻은 성과는 장쩌민과 분리되어 말할 수 없다"고 말하면서 사실상의 백기를 내민다.

문혁(文革) 시기에 동료들의 구타에 못 이겨 베이징대학 건물에서 뛰어내려 장애인이 된 덩푸방(鄧樸方)은 아버지의 명성을 등에 업고, 장애인기금을 모금하는 등 정치보복을 받을 소지가 많았기에 덩씨 가족으로서는 그런 조치를 취할 수 밖에 없었다. 이제 더 이상 장쩌민의 시대가 열리는 것을 누구도 의심할 수 없었다.

장쩌민(江澤民) 시대의 개막

이후 장쩌민(江澤民)은 자신의 중국을 만들기 위한 작업을 시작한다. 1995년 3월에는 지앙시성(江西) 지우지앙(九江)시에 있는 후야오방(胡耀邦)의 묘지에 방문한다.

중국 고대 사상의 격전장이자 정치의 격전장인 루산(盧山)의 남쪽에 자리한 공칭청(共靑城)에 방문한 것을 시작으로 다음해 춘지에(春節)에는 후야오방의 유족들을 만나고 후야오방이 이끌던 공산주의 청년단을 자신의 세력으로 끌어들인다. 공칭청(共靑城)의 위쪽 우라오펑(五老峯) 아래에 있는 바이뤼둥(白鹿洞) 서원에서 주희와 육상산이 '격물치지(格物致知)'를 놓고 사상논쟁을 벌이고, 루산(盧山)의 정상에서 마오쩌둥(毛澤東)과 펑더화이(彭德懷)가 논쟁을 벌인 것에 반해 장쩌민(江澤民)은 이곳에서 합종(合縱)의 지혜를 보여준다.

이후에도 장쩌민은 이런 합종연횡의 지혜를 발휘하며, 권력을 장악한다. 장쩌민은 후야오방의 계열인 후진타오(胡錦濤)를 부주석으로 만들어 완전히 자신의 세력권 안으로 만드는 한편, 자신의 경쟁자였지만 자신의 등극을 인정한 리펑(李鵬)과 경제통인 주룽지(朱鎔基)와 함께 지속적인 경제성장을 이끌어 나간다. 물론 쩡칭홍(曾慶紅)를 비롯해 우방궈(吳邦國), 황쥐(黃菊), 지아칭린(賈慶林) 등 자신의 사람을 등용한다.

한편으로는 상하이에서 올라와 중앙 정치를 흔든 자신을 질시하던 천시퉁(陳希同) 등이 부패사건에 연루되자 베이징과 상하이의 구도로 싸움을 이끌어 몰아낸다. 드디어 장쩌민의 시대가 된 것이다.

그는 1926년 8월 17일 지앙쑤성(江蘇省) 양저우(揚州)의 혁명가 집안에서 태어났다. 초기에 여섯 번째 삼촌이자 계부로 상하이 초기 공산당 지도자 지앙상칭(江上靑)의 후광을 많이 입는다. 지앙상칭의 휘하에서 있다가 공산화 후 상하이 시장이 된 왕다오한(汪道涵)이 계속해서 그를 끌어주었기 때문이다. 또 1980년대 겨울을 보내기 위해 상하이를 방문하던 덩샤오핑(鄧小平)이나 천윈(陳雲) 등에게 계속해서 장쩌민을 소개해 그가 눈도장을 받도록 했다.

그는 1989년 6월 수렴청정을 펴던 덩샤오핑, 천윈, 리셴녠(李先念) 등 세 원로의 후원으로 경쟁자들을 밀치고 앞으로 치달았다. 후야오방(胡耀邦)이나 자오쯔양(趙紫陽) 같은 전임자들이 걸었던 실책을 피하면서 덩샤오핑의 노쇠로 인한 정치적 공백을 잘 메꾸었다.

친위세력 포진시켜 세력 장악

1997년에는 차오스(喬石)가 보수파를 배후로 베이따이허(北戴河) 회의에서 반란을 꾀했다가 역풍을 맞았다는 설과 같은 반란의 기운도 있었다. 2002년 11월에 열린 16기 1중전회를 앞두고는 다양한 이야기가 오갔다. 가장 논란이 된 것은 과연 그가 권력을 후진타오(胡錦濤) 등 4세대에게 넘기는가 하는 것이었다.

21세기에 들어서 중국은 물론이고 세계 언론의 가장 큰 관심은 2002년 11월에 있는 16기 1중전회 였다. 그리고 그 결과는 좀 더 확실한 장쩌민 시대의 개막이다. 이 회의 결과 나타난 가장 뚜렷한 인사는 동반퇴진을 말하면서 고희(古稀)를 넘긴 정치인들이 퇴장한 것이다.

톈안먼(天安門) 비극의 발원지였지만 건재했던 리펑(李鵬) 전 인대(全人大) 상무위원장을 비롯해 주룽지(朱鎔基) 국무원 총리, 리루이환(李瑞環) 정협(政協) 주석, 웨이젠싱(尉健行) 당기율검사위 서기, 리란칭(李嵐淸) 부총리 등이 중앙정치국위원에서 물러났다. 물론 장쩌민(江澤民) 주석도 물러났다. 하지만 장은 가장 강력한 힘을 가진 것으로 풀이되는 중앙군사위원회 주석을 갖는 한편 후진타오(胡錦濤)를 비롯해 7명에서 9명으로 늘어난 상무위원의 대다수를 자신의 세력으로 채우는 데 성공했다.

장쩌민의 실질적인 후원을 받은 인물은 주석직을 받은 후진타오를 비롯해 우방궈(吳邦國), 지아칭린(賈慶林), 쩡칭훙(曾慶紅), 황쥐(黃菊), 뤄간(羅幹) 등 6명이다.

우방궈는 1941년 7월 안후이성 페이둥(肥東) 출생으로 49세에 주룽지를 이어 상하이를 책임졌다. 하지만 그는 행정적인 능력이 떨어지는 편이고, 이 때문에 베이징에 올 때 베이징의 토착세력인 천시퉁(陳希同) 등에게 멸시를 받았다. 그럼에도 장쩌민의 지속적인 후원으로 성장할 수 있었다.

지아칭린은 1940년 3월 허베이성 포토우(泊頭) 출생이다. 그는 제1기계공업부에서 장쩌민을 만나 인연을 쌓았고, 1978년

38세 때 부부장급이 되어, 52세로 청국(廳局)장급이었던 장쩌민보다 직급이 높게 됐다. 하지만 지아칭린은 오히려 이전보다 장쩌민을 더 존중했다. 이런 인연은 1985년 그의 아내 린여우팡(林幼芳)이 거대한 부패사건과 연루되어 위기에 빠졌을 때 구해 주었다. 또한 1995년에는 천시퉁에게 빼앗은 베이징의 실권을 넘겨주었고, 2002년에는 중국 정치의 최고봉인 중앙위 상무위원까지 오르는 영예를 안겨줬다.

1939년 지앙시성(江西省) 지안(集安) 태생인 쩡칭훙(曾慶紅)은 누구나가 공인하는 장쩌민 맨의 선두이다. 혁명 1세대로 공산당 원로인 쩡산(曾山)의 아들로 그는 후야오방에게 인정받았으며 태자당(太子黨)의 일원이기도 했다. 그는 특히 장쩌민을 이끌었던 왕다오한(汪道涵)등과 연을 가졌고, 자연스럽게 장쩌민과 같은 길을 걷게 됐다. 이후 1989년 장쩌민이 베이징으로 올라올 때 동행한 유일한 인물이다. 이후 중앙 인사권을 장악하면서 '상하이방'을 중앙에 심고, 세력을 넓히는데 큰 공헌을 했다.

'상하이방'이라는 말이 나올 때 가장 빈번하게 등장했던 황쥐(黃菊)는 1938년 9월 저지앙(浙江) 지아샨(嘉善) 태생이다. 칭화대학(淸華大學校)을 졸업한 후 상하이에 머물다가 장쩌민과 인연이 됐다. 장쩌민의 사람이 된 이상 그 전임자인 주룽지(朱鎔基)나 우방궈(吳邦國)의 뒤를 이어 중앙으로 진출했고, 상무위원까지 올랐다.

1935년 7월 산둥성(山東省) 지난(濟南) 태생인 뤄간(羅幹)은 장쩌민이 실권을 잡기전에는 직접적 인연이 없었지만 제1기계공업부 출신이라는 동질성으로 장쩌민을 '라오링다오'(老領導 오래된 상급자)라고 불러서 마음을 얻었고, 특히 리펑(李鵬)에게 업무 능력을 인정받았다는 점도 상무위원 발탁의 배경이다.

장쩌민계열이 아닌 인물로는 원자바오(溫家寶), 우관딩(吳官正), 리창춘(李長春) 정도지만 이들 역시 장쩌민과 큰 마찰이 없었던 인물들이다. 주룽지의 뒤를 이어 총리를 맡을 가능성이 높은 원자바오(溫家寶)는 후진타오(胡錦濤)와 같은 1942년 출생했다. 정협(政協)주석 리루이환(李瑞環) 과 같은 톈진(天津)태생인 그는 문화혁명 당시 깐수성(甘肅省)으로 갔고, 거기에서 원로 쑹핑(宋平)에게 발탁되어, 업무 능력을 인정받았다.

1938년 8월 지앙시(江西) 위간(余幹) 태생인 우관딩(吳官正)은 후진타오(胡錦濤)와 칭화대(淸華大學校)동기이다. 그는 드물게 청백리로 인정받으며 소금과 같은 역할을 하는 인물이다. 2002년 11월 16기 1중전회에서 당의 규율을 관리하는 중앙기율검사위원회 서기에 선임됐다.

1944년 2월 태생인 리창춘(李長春)은 랴오닝(遼寧) 따리엔(大連)출신으로 하얼빈(哈爾濱) 공대에서 공부했다. 문혁(文革)이 시작된 1966년에는 대학을 마쳤고, 이후 관리로 승진을 거듭해 42세이라는 초유의 나이에 랴오닝(遼寧)성장(省長)이 되었고, 1990년에는 허난성(河南省) 성장(省長)으로 전임했다.

1997년에는 급속한 발전으로 지나치게 비대해져 부패가 만연하다는 평가를 받는 광둥성(廣東省)에 당서기로 전임했고, 2002년 11월에는 상무위원에 오르게 됐다. 이로써 장쩌민(江澤民)은 마오쩌둥(毛澤東)과 덩샤오핑(鄧小平)이 누리던 중국의 실권을 장악하는 세 번째 인물이 됐다. 설사 장쩌민이 중앙군사위원회 주석직을 다른 사람에 넘긴다고 해도, 이런 상황을 부정할 수는 없다.

2002년 11월 16기 1중전회를 통해 형성된 구조를 놓고 다양한 말이 오가는 것에 대해 필자가 아는 중국 연구가는 부정적인 시각으로만 보지 말라고 강조했다.

사실 감독인 장쩌민이 후진타오(胡錦濤)를 투수에 기용하고, 원자바오(溫家寶)를 포수에, 쩡칭훙(曾慶紅)을 유격수에 기용한다는 것일 뿐 옳고 그름의 의미를 둘 필요는 없다는 것이다.

이제 확실한 것은 장쩌민이 팀의 성적을 책임지는 감독으로 완전히 굳어진 이상 그 팀의 성적에 관해서도 책임을 져야한다는 것이다. 더욱이 감독대행 시절 유능한 투수역할을 했던 주룽지(朱鎔基)나 리루이환(李瑞環), 리란칭(李嵐淸) 등을 퇴진시킨 이상 그 책임도 장쩌민에게 있기 때문이다. 전임자인 마오쩌둥(毛澤東)이 '매 맞는 문제'를 해결했고, 덩샤오핑(鄧小平)이 '굶는 문제'를 해결하는 등의 성적을 낸 이상 그 역시 중국 역사에 무엇인가를 남기기 위한 노력을 하고 있다.

제8장 청운 위에 백운이 드리워져

황태자의 등극인가, 태상황의 탄생인가

황태자의 등극인가, 태상황의 탄생인가. 장쩌민(江澤民)에서 후진타오(胡錦濤)로 넘어가는 중국 권력지도를 보는 세간의 가장 큰 관심은 이것이다.

중국 역대에서 가장 오래 왕위에 있었던 인물은 청(淸)나라 제6대 황제인 건륭황제(乾隆帝 재위 1735~1795)다. 그는 1795년 조부 강희제(康熙帝)의 재위기간인 61년을 넘지 않기 위해 황제의 자리에서 물러나 15번째 아들 가경제(嘉慶帝)에게 왕위를 넘겨주었지만 태상황제(太上皇帝)가 되어 1799년 죽을 때까지 사실상의 황제로 있었다.

장쩌민으로서는 건륭제(乾隆帝)를 꿈꿀 것이며, 후진타오는 우선은 낙마(落馬)를 경계하며 자신의 권력범위를 확대하고 싶을 것이다. 중국의 과거를 비춰볼 때, 장쩌민이 살아있는 동안 후진타오가 실권을 장악한다고 보기는 어렵다. 절대적인 카리스마를 가진 마오쩌둥(毛澤東)이 죽은 후 지금까지 중국의 실권을 흔든 힘은 무엇보다도 혁명1세대를 주축으로 한 원로세력이다. 마오가 죽은 후에 화궈펑(華國鋒)이 권력을 장악했지만 '4인방'을 몰아내는 데서부터 덩샤오핑(鄧小平)이 실권을 장악하는 데까지 가장 큰 힘을 발휘한 것은 예젠잉(葉劍英), 보이보(薄一波) 등 원로 세력이었다.

덩샤오핑은 갖가지 풍상으로 인해 요직으로 남아있기 보다는 호야오방(胡耀邦)이나 자오쯔양(趙紫陽)을 앞세우고 자신은 뒤에서 수렴청정(垂簾聽政)하는 쪽으로 힘을 쏟았다. 물론 자신이 독단으로 하기 보다는 천윈(陳雲) 등과 같이 했다. 이런 구조는 1989년 장쩌민(江澤民)이 부각할 때는 물론이고, 1993년 주룽지(朱鎔基)에게 국무원의 실권을 쥐어줄 때도 가장 크게 작용했다. 물론 2002년 11월 중국 공산당 16차 전국대표대회를 앞두고 이런 혁명 1세대의 힘은 상당히 축소됐다. 이제 그나마 카리스마를 가진 혁명 1세대는 거의 죽었기 때문이다.

8대 원로 가운데 살아있는 이는 보이보(薄一波 94) 밖에 없기 때문이다. 이제 원로로 설 세력은 장쩌민 중심의 3세대들이다. 이들은 연령적으로 봤을 때, 70세 전후고, 더러는 1949년 해방 이전에 공산주의 운동에 참여해 대외적인 명성도 높은 편이다. 또 덩샤오핑 이후 중국 부흥을 이끌었던 실무진이었다는 점에서 원로의 목소리 보다는 상대적으로 높다. 그럼 어떻게 원로가 구성될까.

우선 지난 15차 전국대표대회에서 정치국 상무위원으로 일하다가 동반 퇴진한 장쩌민(江澤民)과 리펑(李鵬), 주룽지(朱鎔基),

우리의 국회와 같은 인민대회당. 일부 행정부의 기능까지도 담당하고 있다.

리루이환(李瑞環), 웨이젠싱(尉健行), 리란칭(李嵐淸)등이 선두에 설 것이다. 이들은 각기 자신의 전문 분야가 있다. 하지만 이들은 동반자적 원로로 활동하기 보다는 여전히 강한 카리스마를 가진 장쩌민의 주도하에 움직이는 원로세력으로 작용할 전망이다. 우선 상무위원 대다수가 장쩌민의 세력으로 자리하고 있기 때문이다. 장쩌민이 덩샤오핑(鄧小平)을 벗어나 실질적인 권력을 잡은 것(낙마의 위험에서 벗어난 것)은 1994년 덩샤오핑의 건강이 급속히 악화될 때부터 인 것처럼 당분간은 장쩌민이 주도하는 정국이 될 것이다.

면적 30% 이하 지역이 중앙위원 싹쓸이

중국 정계의 인물 편향은 우리가 상상하는 것 이상이다. 우선 지역적으로 봤을 때, 중심축이 과거 후난성(湖南省)중심의 인물 구도에서 서서히 지앙쑤(江蘇), 저지앙(折江)등으로 움직이는 것을 알 수 있다.

이는 중국 정치의 핵심인 정치국 중앙위원 후보 이상 25명의 출신성분을 살펴보면 쉽게 알 수 있다. 우선 지역적으로 봤을 때, 저지앙(折江) 출신이 많다. 상무위원 황쥐를 비롯해 천량위(陳良宇), 위정셩(兪正聲), 쩡페이옌(曾培炎) 등이 저지앙(折江)인 이다. 저지앙과 인접한 지앙쑤(江蘇)나 안후이(安徽)에도 인물이 밀집해 있다. 지앙쑤(江蘇) 출신은 베이징 당 서기와 시장을 겸하고 있는 류치(劉淇) 및 저우용캉(周永康) 등이다.

안후이성(安徽省)은 4세대의 리더인 후진타오(胡錦濤)와 우방궈(吳邦國)가 이곳 출신이다. 후진타오의 고향 지시(績溪)는 과거 지앙쑤(江蘇)에 속했다가 안후이(安徽)로 행정구역이 변경된 곳이다.

이 세 성에 안후이와 인접한 지앙시(折江)성 출신인 쩡칭홍(曾慶紅)과 우관쩡(吳官正)을 합치면 주요 인물의 대부분은 이곳에서 나왔다고 할 수 있다. 그밖에도 적지 않은 인물을 배출한 성은 허베이성(河北省) 지아칭린(賈慶林), 왕자오궈(王兆國), 장리창(張立昌)과 산둥성(山東省) 뤄간(羅幹), 왕러취안(王樂泉) 등 중북부와 랴오닝성(遼寧省) 리장춘(李長春), 장더지앙(張德江), 지린성(吉林省) 후이량위(回良玉), 왕강(王剛) 등 동북 3성 가운데 2성이다. 후베이(湖北)는 유일한 여성 중앙위원인 위이(吳儀)와 허궈치앙(賀國强)을 배출했다. 이밖에 톈진(天津) 원자바오(溫家寶), 산시(山西) 리우윈산(劉云山), 샨시(陝西) 궈보슝(郭伯雄), 허난(河南) 차오강추안(曹剛川) 출신의 중앙위원이 있다.

중앙위원이 비교적 많이 나온 지역은 타 성에 비해 인구가 많은 지역인 것이 사실이지만 이번 중앙위원 선출은 몇 가지 특징적인 점이 있다. 우선 광둥 등 남서부(福建, 廣西, 海南, 雲南, 西藏, 貴州)는 물론이고 서부지역(新疆, 甘肅, 淸海, 四川, 重慶) 출신의 중앙위원이 한명도 없다는 점이다. 거기에 네이멍구나 헤이룽지앙 등에서도 중앙위원이 나오지 않아 중국 전체 면적의 70% 가량의 지역이 중앙위원 인사에서 배제된 것이다. 더욱 특징적인 것은 총리 주룽지(朱鎔基)와 마오쩌둥(毛澤東), 류사오치(劉少奇), 펑더화이(彭德懷) 등의 고향으로 중국 정치의 요람인 후난(湖南)과 주더(朱德), 덩샤오핑(鄧小平)을 배출한 쓰촨(四川)이 완전히 배제됐다는 것이다.

이런 결과는 1994년 상하이방을 기용할 때부터 주위의 눈치를 보지 않았던 장쩌민(江澤民)식 인사의 특성이 잘 반영된 예다. 자신의 주변은 철저히 챙기지만 사감이 있는 인물을 배제하거나 눈치를 보지 않는 특성은 여전했다.

나이는 줄고, 사람 챙기기는 늘어

연령별로 봤을 때 1930년대 출생은 쩡칭훙(曾慶紅)과 황쥐(黃菊), 우관쩡(吳官正), 뤄간(羅幹)(이상 상무위원), 우이(吳儀), 차오강추안(曹剛川), 쩡페이옌(曾培炎), 장리창(張立昌) 등 8명에 지나지 않고, 나머지는 모두 1940년대 출생으로 한층 젊어진 진용을 갖고 있다. 상무위원 가운데 최연소는 1944년생인 리장

춘(李長春)이고, 전체 중
앙위원 가운데는 1947년
생인 류윈산(劉雲山)이 가
장 젊다. 전체적으로는
60세 정도의 연령분포를
갖고 있다.

학연으로 봤을 때는 단
연 칭화대(淸華大學校)가
두드러진다. 총서기 후진
타오(胡錦濤)를 비롯해 우

장쩌민(江澤民)과 후진타
오(胡錦濤).

방궈(吳邦國), 황쥐(黃菊), 쩡페이옌(曾培炎) 등이 여기 출신이
다. 그밖에는 비교적 골고루 분포했는데, 현재 저지앙성(浙江
省) 서기로 중앙위원인 장더지앙(張德江)이 북한 김일성 대학
경제과를 나왔다는 게 눈에 띈다.

칭화대학 출신의 정치인을 말하는 '칭화방'은 이밖에도 자춘
왕(賈春旺) 공안부장, 우샤오쭈(吳紹祖) 국가체육위 주임 등을
비롯해 칭화대가 배출한 차관급 이상 관리만 300여명에 이른
다. 테크노크라트(technocrat)가 우대받는 상황에, 든든한 선두
그룹을 가진 이곳 출신은 거칠 것이 없는 상황이다.

장쩌민(江澤民)의 노골적인 등용으로 부각한 상하이방인 우
방궈(吳邦國), 황쥐(黃菊), 쩡칭훙(曾慶紅) 등은 따로 말할 필요
가 없을 것이다. 반면에 태자당 출신 가운데는 쩡칭훙(曾慶紅)
과 위정성(俞正聲)이 중앙위원에 남아있고, 8대 원로중 하나인
보이보(薄一波)의 아들 보시라이(薄熙來) 랴오닝성장(遼寧省長)

과 시진핑(習近平) 푸젠성장(福建省長)은 중앙위원에 진입하는 데 실패했다. 또 15차에서 중앙위원으로 있다가 물러난 인물은 딩관껀(丁關根), 톈지윈(田紀云), 리티에잉(李鐵映), 츠하오톈(遲浩田), 장완니엔(張萬年), 지앙춘윈(姜春云), 첸지천(錢其琛) 등 7명이다.

덩샤오핑(鄧小平)의 브리지 상대로 유명했던 딩관껀(丁關根)은 1929년 출생으로 나이 제한에 걸렸고, 선전업무에서 실수를 하는 등 업무적인 면에서도 부각하지 못했다. 팔로군(八路軍) 출신의 톈지윈(田紀雲)은 자오쯔양(趙紫陽)과 가까웠고, 공적인 자리에서 장쩌민(江澤民), 리펑(李鵬)을 겨냥할 만큼 목청이 큰 것도 문제였다. 또 1929년생이라는 점은 당연히 그를 낙마하게 했다. 1936년 태생인 리티에잉(李鐵映)은 한때 원로들의 사랑을 받았지만, 그다지 두각을 나타내지 못한 인물로 항상 위태위태하다가 역시 낙마했다.

국방부 부장인 츠하오톈(遲浩田)은 1929년 생으로 나이가 차서 군인으로 최고의 직위에 오른 후 물러나는 경우다. 군사위 부주석 장완니엔(張萬年) 역시 1928년 태생으로 군인으로서는 최고의 지위에 올랐다. 지앙춘윈(姜春云)은 1930년 태생으로 장쩌민(江澤民)의 지지를 받았지만 산둥성(山東省)밀수사건과 연루의혹을 받는 등 그다지 평이 좋지 않았다.

1990년대 전인대에서 장쩌민(江澤民), 주룽지(朱鎔基), 리펑(李鵬), 차오스(喬石)에 비해 많은 표를 얻을 만큼 인기가 있었던 첸지천(錢其琛)은 1928년 출생으로 나이가 찼다. 별다른 학력도 없었지만 국제외교 무대에서 저우언라이(周恩來)의 뒤를 잇는 인물이 될 만큼 지명도가 높았다.

반면에 샤먼(夏門) 밀수 사건에 부인이 연루된 후 이혼을 한 전 베이징 당서기 지아칭린(賈慶林)이나 업무력에서 기대에 미치지 못한다는 평가를 받는 황쥐(黃菊) 등은 장쩌민(江澤民)의 측근으로 상무위원에 오르는 저력(?)을 보여주기도 했다.

제2부 경제經濟로 읽기

1966년부터 마오쩌둥(毛澤東)의 방조(傍助) 아래 자행된 문화대혁명(文化大革命)은 부자되는 것에 대한 공포를 심어준 10년이었다. 하지만 마오의 사망 이후 나약한 화궈펑(華國鋒) 정권을 넘어선 덩샤오핑(鄧小平)은 무서운 속도로 중국 경제 발전을 추진했다. 덩샤오핑(鄧小平)의 유산은 장쩌민(江澤民)은 물론이고 그의 경제발전 파트너인 주룽지(朱鎔基)에 의해 가속을 붙여왔다. 1997년 말부터 시작된 아시아 금융위기는 물론이고 각종 위기 앞에서도 중화호의 속도는 꺽이지 않았다. 이미 몇 년 안에 일본을, 몇 년 안에는 미국을 앞지를 것이라는 말이 심심치 않게 나오고 있다. 반면에 하늘 높은 줄 모르는 중국 경제는 빈부격차 문제나 환경재앙 등의 원인으로 위기를 맞을 거라는 전망이 적지 않게 나오고 있다. 이런 예측의 상당 부분은 서양에 의해 만들어졌고, 확대 재생산되고 있다. 하지만 이런 말이 오가는 순간에도 중국 제품은 동아시아 경쟁 국가들의 상품을 제치고, 서서히 세계시장에 그 위세를 떨치고 있다. 중국 경제의 화려한 외양과 더불어 잠재되어 있는 지뢰밭을 살핌으로써 중국경제에 접근해 간다. 경제 부분에는 중국이 직면한 가장 중요한 사안인 WTO가입 등의 현안을 비롯한 기본적인 문제를 포함해 경제에 직접적인 영향을 주는 문제 및 한국기업의 중국 진출 등 이슈를 집중적으로 점검한다.

제1장 중국의 WTO 딜레마

개방 앞두고, 안팎 문제 해결에 고심

2001년 중국에는 2008년 하계올림픽 개최권 획득과 사상 첫 남자축구의 월드컵 본선진출이라는 중대한 일이 있었다. 이 두

중국의 WTO가입 소식을 보는 중국인의 모습.

소식이 들렸을 때 중국인들이 반응은 가히 폭발적이었다. 그리고 11월 11일에는 중국의 WTO 정식가입 소식이 들렸다. 이미 두 번의 거친 축제가 지났기 때문일까. WTO가입은 중국인들에게 그다지 큰 이슈로 작용하지 못했다.

WTO 전신인 관세 및 무역에 관한 일반협정(GATT)에 가입하려 시도한 지 15년 만에 이루어낸 성과임에도 불구하고 중국의 이면에 적잖이 도사리고 있는 불안함은 어디서 기인하는 것일까. 100년 만에 자율적으로 세계에 문

선전(深圳)의 한 서점에 마련된 WTO 관련 서적 모음 공간.

을 열면서 근대에 겪었던 불행했던 역사가 다시 생각났기 때문일까.

베이징의 명동인 왕푸징(王府井)에 자리한 왕푸징(王府井)서점은 6층짜리 건물로 홍콩 자본가에 의해 세워진 초호화 백화점 신둥팡스창(新東方市場)의 바로 옆에 자리하고 있다. 5~6층에 위치한 음반이나 CD매장을 빼도 각 층이 우리 대형서점에 버금갈 만큼 크다.

지난해 이 왕푸징(王府井) 서점의 입구에 있는 진열대에는 거의 모든 신간이 중국의 WTO시대에 관한 연구 서적으로 자리를 차지했다. 진열된 책의 종류만 해도 200여종에 달했다. 각종 백서까지 합치면 중국의 WTO관련 서적은 1000여종 이상이라고 봐도 된다.

그 내용을 살펴보면 형편없는 이야기들도 있지만 대부분의 내용은 포스트 WTO시대에 각종 세제의 변화에서부터 산업별 경쟁력 문제에 이르기까지 상세하게 점검되어 있다. 물론 모두가 WTO가입에 환호성만을 지른 것은 아니다.

소장파 경제학자인 한더치앙(韓德强)은 중국의 대외경쟁력이 떨어진다는 이유 등으로 WTO가입에 환호작약(歡呼雀躍)하기보다는 좀더 세심히 접근해야 한다고 충고했다. 그리고 반년 정도가 흐른 지금 중국의 모습은 사실상 큰 변화가 없다.

과거 근대에서 현대로 넘어오던 시기에 영국 등 서구 제국주의세력에 무참하게 당하면서 문호를 열었던 과오를 되풀이하지 않기 위해 중국은 만전을 기했기 때문이다. 중국의 포스트 WTO시대 구상의 큰 축 중의 하나는 경제주권을 지키면서 수년째 지속하는 7~8%대의 성장률을 유지한다는 것이다. 경제주권 문제는 아직까지 상처를 받지 않았다.

WTO 가입 협상의 실무자인 룽잉투(龍永圖) 대외무역경제합작부 부부장은 2002년 5월 24일 베이징에서 진행된 'WTO와 21세기 중국경제' 토론회에서 WTO의 규정들이 개발도상국에게 불리하고, 분쟁조정 기구가 너무 유약해 제 기능을 못하고 있다고 지적하는 등 WTO에 대한 불만을 토론했다.

미국의 301조에 대응하는 유럽이나 일본의 조치가 WTO에 제소하기보다는 보복관세로 해결하는 것을 예로 들며 중국 역시 비슷한 입장을 취할 계획이다. 이미 미국의 철강제품 수입규제에 대해 중국 역시 수입규제로 대응하는 것에서도 그들의 전략이 나타난다. 특히 지적재산권에 대한 지나친 규제에 불만을 표시했다. 중국으로서는 WTO에 의존하기보다는 국제사회가 지역중심의 자유무역기구로 간다는 것을 감안해 중국 역시 아시아에서 자유무역기구를 만드는 안을 숙고하고 있다. 세계시장에 서서히 문을 열기 시작한 중국의 현재 상황은 거의 변화가 없다.

중국거시경제연구원 바이허진(白和金) 원장은 2002년 5월 27일 열린 '남방경제논단'에서 중국이 WTO가입 후에도

7~8%의 성장을 하고 있으며 이 속도는 앞으로 5~7년가량 지속될 것으로 봤다. 다만 노동인구의 공급이 줄어드는 10년 후를 기점으로 성장이 둔화될 것으로 예상돼 이 시기를 대비해야 한다는 주장을 폈다. 경제학자 샤오주오치(肖灼基)도 중국은 향후 7년간 7.2% 가량의 성장을 거듭해 2010년에는 1인당 국민소득이 2000불에 이를 것으로 내다봤다. 하지만 이것은 중국이 개방이라는 단어를 경제로만 한정하고, 다른 요소를 배제할 때 나타날 수 있는 가장 안정적인 경우의 수다.

WTO는 단순히 시장의 개방만이 아니라 모든 것의 개방을 말한다. 그린라운드나 블루라운드로 대변되는 이런 부수적인 문제에 대해 중국은 당연히 관심을 가질 수밖에 없다.

황사(黃砂)나 세계10대 오염도시 가운데 7개를 보유한 불명예를 가진 중국에게 그린라운드는 치명적이다. 더욱 심각한 것이 노동문제이다. 지금은 상당한 통제에 있는 노동문제만 하더라도 이미 심각한 수준의 문제를 안고 있다. 현재 중국 노동자의 최저임금은 지역마다 다르지만 보통 월 400위안이다. 선전(深圳)이나 상하이 푸동(浦東) 등 특구 가운데는 600위안에 달하는 곳도 많다. 그러나 중국 대부분 지역에서 최저임금에 못 미치는 지역이 상당수이다. 열악한 지역에서는 1시간당 임금이 1위안(한화 160원 가량)에도 못 미치는 가격에 일하는 노동자도 많다. 그들이 이 열악한 조건을 숙명으로만 받아들일 수 있는 시간도 얼마 남지 않았다는 것을 어디서나 쉽게 느낄 수 있다. 또 다른 것은 경쟁력을 잃어버리는 산업에서 발생하는 실업자 문제이다.

소장경제학자 한더치앙(韓德强)은 일찌감치 중국 석유산업의 경쟁력 문제를 지적하며 따칭(大慶) 등 중국 내 국영기업의 문제를 지적했었다. 그리고 그의 묵시록을 증명이나 하듯이 2002년 2월초 따칭(大慶)과 랴오닝성(遼寧省) 라오양(遼陽) 시에서 대규모 노동자 시위가 발생했다. 참가 인원은 각각 5만여 명과 3만여 명에 이르는 것으로 알려질 만큼 거대한 시위였다.

중국 정부가 애를 끓이는 파룬궁(法輪功)도 실업문제 등과 직접적인 관계가 있다. 멀린다 류 뉴스위크 베이징 지국장이 실업 급증과 보건제도 붕괴로 인해 파룬궁(法輪功)이 확산된다고 본 관점은 여전히 유효하다.

파룬궁(法輪功) 문제가 가장 기승을 부리는 헤롱지앙(黑龍江)이나 허난(河南)성은 동부나 중부에 있지만 낮은 생산기반으로 인해 실업자가 많고, 파룬궁(法輪功) 신도들도 늘어나기 때문이다.

경제 자체의 관점에서 봤을 때도 낙관할 수만은 없는 상황이다. 이미 무한 경쟁시대로 치달은 백색가전의 경우 하이얼 등 몇 개 기업이 선전하고 있지만 뛰어난 마케팅 능력을 가진 LG나 삼성 및 소니 등과 경쟁하기에는 중국 기업의 능력이 아직 못 미치는 것이 사실이다.

특히 자동차의 경우 낙후된 시설과 운영체계를 가진 기업들이 변화에 적응하기 위해 매수와 합병을 거듭하고 있다. 중국정부는 최근 중국의 3대 자동차메이커인 이치(一汽), 상하이(上海)자동차, 둥펑(東風)자동차를 중심으로 한 자동차그룹을 만들 계획을 추진 중 이라고 밝혔다.

2002년 11월 11일 카타르 도하에서 WTO정식 가입 서명을 하는 스광셩(石廣生) 중국대표단 단장.

텐진(天津)자동차를 장춘(長春)에 있는 이치(一汽)와 합병하고 베이징(北京)자동차를 후베이(湖北)성에 있는 둥펑(東風)에, 난징(南京)의 위에진(躍進)자동차를 상하이자동차에 각각 합병하는 계획이다. 6개의 큰 회사를 3개로 만드는 거지만 사실상 120여개로 난립한 자동차 회사를 2~3개로 만들려는 계획으로 보면 된다. 중국에 눈독을 들이는 세계자동차 선진국의 외풍을 막기 위해서는 합병을 통해 규모가 큰 자동차 기업으로 생존해야 된다는 상황인식을 했기 때문이다. 그러나 이와 같은 과정에서 빚어질 구조조정 문제는 갈수록 부담이 더해지고 있다. 이 밖에도 농업문제는 물론이고, 선진국의 타깃이 되기 쉬운 금융문제 등 중국의 부담이 적지 않다.

중국의 WTO가입은 대외신인도 향상은 물론이고, 자국의 경제체제의 개혁을 통한 시너지 효과를 노린 것이다. 거기에 무역최혜국대우를 통해 수출을 향상시키고, 개발도상국에 주어지는 일반특혜관세(GSP)의 혜택을 향유하기 위해서다. 하지만 그 혜택의 이면에 주어지는 독소를 무시할 수 없다.

중국이 이 독소를 풀어내고, 지속적인 경제성장의 길로 갈 수 있을지가 향후 세계경제가 나아가는데 적잖은 영향을 줄 것이다.

제2장 갈수록 귀해지는 위안화(元貨)

평가절하 압력에서 절상 압력으로

위안화(元貨)는 중국의 공식화폐이다. 런민삐(人民幣)라고 불리는 위안화(元貨)는 '경제 동물'인 중국인들에게 세상에서 가장 추구해야하는 것임에는 틀림 없다.

우리의 화폐가 그러하듯 중국 돈에도 갖가지 문양이 그려져 있다. 이제 거의 사라져가고 있는 펀(分 우리 돈 1.5원 가량)에서부터 100위안(우리 돈 15000원 가량)까지 각각의 독특한 문양이 있다. 특히 낮은 단위에는 소수민족의 모습을 넣은 경우가 많은데, 2지아오(角 보통은 마오로 불림) 짜리에는 조선족 동포 소녀의 모습이 있어 인상적이다.

그러나 1999년부터 이 돈에 변화가 생기기 시작한다. 10위

중국 지폐의 가장 고액권인 100위안. 위조방지를 위해 왼쪽에는 음화가 있고, 아라비아 숫자 100 사이로 점선이 보이는 것은 금속제 위조 방지장치다.

조선족 동포가 그려진 2지아오 지폐. 그림의 오른쪽에 한복을 입은 조선족 소녀가 보인다.

안 이상의 화폐 그림을 모두 마오쩌둥(毛澤東)으로 도배한 것이다. 과거 100위안짜리에는 마오와 더불어 주더(朱德), 저우언라이(周恩來)가 그려져 있었다. 중국의 공산화는 사실 세 사람 중 하나만 빠져도 성사되지 못했을 텐데, 중국은 왜 마오만을 그려 넣었을까.

색깔만 다르지 모두 동일한 마오의 그림으로 된 돈은 10위안과 50위안짜리가 헷갈려 그다지 환영을 받지 못한다. 그런데 중국 정부는 웬일인지 돈과 그다지 인연이 없었던 마오를 돈에 집어넣었다. 위안화는 과거 중국이 폐쇄적인 사회였을 때, 아무런 주목을 받지 못하던 중국 내부의 통용수단에 지나지 않았다. 하지만 중국의 개방과 지속적인 힘의 성장으로 인해 세계적인 화폐로 서서히 부각하고 있다.

현재 달러화를 기준으로 고정환율제를 채택하고 있는 중국은 계속해서 다양한 변화의 압력과 요구에 시달리고 있다. 위안화를 통해 중국 경제의 한 단면을 만나보자.

가짜 돈도 돈이다!

중국을 여행하다가 우리나라 사람을 처음본 중국인들에게 가장 자주 듣는 질문 가운데 하나가 우리 돈과 중국돈의 가치비교이다. 중국돈 1위안이 한국돈 얼마냐고 물으면 필자는 1위안에 한국돈 150원 가량이라도 답변한다. 그러면 중국인은 곧바로 좀 실망스러워하는 표정이다. 한국 돈의 가치가 뭐 그리 형편없냐는 식이다. 돈의 단위와 가치가 무슨 상관이 있겠냐 싶은데도 그들이 그렇게 반응한다. 중국인다운 반응이면서 좀 우스운 반응이지만 그들의 가장 큰 관심사를 단적으로 보여준다.

중국여행 중에 가장 골치 아픈 것은 가짜 지폐이다. 중국의 국책은행은 '중국은행'이 아닌 '중국인민은행'이다. 중국인민은행도 돈을 찍어내지만 목숨을 걸고 위조지폐를 찍어내는 이들이 있기 때문이다. 대도시에서는 적지만 외곽으로 나가면 가짜 지폐로 인해 곤욕을 치르는 경우가 많다. 액수가 작으면 상관이 없지만 100위안 정도의 큰 돈을 가짜로 만나면 큰 손해를 본다.

가짜 돈을 예방하기 위해 상점이나 택시 기사는 위폐 여부를 판정하는 기계를 갖고 있다. 중국돈의 중간에는 금속띠를 넣어 위폐를 방지하는 장치로 사용한다. 물론 가장 쉬운 감별법은 우리돈에도 쓰이는 음화이다. 신권에는 마오쩌둥(毛澤東)의 그림이 숨어있는데, 초보적인 방식이라서 다른 방법으로 위폐를 예방하려 한다. 여행자들은 위폐로 인한 손해를 막기 위해서는 작은 형광등을 갖고 있으면 된다. 조금 어둡게 하고 돈을 비추면 돈의 상면에 지폐 전면 상단에 돈의 액수가 표시된다. 이쯤 되면 가짜라도 진짜 가짜라고 봐도 된다. 하지만 이것 역시 새로 발급된 10위안 이상의 지폐일 경우다. 5위안 아래는 음화나 금속, 형광표시 어느 것도 있지 않다. 그럼 가짜 돈을 어떻게 할까. 모르긴 몰라도 그냥 알아서 쓰면 된다. 처음에 가짜 지폐를 보고 신기해서 보관한 적이 있으나 금방 보관할 가치가 없다는 것을 알았다. 5위안 아래 단위는 심심치 않게 위폐가 섞여 있

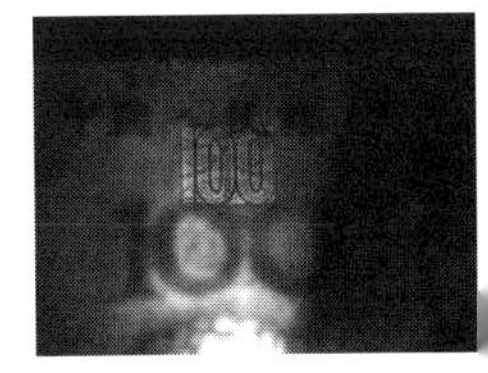

형광등으로 비춰야만 나타나는 음화방지용 표시. 10위안 이상의 지폐에는 이렇게 형광처리 된 부분이 있어 밤에도 식별이 가능하다.

고, 사람들은 위폐인지 알면서도 그냥 통용하는 경우가 많다. 물론 지나치게 조악하면 문제지만 그 정도의 위폐는 그러려니 하면서 통용되고 있다. 심하게 보면 정부도 돈 가치보다도 돈 찍는 비용이 더 비싼 저액권은 위폐가 나돌아도 뭐 큰 손해가 있겠냐며 묵과하는 게 아닌가 싶을 정도다.

외환보유고 증가에 따른 구매력 향상, 절상압력은 커져가고

중국에 있는 한국유학생들 사이에는 1997년 이전을 꿈과 같은 시절이라고 말한다. 우선 달러 환율이 800원대 있었고, 100달러 당 위안화의 암달러 시장 가치가 900위안까지 하던 때가 있었기 때문이다. 이 경우 우리 돈 8만원은 900위안이다. 최근 달러의 가치가 절하되었다지만 8만원을 위안화로 바꾸면 530위안 정도밖에 하지 않는다. 과거에 비해 쓸 수 있는 돈이 거의 5분의 3으로 줄어들었기 때문이다. 중국은행에서 현재 100달러의 위안화 교환은 819위안 정도이고, 암달러 시장에서도 822위안 정도 밖에 하지 않기 때문이다.

암달러 시장의 가치가 기준환율(827위안 가량)보다 낮다는 것은 중국 지하경제가 많이 정상화되고, 위안화가 그만큼 안정적인 지위를 확보하고 있다는 것을 증명한다.

지난 수년간 우리는 심심치 않게 위안화의 평가절하라는 말을 들어왔고 관심을 갖고 지켜보았다. 위안화가 평가절하 되면 국제시장에서 중국은 수출이 유리해지고 우리의 수출경쟁력이 떨어질 거라는 예상 때문이다. 이런 현상은 최근에 오히려 반대의 견해로 바뀌고 있다. 위안화의 평가절상의 가능성이 높다는 것. 과연 그럴까.

1997년 아시아 경제 위기 때 우리나라는 물론이고 동아시아 전체는 위안화가 제 자리를 지켜준 것에 내심 감사하고 있다. 그런 중국에서 위안화의 평가절상 이야기가 나오는 것은 현재 7~8%대의 고도성장을 거듭하고 있는 중국 경제의 호흡조절과 실제보다 낮게 평가되고 있는 위안화의 가치를 정상화시키자는 데 있다.

국제시장에서 봤을 때 위안화의 실질 구매력은 다른 화폐의 두 배 이상에 달할 만큼 중국 내부의 상품가격이 낮다. 이런 문제를 해결하기 위한 방편으로 미국 달러의 가치가 평가절하 됐을 때 위안화의 가치를 올리자는 것이다. 달러화와 연동되는 위안화 역시 평가절하 되어 지금 충격이 작은 시점이라는 것이 그 요지다.

거기에 수출이 급속히 늘어 외환보유고가 2300억 달러가 넘는 지금이 위안화를 평가절상 시키거나 달러와의 연동 환율제를 버리는 최적기라는 생각이 지배적이다. 이런 인식에는 상대적으로 안정적인 유러화의 부각도 자리하고 있다. 이 때문에 『중국경제시보』(2002년 6월 20일)나 『중국경영보』(2002년 7월 11일) 등 유수 경제신문들도 위안화의 평가절상론을 홍보하고 있는 상황이다. 하지만 중국 정부가 지난 외환위기 때 평가절하를 유지한 이유도 궁극적으로는 중국의 대외 신임도를 유지하는 것이었다.

실제로 중국은 평가절하 없이도 안정적인 성장을 거듭했고,

중앙은행인 인민은행 본관과 다이상롱(戴相龍) 행장.

계속해서 고성장을 지속하고 있다. 문제는 보수적인 중국 행정가들이 잘 나가는 이 상태에서 굳이 무리한 정책을 펼 것인가이다.

주룽지(朱鎔基) 총리나 다이상롱(戴相龍) 인민은행장은 지속적으로 위안화의 안정에 역점을 둔다고 말해왔다. 우샤우링(吳曉靈) 인민은행 부행장도 2002년 4월 18일 다보스 세계경제포럼에 참석해 중국의 외환보유고가 늘고는 있지만 경제 전반을 두고 볼 때 환율을 절상할만한 이유가 없다고 밝혔다.

그는 당장을 보기 보다는 향후 몇 년간을 대비할 때 평가절상은 무리라는 입장을 밝혔다. 중국 정부도 지금 자국이 안고 있는 거품경제의 위험을 감안해 충격을 최소화하기 위한 다양한 방편을 준비 중이다. 오히려 중국은 당분간 위안화의 영향력 확대를 위해 신경을 쓸 것 같다. 홍콩 역시 10년 안에 위안화의 영향권 안으로 들어올 것으로 확신하고 있으며, 주변 국가에서도 위안화의 통용을 위해 노력하는 흔적이 역력하다.

2003년부터는 중국에 진출한 외국계 은행들에게 위안화의 영업을 허용할 뜻을 비치고 있다. 현재 위안화의 거래차액은 1위안 당 20원 정도로 14%에 달한다. 달러의 3%에 비하면 지나치게 큰 액수다. 당분간 중국은 이 거래차액을 줄이는 데 역점을 둘 것이다.

제3장 올라가는 경제축, 흔들리는 홍콩

중국인들의 땅찾기

중국인들이 자신들의 시조라고 믿는 상고시대(上古時代)의 두 영웅 황제와 염제(炎帝)는 5000년 전의 인물들이지만 갈수록 그 중요성은 더해간다. 중국인들이 황제와 염제(炎帝)를 부활시키는 데는 현대 중국인들을 통합시킬 뿌리를 찾아가는데 유효하다고 생각하기 때문이다.

샨시성(陝西省)의 성도인 시안(西安)에서 중국 대장정(大長征)의 종착점인 옌안(延安)으로 가는 중간인 황릉(黃陵)에서 의외로 거대한 황제릉(皇帝陵)의 규모에 놀랐다. 수십만평은 될 듯한 대지에는 황제릉(皇帝陵)을 비롯해 황제를 모신 사당인 헌원묘(軒轅廟) 등이 배치되어 있다.

수백 개의 계단 위에 펼쳐진 사당은 물론이고 아래에는 호수가 조성되어 있다. 물론 사당 안에는 과거 황제들이 방문시 세운 비석에서부터 장쩌민(江澤民)과 리펑(李鵬)이 방문해 세운 비

중국인들이 갈수록 숭배하는 염제와 황제의 능(陵). 두 능(陵)에는 모두 큼지막한 홍콩, 마카오 반환비가 세워져 있다.

석이 도열(堵列)해 있어 그에 대한 중국인들의 집착을 가늠하게 한다. 또 대문을 들어서자마자 왼편에 황제가 심었다는 수령 오천년짜리 측백나무는 그 진위가 의심스럽다는 점을 떠나서 그 엄청난 수령으로도 방문자를 압박한다.

이런 위압감은 광둥(廣東)에서 후난성(湖南省)으로 넘어오다가 동쪽으로 약간 빠진 쪽에 있는 염제릉(炎帝陵)에서도 느껴진다. 규모에서 황제릉(皇帝陵)에 크게 뒤지지 않는데, 중국인들은 왜 오천년 전 황제를 모시려 할까. 정확하지는 않지만 그 정답은 두 능(陵)의 중간에 공통적으로 세워진 두 비석을 통해 가늠할 수 있다. 그 비석은 바로 홍콩과 마카오가 반환했을 때, 기념으로 세운 비석들이다.

중국인들은 잃어버린 두 땅을 찾았다는 사실을 조상에 신고

하고 싶었을 것이다. 그리고 두 비석의 바로 옆에는 대만의 자리임을 짐작할 수 있는 공간이 남겨져 있다. 이런 철저한 그들의 의식 너머로 현재는 존재한다. 그럼 반환 5년이 넘은 홍콩의 모습은 어떨까.

'일국양제(一國兩制)'라는 과도기적인 선택은 언제까지 갈까

홍콩은 현재 엄연한 중국의 영토지만, 사회체제는 사회주의가 아닌 영국식 자본주의를 그대로 계승하고 있다. 이름하여 중국이면서도 제도적으로 자본주의 제도를 적용한다는 '일국양제(一國兩制)'. '일국양제'의 바탕은 무엇보다 지금 이 상태로 엄청난 부가가치와 더불어 위상을 차지하고 있는 홍콩을 중국이 굳이 억지로 통제해 그 모든 것을 날릴 필요가 없다는 것이다. 이 때문에 홍콩은 중국과 완전히 다른 모습으로 살아간다.

장쩌민은 선전 중심에 '세계의 창'이라고 써두었다.

홍콩의 화려한 야경. 현재의 위상을 유지할지도 의문이다.

각종 체육행사 등은 물론이고 필요에 따라서는 중국의 일부가 아닌 한 국가의 형태를 띤다. 그래서 홍콩은 중국과 다르다.

2002년 10월 1일 중국공산화기념일인 국경절에 베이징의 톈안먼(天安門) 광장은 예년과 다름없이 조용히 지나갔지만 홍콩에서는 행사장 주변에서 '89 톈안먼(天安門) 사건' 의 진상을 규명하라는 시위가 있었다. 아직까지 홍콩이 그만큼 자유로울 수 있다는 방증(傍證)이면서 불안한 홍콩의 위상을 말해주는 한 장면이다.

중국의 권력 부패 혹은 파룬궁(法輪功)과 같은 민감한 단체, 대형사고에 관한 소식은 대부분 홍콩언론을 통해 세계에 쏟아진다. 그래서 홍콩 언론은 중요한 소식통이기도 하지만 지나치게 추측적이고, 근거가 불투명한 뉴스가 쏟아지는 곳이다. 이런 점을 감안하지 않고 홍콩발 뉴스를 그대로 보도 했다가는 낭패를 보기 쉽다.

아름다운 야경(夜景) 위에 드리워지는 검은 구름

자유에는 항상 불안이 따른다. 홍콩이 독자적인 길을 걸을 수 있도록 해주었던 경제적인 요소가 다시 홍콩을 혼란에 빠뜨리고 있고, 그 미래는 불투명해지고 있다. 홍콩에서 중국으로 넘어가는 관문인 선전(深圳)의 모습을 보면 중국 최고의 부촌이라고 생각 해도 된다.

사실 상당 공간이 텅 비어있는 상하이 푸동(浦東)개발구의 모습과 달리 홍콩의 중심가를 지나는 선난중루(深南中路)의 양옆에 펼쳐진 고급 주택가는 여전히 호황을 누리고 있다. 매주 금요일 저녁이면 30만 명에 가까운 홍콩인들이 오락과 휴식을 위해 도로와 철도를 이용해 선전(深圳)으로 건너온다.

선전(深圳)의 밤. 이곳은 원래 홍콩인들의 것이었다. 그러나 이제 본토인들의 영역이 커가고 있다.

중국 내지인들은 들어갈 때 조차 허가를 받아야하는 특구지만 홍콩인들은 이 도시의 주인처럼 즐겁게 국경을 넘나든다. 하지만 이제 홍콩인들은 서서히 자신들의 에너지가 중국으로 빠져나가고 있다는 것을 느낀다. 처음에 그런 느낌을 가졌던 이들은 중국이 홍콩에 반환되기 전에 미국 등 새로운 세계를 찾아 떠났다. 가장 대표적인 인물들이 청룽(成龍), 저우룬파(周潤發), 홍진빠오 (洪金寶)등 연기자나 쉬커(徐克), 우위셴(吳宇森) 등 영화감독이었다.

홍콩의 위상 약화는 이미 감지된 지 오래다. 중국인들에게는 가장 명망 높은 홍콩 행정장관 둥젠화(董建華)는 홍콩은 신경 쓰지 않고, 중국 정부의 눈치만 보고 있다고 비판받은 지 오래

상하이 발전의 바로미터인 푸동(浦東). 장쩌민(江澤民), 주룽지(朱鎔基)가 터전을 닦았다.

다. 특히 2001년에는 656억 홍콩달러의 적자를 기록해 능력 자체를 의심받기 시작했다. 또 실업률도 7%대를 넘어서 상승곡선을 긋고 있다. 본토와 임금격차를 줄이기 위해 진행되는 공무원들의 임금삭감도 둥젠화(董建華)의 위상을 약화시키는 데 문제가 있다. 이젠 홍콩의 운명은 어떻게 될까.

위로 향하는 개발 축에 위기감 커

홍콩의 동력을 보려면 항구에 가도 되지만 그 보다는 먼저 홍콩으로 물자가 운송되는 길을 보면 된다. 가장 대표적인 길이 난창(南昌) 등을 거쳐서 광둥성(廣東省)을 지나 홍콩으로 들어오는 105번 국도다. 현재 주위에 고속도로가 건설되고 있는 이 길은 수십톤짜리 화물트럭이 몇 초단위로 이동하는 중국 물류의 산 현장이다.

홍콩은 이 물류와 광둥성(廣東省) 광저우(廣州) 둥관(東莞), 선전(深圳) 등지에서 만들어지는 상품을 바탕으로 무역과 물류에서 엄청난 부를 얻어냈다. 그러나 분명한 것은 더 이상 홍콩이 무역과 물류의 중심이 될 수 없다는 것이다. 선전(深圳)이나 홍콩에 부여하던 교역의 혜택을 이제 다른 도시에도 똑 같이 부여하고 있다. 당연히 비용의 가장 큰 부분을 차지하는 물류비용을 무릅쓰고 홍콩을 이용할 이유가 없어졌다.

푸젠(福建), 저지앙(浙江), 상하이(上海), 지앙쑤(江蘇), 산둥(山東), 톈진(天津) 등은 자체적인 물류망을 쓰면 되고, 난징(南京), 후베이(華北), 충칭(重慶), 쓰촨(四川) 등은 창지앙(長江)의 물류 라인을 쓰면 된다. 지앙시(江西)나 후난(湖南)등이 있지만 이 지역은 산지가 많아서 공업이 발달되지 않는 지역이어서 홍콩의 산업적 기반은 갈수록 약화될 수 밖에 없다.

무역이나 물류산업의 약화는 홍콩 경제의 가장 큰 축인 금융마저도 그 위상을 약화시킬 수 있다는 데 있다. 또 선전(深圳)에 이어 산토우(汕頭), 샤먼(廈門), 웬저우(溫州)를 거쳐서 상하이(上海)를 넘은 중국 동부 발전 축을 이제는 톈진(天津) 등에 집중적으로 투자하고 있어서 홍콩의 매력은 갈수록 사라지고 있다. 중국 본토에 비해 수배나 높은 인건비, 부동산 비용을 감수하고, 홍콩을 고집할 이유가 갈수록 줄어든다는 것이다.

문화, 여행 산업도 위축돼

홍콩산업의 또 다른 축은 문화산업이었다. 수십 년 동안 세계 시장에서도 강세를 띠었던 무협영화는 물론이고 1980년대 중반 등장한 '홍콩 누와르' 도 한 시대를 풍미했다. 하지만 홍콩 반환을 앞두고, 홍콩 영화인들의 엑소더스(exodus)는 홍콩 영화의 몰락을 부추겼고 이후 잃어버린 영화제국의 꿈은 쉽사리 돌아오지 않았다. '사자가 떠난 자리'를 차지한 저우싱치(周星馳)나 정이젠(鄭伊健), 류더화(劉德華), 씨에팅펑(謝霆鋒)등이 홍콩 영화계를 버티고 있지만 과거에 비해서 그 규모는 형편없을 뿐 아니라 갈수록 그 세력은 약화되고 있다.

지난해와 올해 들어 동남아나 동아시아에 그나마 문을 두드렸다고 할 수 있는 영화는 〈소림축구〉뿐이었다. 이 영화는 엄청난 투자와 관심에도 불구하고 바닥을 면치 못하는 중국인들의 축구실력을 영화로나마 대리만족시키고, 깔끔한 컴퓨터 그래픽으로 처리해 성공했다. 하지만 홍콩 영화는 그나마 남아있는 '스타시스템'이 붕괴하면서 최근에는 참담할 정도라고 표현된다.

인터넷을 배경으로 한 괴기영화나 1990년대를 풍미했던 누와르의 모방작들만이 간간히 쏟아질 뿐 해외에 얼굴을 들이밀 만한 영화는 출시된 지 오래다. 홍콩 영화의 철저한 붕괴는 스타들의 집단적인 이탈도 있지만 새로운 유행을 만들어내지 못하는 홍콩의 부박한 인문 문화가 자리하고 있다. 거기에 새로운 시장이 될 것으로 생각했던 대륙시장이 불법 복제의 천국으로 수익구조에 아무런 도움이 안 된다는 것도 문제였다.

결국 몰개성적인 영화 만들기에 치중했던 홍콩 영화산업은 이제 홍콩 자체의 박스오피스마저 한국영화 등에 내어줄 정도로 그 기반이 취약해 졌다.

우리나라의 영화 〈쉬리〉에 이어 〈공동경비구역〉, 〈반칙왕〉,

<엽기적인 그녀>, <집으로> 등이 연달아 박스오피스를 점령한 것도 한 예다. 그나마 자존심을 찾아주는 것은 푸르트 첸(陳果)이나 쉬안화(許鞍華) 등 독립적인 영역을 구축해온 예술영화 감독들이다. 하지만 이들은 상업성과 관계가 깊지 않은 독립영화 제작을 주로 하고 있어 영화산업에서 차지하는 비중은 극히 작다.

홍콩에서 아직까지 가장 안정적인 것은 여행이다. 홍콩여행 당국이 발표한 올 4월까지 여행자 상황을 보면 약 500만 명으로 전년에 비해 14.2%가 성장했다. 1996년 1170만 명으로 최고의 전성기를 거쳐서 후퇴를 거듭하다가 1999년 1068만 명으로 약간 상승했다. 이후에도 약간씩 상승해왔다. 하지만 여행자 증가의 대부분은 중국인들이 차지해 홍콩 경제 수지에 큰 도움이 되지 않는다.

2002년 4월 홍콩여행자 140만3천4백 명 가운데, 52만5천 명 가량이 중국본토인들이었고, 본토인 방문 증가세는 64.8%에 달했다. 홍콩여행 산업의 위축은 동아시아 교통과 산업의 허브 기능을 대부분 상실하면서 벌어진 것이다. 홍콩 정부는 여행 산업의 활성화를 위해 계속해서 역량을 투입하고 있지만 과거 화려했던 날들로 돌아갈 수 있을지는 의문이다.

제4장 외자기업이 없으면 중국 발전도 없다

개발구 중심으로 외자기업 육성해 수출 대부분 감당

중국에서 여전히 애창되는 혁명가 '공산당이 없으면 새로운 중국은 없다(沒有共産黨, 沒有新中國)'를 패러디해 중국 현대 경제를 한마디로 표현하면 '외자기업이 없다면 발전된 중국은 없다'이다.

한국과 중국의 경제성장 과정에서 가장 큰 차이는 바로 외자기업 정책에서 나온다. 한국은 산업화 초기 서구기업들의 이윤만을 추구하는 정책에 질려 외자기업을 기피하고 국내 재벌 키우기에 치중한다. 당연히 외자기업을 끌어들이기 위한 개발구는 마산이나 군산 등 자유수출공단과 같은 극히 한정된 곳에 만들었다. 하지만 중국은 자국의 재벌을 대신해 폭스바겐, 모토로라, 삼성, LG, 에릭슨 등 첨단 분야는 물론이고 KFC, 맥도날드 등 패스트푸드까지 외자기업을 받아들여 산업의 파이를 키우는 역할을 했다. 그래서 중국 경제발전의 전반에는 외자기업이 있

다고 할 수 있다. 물론 다른 모든 요소를 간과한 체 이렇게 단정적인 표현을 하는 것이 지나칠 수 있으나 중국의 개혁개방이후 외자기업의 역할에 대해서는 아무리 강조해도 지나치지 않을 정도다. 중국과 외자기업의 관계는 절대적이다.

덩샤오핑(鄧小平)은 1976년 마오(毛澤東)가 사망한 후 마오의 후계자로서 마오의 유산만을 집착하던 화궈펑(華國鋒)과 5년여의 헤게모니 쟁탈전을 벌여 1981년에는 완전히 권력을 장악했다. 이후 덩샤오핑(鄧小平)은 개혁개방을 강화했다. 하지만 중국이 본격적인 성장기에 들어선 것은 1992년 1월 18일부터 2월 21일까지 중국 남방을 순시하면서 나온 것이 급속한 외자유치이다.

1992년부터 3년 만에 8백39억 달러의 투자를 받는 등 중국의 외자유치는 급속히 진전됐다. 이때부터 중국은 정부뿐만 아니라 시(市), 현(縣)은 물론이고 구(區) 정부까지도 외자유치에 열을 올리고 있다. 실제로 각 지역 성장은 대부분 외자기업에서 시작됐고, 이 열기는 날이 갈수록 뜨거워지고 있다.

중국 발전의 산파가 된 외자기업

2002년 2월까지 중국에 투자된 외국기업의 수는 39만4천여 개에 달하고, 금액은 7567억4천만 달러로 대외경제무역부는 분석하고 있다. 물론 이 가운데 실제로 이용된 금액은 4011억 달러 정도다. 2002년 중국의 GDP(국내총생산)가 1조 3천억 달러라는 점을 감안할 때, 중국에서 외자기업의 위상을 쉽게 가늠할 수 있다. 외자기업의 역할은 중국 전체의 발전뿐만 아니라 각 도시별로 봤을 때도 마찬가지다. 홍콩자본이 집중적으로 들어와 베드타운까지 겸한 선전(深圳)은 물론이고 최근에 가장 주목받는 푸동(浦東)의 발전도 대부분 외자기업이 이룩한 것이다.

2002년 4월까지 푸동에 투자된 외국자본은 390억 달러를 기록하고 있고, 푸동 총생산의 30%이상을 차지하고 있다. 이들 외자기업은 50% 이상의 재정수입과 대외무역수출을 담당하고 있으며, 하이테크분야 생산액의 70% 이상을 차지하고 있다. 말 그대로 외자기업이 없다면 푸동이 없다는 것을 말해준다. 푸동뿐만 아니라 개방이후 매년 상하이 전체 수출액의 50% 이상을 외자기업이 차지할 만큼 외자기업의 역할은 지배적이었다.

현재 매년 12억 달러 정도씩 직접 투자를 하고 있는 한국은 타이완, 홍콩, 일본 등을 이어 4위권의 투자국(投資國)이다. 현재 산둥(山東)반도의 칭다오(靑島), 웨이하이(威海), 옌타이(煙台) 등은 중소기업이, 톈진(天津)이나 쑤저우(蘇州) 등지는 대기업이 집중적인 투자가 이루어지면서 생산기지로서의 비중도 갈수록 커지고 있다. 특히 삼성, LG, 대우, 현대 등이 대규모로 투자를 단행한 텐진의 경우 도시 총생산의 15~20%(시 정부 발표는 10% 가량)를 생산하고 있을 만큼 거대한 역할을 하고 있다. 2002년 6월까지 텐진의 외자기업은 1만5천여 개로 금액으로는 3백80여억달러에 달한다. 상하이 푸동(浦東)이 장쩌민(江澤民), 주룽지(朱鎔基)로 이어지는 정치인의 주도하에 이루어진 화려한 발전이라면 텐진의 발전은 그다지 화려하지 않은 외양 속에 실속있게 발전을 추진했다.

1986년 덩샤오핑(鄧小平)이 방문해 '희망 가득한 개발지역'이라는 표어를 내린 이후 텐진시는 시장과 당서기를 같이 지낸 리루이환(李瑞環)의 후광(後光) 하에서 모토로라, 삼성, LG 등 외자기업을 급속히 유치하면서 발판을 다졌다. 캉스푸(康師搏) 등 음료 업계도 있었지만, 이동통신 등 주로 첨단산업을 중점적으로 투자 유치했다. 중국 3대 도시에 위상에 맞지 않게 남루하던 텐진은 최근 급속히 면모를 일신하면서 베이징을 닮아간다.

외자유치 정책의 산파 개발구

텐진(天津)의 발전, 아니 급속히 발전하는 중국 도시의 정책에는 언제나 '개발구' 정책이 같이한다. 텐진 발전의 산파도 다름 아닌 '타이다(TEDA) 개발구' 등 수없이 건설된 크고 작은 개발구들이다. 타이다(TEDA)는 '투자자는 왕, 프로젝트는 생명선' 이라는 신조 하에 종합경쟁력을 향상시키는 데 주력하고 있다. 이를 위해 이미 '디지털 정부 및 커뮤니티' 건설을 완료했고 공업과 서비스산업의 동시 발전을 위한 구조조정 및 IT와

덩샤오핑(鄧小平)이 톈진(天津) 타이다(TEDA)에 남긴, '희망 가득한 개발지역'을 쓴 기념비.

BT(생물의약산업)를 위주로 하는 개발단지로의 면모를 갖추었다.

타이다(TEDA)와 같은 대형 개발구도 있지만 톈진(天津)만 하더라도 각 구 단위로 크고 작은 투자를 유치하기 위해 모든 역량을 쏟고 있다.

야후 차이나(Yahoo China)에는 우리나라에는 없는 카테고리와 메인이 '상업과 경제' 아래에 존재한다. 바로 '공업과 경제기술개발구'(工業爲經濟技術開發區)다. 그 아래에 이미 백여 개에 달하는 국가급 개발구가 있고, 또 하부메뉴로 성별 카테고리가 있어 낮은 단계로 다시 수백 개의 개발구가 존재한다. 이와 같이 중국 도시들이 외자유치에 사활을 걸고 있다는 것을 쉽게 알 수 있다.

중국 개발구의 역사는 중국 경제 성장의 역사와 같이 한다. 1980년 실권 장악에 거의 도달한 덩샤오핑(鄧小平)은 광둥성(廣東省) 선전(深圳), 주하이(珠海), 산토우(汕頭) 및 푸젠성(福建省), 샤먼(厦門), 하이난성(海南省) 등에 5개 개발구를 건설하기 시작했다.

중국내 최고의 외자기업인 모토롤라. 여전히 중국 이동통신시장의 수위를 차지하고 있다.

1984년 5월에는 문을 더 열었다. 따리엔(大連), 친황다오(秦皇島), 톈진(天津), 옌타이(煙台), 칭다오(靑島) 렌윈항(連云港), 난통(南通), 상하이(上海), 링보(寧波), 웬저우(溫州), 푸저우(福州), 광저우(廣州), 짠지앙(湛江), 베이하이(北海)를 개발구로 발표했다. 동남향에 있는 주요 항구를 대부분 개방했다고 해도 과언이 아니다.

다음해에는 창지앙(長江) 삼각주를 비롯해 주지앙(珠江), 민난(閩南) 등 주요 강(江) 하구는 물론이고 허베이(河北), 광시(廣西) 등 연해 지역의 대부분에 개발구 설치를 허용했다.

1990년 6월에는 상하이 푸동(浦東)개발구를 비롯해 지우지앙(九江), 우한(武漢), 황스(黃石), 웨양(岳陽), 충칭(重慶) 등 양쯔강(揚子江)의 중하류 지역에 개발구를 허용했다. 1992년에는 후허하오터(呼和浩特) 등 내륙지역의 개발구를 추진했다. 2000년 들어 서부 대개발을 추진하면서 개방의 문제가 아닌 이젠 어디를 집중적으로 육성할 것인가를 생각할 만큼 개방은 완성 단계

광저우(廣州) 개발구. 광저우(廣州)는 상업적 능력이 뛰어난 광둥(廣東)인들을 바탕으로 가장 빠른 성장을 이루었다.

에 접어들었다. 외자기업의 유치가 각 도시의 발전을 주도하고, 자신의 정치적 입지를 강화시킨다고 생각하는 지도층들은 앞다투어 투자유치회를 열고, 외자기업 끌어들이기에 열을 올리고 있다.

꿩 먹고 알 먹는 개발구 육성 정책

그러나 개발구 정책이 항상 긍정적인 면만이 있을 수는 없다. 인프라의 구축 없이 특혜만을 앞세운 개발구에 들어가 전력이나 통신 등 기초적인 문제에까지 골머리를 앓는 기업도 많고, 무리하게 추진한 특혜는 결국 중앙정부의 입장을 이유로 순식간에 전환되어 투자기업의 발목을 잡기도 한다. 하지만 개발구는 중국에게 실은 거의 없고, 득이 되는 방식의 투자유치였다. 가장 큰 이득은 문혁(文革)이후 사실상 기술 개발의 기반이 낙후한 중국에 자본은 물론이고 선진의 기술이 직접적으로 유입

선양(瀋陽)개발구. 따리엔(大連) 등 연해지역보다 조금 늦게 시작됐다.

하는 더 없는 방식이었다. 대기업의 경우 부품업계들이 자연스럽게 따라 들어왔다. 중국기업은 차츰차츰 낮은 단계의 부품생산을 시작으로 점차 수준을 높여가면서 외자기업의 세계에 접근했다.

지우지앙(九江) 개발구. 창지앙(長江) 중상류는 연해가 개발된 이후에 개방됐다. 창지앙(長江) 수운을 바탕으로 연해에 못지 않은 발전 속도를 낸다.

백색가전의 경우 한국이나 일본의 부품업체가 중국기업에 경쟁할 수 없을 만큼 성장했고, 이런 상황은 완성품으로까지 확대되고 있다. 결국 개발구 정책을 통해 고용은 물론이고 기술적인 부분까지 실익을 채우는데 성공했다. 또 하나는 개발구에 대한 탄력적인 정책으로 이득을 챙긴다는 것이다.

개발구는 보통 길게는 50년에서 적게는 수년 단위로 토지 임대 계약을 맺는다. 임대조건은 대부분 투자기업에게 상당히 유리한 상황이 될 때까지 갖가지 세제혜택을 준다는 것이다. 하지만 이런 상황은 중국 경제의 전반적인 발전과 도시계획 등 갖가지 이유로 변화되기 일쑤다.

2002년 9월에는 베이징시가 WTO 규정을 이유로 지금까지 면제하던 토지사용료의 혜택을 폐지나 축소한다고 발표했다. 물론 자신들이 약속한 사안을 바꾸는 것은 쉽지 않은 일이지만 이미 투자를 완료한 기업을 상대로 자신들의 입장을 관철하는 일은 그리 어려운 일이 아니다. 중국 개발구 정책은 어쩔 수 없이 중국 정부나 각 지방정부의 이해관계에 묶일 수 밖에 없다.

2002년 톈진(天津)에 입주한 삼성모방직은 파업으로 인해 적지 않은 곤혹을 겪어야 했다. 대기업이어서 고용보험 등 각종 후생문제를 철저히 해결했다고 자부했지만 파업이 시작됐고, 자신들의 원군이라고 생각했던 시정부도 묵묵부답이어서 어려움을 겪었다. 하지만 이 파업은 사실상 시정부가 용인한 것이었다. 처음에 외자유치를 위해 도심에서 멀지 않은 곳에 공장의 입주를 허가했지만 톈진시 전체 개발계획을 위해 공해산업의 도심밖 이주는 필수였고, 이를 위해 톈진시는 교묘하게 파업을 이용하고 있다는 인상을 피하기 어려웠다.

우리나라 굴지의 대기업이 이 정도라니, 갈수록 경쟁력을 잃어 가는 외국 중소투자자들의 입지는 더욱 축소될 수밖에 없다.

우리나라의 경우 외자기업이 국내 시장을 점유할 것에 대한 염려를 했지만 중국은 그렇지 않았다. 상하이뿐만 아니라 광저우(廣州), 베이징(北京), 톈진(天津), 쑤저우(蘇州) 등 대도시 수출의 절반 이상은 외자기업(外資企業)이 담당하고 있다. 이를 바탕으로 중국은 세계의 공장으로 거듭날 수 있었다.

비록 중국시장이 외국자본에 의해 움직이지만 중국은 그다지 우려의 목소리를 내지 않는다. 오히려 그동안 부실하게 운영되던 국영기업 등 비효율적인 기업을 외자기업에 매각하라는 목소리가 높다.

그럴 수 있는 것은 중국 정부가 강력한 정부의 힘을 바탕으로 궁극적으로 외자기업도 자국 기업이 될 수 있다는 확신을 갖고 있기 때문이다. 또 지금까지 그래왔듯이 외자기업들이 경영호조로 생긴 이윤을 자국으로 송금하는 것을 교묘히 막고, 중국 내에 재투자를 하도록 만들어 중국의 성장 요소로 작용하게 했기 때문이다. 물론 외자기업들도 그런 정책을 알지만 중국의 생산 공장으로써 가치와 거대한 시장 잠재력을 알기에 진입이 우선이었지, 이윤의 획득은 다음으로 둔 측면도 크다.

제5장 한국은 '재벌(財閥)', 중국은 '외자기업(外資企業)'

40만 외자기업(外資企業) 유치해 산업 발판으로 삼아

한국과 중국 경제의 가장 큰 차이가 무엇일까. 필자가 생각하기에는 한국 경제의 경우 재벌 중심구조 임에 반해 중국기업은 외자기업(外資企業)이 중심축에 있다는 것이다.

중국에는 우리와 같이 재벌(財閥)이라는 말에 언 듯 떠오르는 기업이 없다. 그럼에도 중국이 어떻게 단기간에 급속히 성장할 수 있을까. 그 비결은 외자기업을 집중적으로 육성했기 때문이다.

모토롤라, 폭스바겐 등 전자, 자동차의 세계적인 대기업은 물론이고 KFC, 맥도널드 등 패스트푸드까지 중국은 거의 무차별적으로 외국기업을 유치했다.

한국전쟁 후 한국에 들어온 외자기업들이 우리나라의 협소한 시장때문에 단물만 빨아먹고 떠난거와는 달리 중국은 자신들이 가지고 있는 거대한 원료시장과 소비시장 등 외국기업을 통제할 힘이 있었다. 외국기업을 유치하고, 이윤이 나면 본국으로

중국 최대 외자기업(外資企業)중 하나인 상하이(上海) 따종(大衆)의 신차(新車)발표회.

송금하기보다는 중국에 재투자를 유도해 국부를 유출시키지 않고, 산업을 부흥하는 방법을 채택했다.

중국의 외자기업 유치 역사는 1980년 5월 1일 홍콩 상인 우잔더(吳沾德)가 중국민항 베이징(北京)관리국과 합자로 베이징 최초의 외자기업 '베이징항공식품유한공사'를 설립하는데서 시작돼 지금은 40여만 개 기업이 들어와 있다. 이들은 중국 국가수출의 절반이상을 차지하면서 끊임없이 중국에 투자하고 있다.

외자기업으로 중국이 얻어낸 최대의 성과는 수출 증대도 있지만 고용을 창출하는 것이었다. 현재 중국 정부가 밝히는 외자기업 취업인구는 중국 비농업 종사자의 10% 정도여서 실업난 해소에 큰 공헌을 해왔다. 또 뒤떨어진 산업 기술력 증강에 세계적인 수준의 기업들의 진출은 큰 도움이 됐다.

모토롤라, 삼성, LG 등 세계적인 기업들이 현지에 공장을 설립해 운영하던 초반만 하더라도 부품 공급 등은 외국에서 수입하거나 부품 전문 외자기업에 의탁해야 했지만, 자국의 부품 생

중국 성공신화의 상징인 시왕그룹(希望集團)의 홈페이지.

산업체에게 우대정책을 주는 방식 등으로 중국기업을 육성하여, 현재 백색가전은 부품공급의 80%선까지 중국기업이 공급할 만큼 자국 산업의 기술력을 올렸다. 이런 힘을 바탕으로 깨인 국영 전자기업들은 완제품의 생산에 들어가 하이얼, 마이더(美的), 창홍, 춘란, 커롱 같은 기업들은 외자기업들과 당당히 경쟁하고 있다. 또 외자기업의 급속한 진출은 기업은 물론이고 개인의 마인드 변화에 큰 영향을 줬다.

선진적인 경영, 인사, 관리 마인드를 가진 외자기업은 중국인들이 소비문화에 대해 빠르게 눈뜨게 했고, 중국기업에 깊은 인상을 줘서 경쟁력을 확보하는데 많은 도움이 되었다.

그럼 어떤 외자기업이 중국에서 활발하게 활동하고 있을까.

외국기업 가운데 판매액 기준으로 가장 높은 매출을 올린 기업은 모토롤라다.

텐진(天津)에 발판들 둔 모토롤라는 2001년 410억7천만위안(한화 6조1500억원 가량)의 매출을 올려 2년 연속 수위를 달렸다. 모토롤라는 2002년 10월 1억7600만대를 돌파한 중국 이동통신 단말기 시장에 선두를 지키면서 엄청난 성장을 이끌었다. 또 중국 중형차 시장에 절대강자로 독일의 '폭스바겐'이 합작투자한 상하이 따중(上海大衆) 자동차판매와 상하이 따중은 각각 2, 3위를 마크했다. 그밖에 베이징 서우신(首信) 노키아, 이치따중(一汽大衆) 자동차판매, 베이징 롄샹(聯想), 화닝(華能) 국제전력, 상하이 지멘스, 난징(南京)에릭슨 등이 뒤를 이었다.

시왕그룹(希望集團)의 사장 류융하오(劉永好)가 토론회에 나와 포스트 WTO 시대를 설명하고 있다.

사실 10대 외자기업을 포함해 40만개에 달하는 외국기업이 있지만 중국은 이들을 통제할 수 있다는 자신감을 갖고 있다. 중국 정부는 물론이고 시(市)나, 현(縣) 혹은 개발구 단위로 다양한 제도와 규제, 혜택을 통해 외국기업을 통제한다. 물론 대형 외국기업에게는 투자를 더 유도하기 위한 혜택을 줘서 계속적인 투자를 유도하는 한편 본국으로의 송환 대신에 중국내 재투자를 하도록 유도한다. 반면에 한국이나 대만, 일본, 홍콩 등의 중소형 기업들은 증치세나 각종 세수를 통해 통제한다.

이들은 세제는 물론이고 노사분규 등 각종 수단을 동원해 중소형 외자기업이 가진 역량을 자국 기업이 흡수하도록 하는 정책을 계속하고 있기도 하다. 특히 한국이나 일본, 대만 등 중국

이외에 대안을 찾기 어려운 국가들의 기업은 중국정부에 휘둘리는 일이 허다하다.

부동산 중심의 부자군(富者群)에 신흥(新興) 부자들 끼어들어

그럼 크고 작은 외자기업이 활동하고 있는데 중국의 대기업은 없을까. 특이하게도 중국에는 우리와 같은 재벌은 없다고 해도 과언이 아니다. 물론 중국에 재벌은 없지만 부자는 많다. 중국의 부자는 한국의 재벌과는 성격이 사뭇 다르다.

우리나라의 재벌이 경제의 다양한 방향으로 촉수를 뻗어서 경제 규모는 물론이고 기업가의 재산이 부자 랭킹을 휩쓰는 반면에 중국의 부자들은 단순히 가지고 있는 재산의 많고 적음으로 평가하지 기업 규모로 평가하지 않는다. 중국의 부자는 자산 규모를 넘는 대출에 시달리거나 주주총회 등에 휘둘리는 것을 좋아하지는 않는다.

중국의 부자는 정말로 돈이 많은 사람들이다. 최근에야 주식이 재산가치로 높게 평가받지만 주식보다는 부동산 등이 부의 원천으로 평가받는다.

2002년 11월 미국 경제전문지 『포브스지(誌)』가 발표한 자료에 따르면 중국 최고 갑부는 래리융(룽즈젠 榮智健)이다. 상하이 출신의 부동산 부자인 래리융은 8억5천만 달러(한화 1조 200억 원 가량)의 재산을 보유한 것으로 알려졌다.

2위도 7억8천만달러를 보유한 부동산 부자 쉬룽마오(許榮茂)이다. 군 출신으로 오지(奧地)에 해산물을 신속하게 공급하는

사업으로 순식간에 부를 거머쥔 쑨광신(孫廣信)과 자동차 부품
업을 하는 루관치와 중국 최고 여성갑부인 천리화(陳麗華) 등이
다음에 랭크됐다. 또 최소 1000만위안(15억원 가량) 이상 재산
을 소유한 부자들의 수도 5000만 명 이상이 될 것으로 추산되
고 있다. 이렇게 중국의 부자들은 기업의 번창보다는 부동산사
업을 중심으로 번창했다. 베이징, 상하이, 광저우 등의 부동산
개발이 엄청난 열기를 뿜으면서 미리 상황을 내다본 이들이 갑
부의 반열에 오른 것이다.

전반적으로 부동산업으로 부를 축적한 이들이 가장 많고, 의
약업, 농업, 건축업, 부품업 등이 많으며, 한때 반짝했던 주요
포탈의 경영자 띵레이(丁磊), 장차우양(張朝陽), 왕즈둥(王志東)
등은 급속한 퇴조 분위기다.

부자의 출처는 다양해 졌지만 한국의 삼성이나 현대, LG,
SK 같은 재벌기업은 없다. 석유나 철강, 전신, 통신 등 기간산
업을 제외한 일반 기업 가운데 부자기업으로는 컴퓨터의 롄상
(聯想), 맥주의 칭다오(靑島), 사료의 시왕(希望), 전자산업의 하
이얼(海爾)과 창훙(長虹), 이동통신의 TCL과 뽀다오(波導) 등이
있다. 그러나 이들 기업은 대부분 특정분야에만 치중하고 있지
한국의 재벌처럼 사업 분야를 확장하는 기업은 드물다.

대부분 기업들이 국영기업이어서 문어발식 경영 자체가 불가
능한 경우도 있고 워낙 거대한 땅이어서 한분야로 전국을 얻기
도 힘든데다 다양한 분야로 가는 것에 무리가 있기 때문이기도
하다. 물론 중국 사영기업이 '지두안'(集團 그룹과 같은 의미)에
머물 뿐 '재벌(財閥)'로 가지 못하는 것은 사영기업의 역사가

2002년 베이징 부동산전
시회의 한 부스.

길지 못하기 때문이기도 하다. 물론 중국 기업들 역시 한국의 대기업과 같은 거대한 위력의 재벌을 꿈꾼다. 가장 대표적인 기업은 사료업으로 성공신화를 이룩해낸 시왕그룹(希望集團)을 들 수 있다.

중국 전문가 강효백씨가 출간한 『중국인의 상술』에서도 자세히 소개한 시왕(希望)그룹은 류융싱(劉永行)과 류융하우(劉永好) 형제가 이끌고 있는데 최근에는 사료는 물론이고 부동산, 금융, 전자, 화공, 유가공업 등으로 사업 범위를 확장하면서 재벌의 면모를 구축해 가고 있다. 그러나 사료업 자체로만 중국 시장의 몫이 엄청나고, 태국 등 해외진출도 준비하기 때문에 그룹의 주력은 사료로 가면서 회사의 자산을 유지하는 확실한 투자쪽으로 방향을 잡아가고 있다. 기업의 브랜드가치를 최대한 살리되 잉여 되는 부분을 사료업과 직간접적으로 연결되는 부분으로 확장하겠다는 것이다.

금기 풀리면서 '경제동물' 본성 되살아나

중국인들은 오랫동안 부자 될 권리
에 경계심을 가졌다. 중국 공산화 과정
에서 가장 먼저 처형된 것은 농촌의 지
주나 도시의 자본가들이었다. 물론
1949년 공산화 이후에는 지주나 자본
가들에게 약간의 완화조치를 폈지만
한국전쟁이 끝나는 시점에 중국 내에
도 대중운동의 차원에서 '반혁명분자'
에 대한 대대적인 탄압이 다시 시작되
어, 부자들은 다시금 수난을 받아야 했
다.

부자들에게 최악의 사태는 1966년부
터 10년간 중국을 흔든 문화대혁명기

중국이 말하는 샤오캉(小康) 사회의 기준인 현재의 상하이. 1인당 국민소득 4000천불 정도의 사회를 말한다.

였다. 당시에는 부를 축적한 경험이 있는 이들은 물론이고 부자
의 흔적이나 유산들마저 파괴되고, 불태워지는 수난을 겪었다.

중국 정부나 위정자들 역시 이런 역사의 교훈을 쉽사리 잊지
못한다. 또 갈수록 심각해지는 빈부격차의 문제는 성난 민중에
게 어떤 동기를 제공해줄지 정치가들 역시 결코 장담하지 못한
것이 중국역사였고, 위정자들 역시 그것을 안다. 때문에 2002년
11월 열린 16기 전국대표대회에서 '3개 대표' 이론과 더불어
'샤오캉(小康)' 이 중심 주제로 떠올랐다.

맹자의 환고고독(鰥寡孤獨 홀아비, 과부, 고아, 자식 없는 사람)

등도 생활할 수 있는 상태를 말한 '샤오캉(小康)'이란 단어가 중요한 키워드로 떠오른 이상 샤오캉 에서 벗어나 부유한 자들은 약간의 부담이 생긴 것이 사실이다. 물론 자본가의 입당을 허용하는 조치가 취해졌지만 여전히 부담스러운 것도 사실이다. 중국의 부자들에게는 앞서서 몰락한 이들이 보일 것이다.

몰락한 부자의 대명사는 라이창싱(賴昌星)이다. 그는 원유, 자동차, 전자제품 등을 밀수해 66억 달러를 벌어들이는 등 부를 누리다가 밀수사건에 연루되어 도피중이다. 중국인들에게는 배우지 말아야할 부자상으로 꼽힌다. 또 배우 출신으로 여성 부호의 상징인 류샤오칭(劉曉慶)도 탈세혐의로 투옥돼 불우한 말년을 지내고 있다. 채무를 갚지 못해 호화주택 등 전 재산이 법원에 의해 강제 경매처분 되는 등 수난의 연속이다.

톈진(天津) 따치우쫭(大邱莊)의 갑부인 위쭤민(禹作敏)도 사법기관과 싸우다가 망했다. 증시에서 거부가 됐다가 역시 증시에서 홀딱 망한 뤼량((呂樑) 등도 그런 사례로 꼽힌다. 하지만 몰락한 부자는 타산지석(他山之石)일 뿐 중국인들의 부자의 꿈은 계속된다.

현재의 중국 경제는 지난 20년 동안 이룩된 것이다. 덩샤오핑(鄧小平)이 실질적으로 집권한 1980년 이후가 중국 경제 개방의 시작점이기 때문이다. 그 성과를 누가 봐도 놀랄만한 것이다. 그 급성장과 더불어 금기되던 '부자 될 권리'가 완전히 해금됐다. 당연히 '경제 동물'이라던 중국인들의 본성은 고스란히 되살아날 수 밖에 없다.

제6장 중국 서부도 황금의 땅인가

중국 정부가 전략적으로 추진하는 서부 대개발 현재와 미래

지금으로부터 약 150년 전인 1848년 미국 캘리포니아에서 금맥이 터졌다. 동부에 있는 사람들은 물론 유럽, 중남미, 중국인들도 황금을 향해 눈을 돌리기 시작했다. 당시까지만 해도 거의 황무지에 가까웠던 서부는 순식간에 도시가 일기 시작했고, 이 흐름은 콜로라도, 애리조나로 이어지면서 서부의 도시축이 형성됐다. 이로 인해 황금보다는 그 모인 사람들이 미국 국부의 원천이 됐다. 그리고 훗날 그 중심에 할리우드가 탄생해 세계 영화시장의 메카로 부상했다.

2002년 연말 중국 영화계에 가장 주목을 받은 작품은 장이머우(張藝謀) 감독의 〈영웅〉이다. 이 영화는 대부분 '둔황'의 옆에 위치한 고성과 쓰촨(四川)의 지우자이고우(九寨溝)에서 촬영됐다. 중국 정부도 적지 않게 투자한 이 영화를 세계시장에 보내

〈영웅〉의 주요촬영장인 둔황(敦煌)고성.

둔황(敦煌) 밍사산(鳴沙山). 서부는 이런 황량함이 먼저 느껴지는 곳이다.

면서 중국 정부는 자못 영화보다 더 큰 꿈을 꾸고 있었다. 바로 중국의 서부를 세계에 보여주고 싶어 한다는 것.

캘리포니아나 애리조나처럼 황금은 많지 않지만 서부의 넓은 대지에는 무궁한 자원이 있다. 그리고 고대 실크로드로 불리는 통로의 연결고리가 되는 곳이다. 중국은 이곳에서 150년 전 미국이 펼쳤던 기묘한 작전을 펼치고 싶어 한다. 하지만 동부에서조차 중국 투자에 어려움을 겪고 있는 세계 유수의 외국기업들이 서부로 가는 데까지는 아직까지 적지 않은 간극(間隙)이 필요하다. 하물며 동부에 쌓아놓은 성마저 위협받는 우리 기업들에게 서부는 여전히 먼 거리에 있는 곳이다. 그러나 일찌감치 서부에

진출해 괜찮은 성적을 내고 있는 기업들도 있다. 이들은 8세기 당나라의 장군이 되어 1만의 병사를 이끌고 파미르고원을 넘어 타슈켄트의 왕을 압송한 고선지(高仙芝)* 장군의 기개를 본받으려 한다. 그렇다면 우리 기업은 서부에서 가능성이 있는가. 중국 정부는 왜 서부로, 서부로를 외치고, 그 가능성이 얼마인지를 점검해본다.

정부 주도하에 급속히 인프라 구축

중국에서 서부는 흔히 샨시(陝西), 간쑤(甘肅), 닝샤(寧夏), 신장(新疆), 쓰촨(四川), 충칭(重慶), 윈난(雲南), 꾸이저우(貴州), 시장(西藏), 광시(廣西), 네이멍구(內蒙) 등 11개 지역을 말한다.

이 지역을 한마디로 말하면 지금까지 중국경제발전에서 소외받은 지역으로 표현할 수 있을 만큼 낙후한 지역의 대명사이다. 물론 쓰촨(四川)처럼 자체적으로 개발을 추진해 어느 정도 부를 축적한 도시도 있지만 서부는 중국 전체 면적의 56%(인구는 24%)를 차지하면서도 GDP는 15%밖에 되지 않을 만큼 열악한 지역이다. 그도 그럴 것이 1979년부터 1998년까지를 봤을 때 인프라 투자비율이 동부가 60%였던 반면 서부는 20%에 지나지 않았기 때문이다. 서부가 이렇게 뒤처질 수밖에 없는 것은 개발을 남부에서부터 집중시키기 시작해 동부

고선지(?~755),고구려 출신의 당(唐)나라 장수. 고구려가 망하자 아버지 사계(舍鷄)를 따라 당나라 안서(安西)에 가서 음보(蔭補)로 유격장군(遊擊將軍)에 등용되고, 20세 때 장군(將軍)에 올랐으며, 안서 절도사(安西節度使) 부몽영찰(夫蒙靈樽)의 신임을 얻어 언기진수사(焉耆鎭守使)가 되었고, 740년경 톈산산맥(天山山脈) 서쪽의 달해부(達奚部)를 정벌한 공으로 안서부도호(安西副都護)에 승진하고, 이어 사진도지병마사(四鎭都知兵馬使)에 올랐다.

충칭(重慶) 지에팡(解放)파. 얼마 전까지만 해도 충칭(重慶)은 가난한 도시 가운데 하나였지만 몇 년 사이 엄청난 개발붐을 타고 있다.

연안을 거쳐 북쪽으로 향하게 했던 마오쩌둥(毛澤東)의 선부론(先富論)이 크게 작용했다. 하지만 국토의 균형적인 개발과 동부의 발전에 밑거름이 될 자원의 공급을 위해서 서부개발은 이미 예정된 과정이었고, 21세기 들어서서 그 작업이 본격적으로 추진되기 시작했다.

중국 정부는 1998년부터 서부개발에 대한 데이터를 축적해 2000년 3월 전인대(全國人民代表大會)에서는 '서부 대개발'을 최대의 화두로 만드는 한편 총리 주룽지(朱鎔基)를 책임자로 한 서부개발 영도소조를 만들었다. 이 소조는 정책기획, 환경, 경제사회발전 등 3개 부문으로 구성해 최고의 행정가들이 배치되어 있다.

개발계획 및 정책수립, 주요기구수립, 홍보, 기초건설 가속화하는 초기 단계(2000년-2005년)와 개발능력 제고, 투자규모 확대하는 개발 단계(2006년-2015년) 및 도시화, 시장화, 국제화의 수준을 높이는 전면발전(2015년-2050년) 등으로 꾸며져 있다.

이미 서부개발은 전반적인 단계에 접어들었다. 닝샤(寧夏), 칭하이(淸海), 깐수(甘肅) 등 기존에 도로망이 미비하거나 작았던 지역에는 대대적인 비용을 투자해 도로망을 확충하고 있다. 매달 지도가 달라질 만큼 고속도로건설은 탄력을 받고 있으며, 발전의 중심축인 시안(西安)과 충칭(重慶)의 발전은 눈부실 정도이다. 특히 산샤(三峽)댐의 건설로 인해 물류의 중심축이 된 충칭(重慶)은 도시의 규모를 북쪽으로 넓혀가는 한편 도시의 대부분이 언덕으로 되어 있어 개발이 어려운 도시환경임에도 불구하고 하루가 다르게 고층건물이 들어서고 있다.

1999년 처음 겨울 처음 충칭(重慶)에 들렀을 때 도시는 빈곤의 상징처럼 느껴졌지만, 2001년 겨울에 들렀을 때는 이미 여느 대도시 못지않은 도시로 성장했고, 2002년 여름에 방문했을 때는 도시의 중심인 지에팡로(解放路)나 싸핑빠(沙坪壩)는 상하이나 베이징에 못지않은 빌딩군(群)을 자랑하고 있었다. 하지만 빌딩의 다수가 투자의 충분조건이 되는 것은 아니다. 가장 중요한 것은 인프라 구축이다.

코트라의 보고에 따르면 2001년 말까지 자동차 통행이 가능한 도로는 총연장 69.9만km(고속도로 약4천 500km)로 건설 속도가 18.5%인 동부나, 32.2%인 중부에 비해 훨씬 높은 50.9%를 차지하고 있다고 밝혔다.

국제물류의 중요한 역할을 하는 선박운행의 경우 15년간 31억 달러를 투자한 청두(成都)-루저우(瀘州)-구이양(貴陽)-난닝(南寧)-베이하이(北海) 등 창지앙(長江)의 중류에서 남쪽으로 이어지는 해상로가 연결됐고, 충칭(重慶)에서 구이양(貴陽)으로 이어지는 고속도로의 건설도 상당한 진척을 보이고 있었다. 또 산샤(三峽)댐의 건설로 창지앙(長江) 이동 선박의 규모가 1만 톤급에 달할 것으로 기대하고 있다.

철도의 경우 2001-2005년 5년간 서부 철도 건설에 1천 270억 위안(한화 약 19조 원)을 투입할 예정이다. 철도 건설 중점지역은 칭하이(淸海) 시닝과 시짱 라싸(拉薩) 간 공사들로 현재 진행 또는 추진 중이며, 수이닝(遂寧)-충칭(重慶), 융저우(永州)-위린(玉林), 판야(汎亞) 지역의 신규 건설을 계획 중이다. 또 서부대개발 10대 프로젝트의 하나로 시안(西安)에서 안후이(安徽) 허페이(合肥)구간의 1천27km에 이르는 철도가 건설되고 있다. 전력의 경우 화력과 풍부한 수력자원을 활용해 안정화하는데 큰 무리가 없는 상황이다. 특히 서부의 풍부한 천연가스를 동부로 이동하는 서기동수(西氣東輸)는 그 자체만으로도 엄청난 규모를 갖고 있는 사업이다.

외자기업 등 흡수하기 위한 당근정책

중국 정부는 서부대개발의 성패가 동부 때와 마찬가지로 외자기업(外資企業) 유치에 있다고 직감하고 있다. 다만 동부의 자국기업을 개발의 균형이라는 점에서 최대한 흡수하고 있다. 중국 정부는 동부개발과 마찬가지로 다양한 당근을 준비하고 있다.

2001년 12월에는 서부대개발 관련 '포괄적 우대조치'를 발표했다. 내용을 살펴보면 정부가 권장하는 산업분야에 투자할 경우 2001년부터 2010년까지 일률적으로 15%의 소득세율을 적용할 방침인 것으로 밝혔다. 소득세율 15%는 다른 지역의 외국인 투자자 세율보다 10% 포인트 이상 낮은 것이며 중국 국내 기업의 33%에 비하면 파격적인 조치다. 또 개혁개발 종합시험지역, 민족경제 진흥지역, 국제상무지역, 여행지역, 가공무역지역, 경제합작시범지역, 보세지역 등을 설립해 조직적으로 외자기업을 유치한다. 무역관리제도 개혁으로 수출입 권한을 대폭 확대하는 한편 허가제에서 신고제로 전환한다. 한편 서부지역에 투자한 외상기업에게 연해지역에서 서부지역까지 운송비 등 재비용을 보상하는 조치도 마련 중이다.

일부 소수민족 지구의 경우 만약 성(省) 정부의 승인을 받으면 이보다 더 낮은 소득세율을 적용할 수 있게 하기도 했다. 우대조치에는 세금뿐만 아니라 금융, 무역, 토지사용, 자원개발 및 이용 등이 포함되어 있다.

서부가 안고 있는 문제

중국이 중남부에 비해 서부의 개발을 늦춘 데는 중국 자체적으로 생각했을 때도 적지 않은 문제를 안고 있기 때문이다. 우선 가장 큰 문제는 환경 문제다. 청두(成都) 지역의 경우 수자원의 오용과 남용은 전체 생산액의 13% 가량인 1500억 위안에 달하는 생태환경 파괴비용을 지출해야할 만큼 큰 벽이다.

이미 중국 내부보고서가 지적했지만 엉성한 수자원 관리와 후진적 관개체제는 지금까지 서부의 사막화와 환경악화를 초래했으며 이에 따라 서부대개발에서는 환경, 생태계, 수자원 이용과 보존에 최우선 순위가 두어져야 할 실정이다.

서부는 창지앙(長江)이나 황허(黃河)의 발원지일 뿐만 아니라 최근에 최대의 환경문제로 부상하고 있는 황사의 발원지이기도 하다. 잘못하면 서부는 중국인들의 물과 공기를 독으로 만들 수

시안(西安) 소프트웨어 개발원을 방문한 江澤民.

도 있는 땅이기 때문이다. 이런 심각성을 알뿐만 아니라 개발 이후 보호를 위해 훨씬 많은 자금이 소모되는 것을 아는 중국 정부는 환경 보호를 서부의 중요한 전제로 삼았다. 때문에 다양한 환경개선 방안을 전제하고 있다. 또 아무리 많은 개선방향이 나온다고 해도 물류비용이나 시간상의 문제는 투자기업들이 서부로 가는 것을 꺼리는 요소 중에 하나다.

산업발전의 가장 중요한 요소 중에 하나인 인력자원이라는 측면에서도 어려움이 많다. 청두(成都), 시안(西安), 충칭(重慶)에는 많은 대학이 포진해 있지만 동부나 남부에 비해 인재폭이 넓지 않은 것은 주지의 사실이다. 그뿐만 아니라 서부는 소수민족이 넓게 분포해 민족간의 갈등이 적지 않은 곳이다. 커뮤니케이션이 상대적으로 원활하지 못하다는 점도 문제다. 또 빈부격차가 심해 갈등의 원인이 될 뿐만 아니라 마케팅에 많은 어려움을 주고 있다.

우리나라 진출의 가능성과 한계

그러면 우리 기업들은 서부에게 어떤 가능성을 갖고 있을까.

2000년 이후 장쩌민(江澤民)은 물론이고 주룽지(朱鎔基) 등 중국 정계의 주요지도자들은 한국기업이나 정계 인사를 만날 때마다 서부대개발에 관심을 가져달라고 강조했다.

실제로 1999년 11월과 2000년 5월 주중한국대사관의 주도하에 민간합동 통상투자사절단이 쓰촨(四川) 물론이고 깐수(甘肅), 신장(新疆) 등지를 방문했다. 하지만 당시 서부를 방문했던 이들의 대부분은 비관적인 전망을 내놓았고, 이후에 투자 성사가 이루어지지 않아 성과는 거의 없었다.

충칭의 경우 이미 항공노선을 취항한 아시아나항공과 포스코 정도가 있는데, 두 기업 모두 장기적인 투자보다는 우선의 소비추세에 맞춘 투자가 대부분이다. 포스코의 경우 중국 서부대개발 사업의 핵심인 서기동수(西氣東輸) 프로젝트 3차 입찰에서 외국 업체로는 유일하게 최고급 강관용 열연코일 5만톤을 수주(受注)하기도 했다.

청두(成都)는 대우, 금호, LG가 이미 교통, 가전업으로 진출했다. 산전이나 타이어, 농업분야 등도 진출을 서두르고 있다. 포클레인 등 중장비를 생산하는 대우 중공업은 서부대개발로 인한 중장비 특수를 톡톡히 보고 있는 기업이기도 하다.

우리 기업이 서부로 가는 가장 큰 문제는 언어나 문화 차이에서 부터 기업 형태에 이르기까지 다양한 한계가 있다. 청두(成都)나 충칭(重慶) 등 쓰촨(四川) 지역은 보통화(普通話)와는 상당한 차이가 있는 쓰촨화(四川話)를 사용하고, 보통화를 사용하는 이들에 대한 반감도 있어서 쓰촨화(四川話)를 구사하는 인재의 필요성이 절실하다. 하지만 현재 청두(成都)에서 공부하는 3백여 명의 유학생들조차도 쓰촨화(四川話)를 따로 공부하는 이가 거의 없다. 또 서부대개발에 우리가 참여할 부분이 거의 없다는 것도 문제다.

중국 정부는 서부에서 환경을 지키기 위해 자원개발에도 많은 주의를 쏟을 만큼 조심하고 있다. 또 수백 만불 수준의 투자가 아닌 최소 천만불 이상의 투자야만 서부에서 자구력(自救力)을 가질 수 있다. 이 정도의 투자력을 갖춘 한국기업도 적을 뿐만 아니라 투자 분야도 불명확하다. 때문에 중국 정부는 불명확한 투자보다는 '인프라 구축'이나 '과학기술교육'과 같은 기반 투자를 요구하고 있으며, '하이테크 산업'의 진출을 유도하고 있다.

제7장 주룽지(朱鎔基)가 떠나면 중국 투자를 거둬라?

朱鎔基는 현대판 '禹王', 93년 이후 중국 경제 전면 지휘에 나서

1990년대 말 동아시아에 불어닥친 외환위기와 불황에도 불구하고 연 8% 대의 성장을 지속하고 있는 중국 경제에서 가장 위험한 가정(假定)은 무엇일까. 경제 내적인 문제일까, 경제 외적인 문제일까. 아니면 또 다른 키워드가 있을까.

세계 경제 트렌드 전문가로 부시 행정부의 경제 자문역을 맡기도 했던 토드 부츠홀츠(Todd G. Buchholz)는 "투자자들은 주룽지(朱鎔基)와 같이 결단력 있는 개혁가가 베이징에서 지속적으로 레버를 당길 수 있을지의 여부를 면밀히 주시해야 한다. 주룽지가 총리직에서 물러날 어떤 징후가 보인다면, 그것은 중국 주식을 팔아야 한다는 뜻이다"라고 말했다.(『마켓쇼크』중에서)

부츠홀츠는 그 키워드를 분명히 주룽지라는 한 인물로 봤다

주룽지의 기자회견 장면. 그는 유창한 영어실력으로 외국기자들을 사로잡는다.

는 것이다. 그럼 과연 주룽지가 누구 길래 그가 그런 말을 했을까. 물론 그의 가설이나 주장은 인터넷을 통한 커뮤니케이션의 확장이나 자유경제의 심화 등 다양한 요소가 있지만 분명히 눈여겨볼 만한 의미심장한 말임에는 틀림없다.

2002년 8월에 창지앙(長江)의 중하류인 지우지앙(九江)을 갔었다. 필자가 그곳에 들렀을 때 지우지앙(九江)을 지나는 창지앙(長江)의 수위는 1998년 4천명 이상의 희생자를 낸 창지앙(長江) 대홍수보다 높다고 관계자들은 말했다. 쉰양루(潯陽樓)에서 바라본 창지앙(長江)의 수위는 지우지앙시(九江市)보다 높아 제방이 없다면 이미 시내는 물바다가 되었겠지만 도시는 전혀 동요하지 않고 있었다. 다 제방의 덕택이었다. 그 자리에서 홍수에 관해 물었을 때 필자는 의외의 말 한마디를 들었다. "이 모든 게 주룽지(朱鎔基) 총리 덕분이다. 주 총리가 지도해 제방을 쌓았는데, 그는 과거 치수를 한 우왕(禹王)과 같은 이다". 좀 심하다 싶지만 이런 평가는 일반 중국인들에게서도 쉽게 들을 수 있다.

현 정치의 실질적인 지도자인 장쩌민(江澤民)이 아닌 주룽지를 은인으로 생각하는 이유는 무엇이고, 주룽지의 2선 후퇴가 사실상 정해진 2002년 이후 중국 경제는 어떤 모습일까. 이는 과거 마오쩌둥(毛澤東)의 집권시에 마오보다는 총리 저우언라이(周恩來)가 국민들에게 사랑을 받는 것과도 같다. 한 나라의 백성들이 모름지기 자기 정치권의 향배를 모를 리 만무하기 때문이다.

朱鎔基의 전면적인 퇴장은 사실일까

2002년 11월 열린 중국 공산당 16기 1중전회에서 주룽지는 사실상 상무위원직은 물론이고 중앙정치국위원에서 물러났다. 이후 원로회의와 같은 수렴조직이 생길 수 있지만 어떻든 주룽지는 공식 정치석상에서 확실히 물러났다.

2000년 10월 아셈회의에 참석한 주룽지.

2003년 3월에는 주룽지(朱鎔基)의 뒤를 이어 원자바오(溫家寶)가 총리에 취임할 것이 확실시 되고 있기도 하다. 이는 단순히 주룽지 한 사람만이 물러나는 것이 아니라 주룽지가 이끌던 경제팀이 대대적인 변신을 한다는 것을 의미한다.

실제로 2002년 12월 26일 영자신문 『사우스 차이나 모닝포스트』는 중국 인민은행의 다이샹룽(戴相龍) 행장이 조만간 물러나 톈진(天津) 시장으로 자리를 옮기고, 그 자리에 저우샤오추앤(周小川) 증권감독관리위원회(CSRC) 위원장이나 옌하이왕(閻海旺) 인민은행 부행장이 그 자리를 맡을 것으로 예상했다. 다이행장은 주룽지와 협조해 아시아 위기 당시 위안화 안정정책을 유지해 동반 추락을 막는 등 적지 않은 공로가 있고, 주룽지의 핵심 브레인이었다. 그런데 그가 톈진시장이 된다는 것은 중앙정치에서 사실상 후퇴를 뜻하는 것이다.

그는 2002년 11월회의 전까지만 해도 주룽지가 물러나더라도 금융정책을 주도하는 핵심이 될 것으로 봤지만 예상 밖으로 빨리 물러나는 상황이 벌어지는 것이다. 이는 '장쩌민(江澤民)의 정치, 주룽지(朱鎔基)의 경제'에서 '장쩌민의 정치-경제 독점'을 의미하기 때문이다. 과연 이런 시대의 개막은 무엇을 의미할까. 지난 20여 년간 중국 경제는 매년 8%에 달하는 고도성장을 지속해 왔다. 특히 톈안먼(天安門) 사태 이후 위기에 빠진 중국경제의 부활에는 1993년부터 리펑(李鵬)을 대신해 중국경제를 진두지휘한 주룽지(朱鎔基)의 영향이 절대적이었다.

1991년 2월 덩샤오핑(鄧小平), 양상쿤(楊尙昆), 리셴녠(李先念)등 중국을 지배하던 원로들은 상하이에서 주룽지를 만났다. 탁월한 기억력과 경제에 대한 그의 포부는 원로들의 마음을 흔들었고, 부총리로 발탁된 후 리펑이 아프자 곧바로 경제정책의 실권을 주었다.

그는 리펑의 고성장정책으로 물가상승과 난개발로 혼란하던 중국을 '고성장, 저인플레' 정책으로 끌고 가 연착륙에 성공시켰다. 또 문혁(文革) 당시 하방(下放) 되었을 때 배운 영어실력으로 외신기자회견에서도 아무런 자료 없이 유머러스하게 끌어가는 주룽지(朱鎔基)는 분명히 외국이 중국을 보는데 뭔가 신비한 힘을 느끼게 하는 인물이었다.

콤플렉스는 朱鎔基의 힘

파벌을 만들지 않고, 자신 있게 자신의 정책을 밀어가는 주룽지(朱鎔基)는 중국인들에게 가장 사랑받는 정치인이 됐다. 톈안먼(天安門)의 빚이 있는 장쩌민(江澤民)과는 또 다른 힘이었다. 그는 장쩌민보다 2년 늦은 1928년

아셈회의 기조연설. 그는 어디서나 자신있게 중국 발전을 말한다. 하지만 중국 정부 내에서는 가장 신중한 사람가운데 하나다.

10월에 후난성(湖南) 창사(長沙)에서 태어났다. 그의 지역적 연고는 마오쩌둥(毛澤東)을 비롯해, 류사오치(劉少奇) 등 중국 현대 정치계의 거목들이 줄줄이 탄생한 곳이다. 그는 1947년 칭화대(淸華大學校)에 입학해 공산주의 지하조직에 참가했고, 1948년에는 좌익학생회의 실질적인 리더가 됐다. 따라서 유망한 엘리트의 대열에 들어섰다.

테크노크라트(technocrat)인 그는 1957년 실무를 좋아해 국가계위기계국종합처(國家計委機械局綜合處) 부처장으로 자리를 옮기는데, 이때 시작된 정풍운동(整風運動)은 그를 정치적 회오리 속으로 몰아넣는다.

'하고 싶은 말을 하라'는 정풍운동(整風運動)은 마오쩌둥(毛澤東)이 '뱀들을 굴에서 끌어내기 위한 수단(引蛇出洞)' 이었고, 이 과정에서 주룽지(朱鎔基)도 국가기관 안에 잔재한 관료주의와 주관주의를 비판하는 3분 발언에 참여하는데, 이 발언은 그

후 20년 동안 그를 옥죄는 굴레로 작용했다.

1958년 3월에 그는 '부르주아 우파분자' 라는 낙인이 찍힌 채 당적을 박탈당한 후 하방(下放)되는 것을 시작으로 문혁때 다시 2차 하방되는 등 큰 수난을 받다가 1976년 10월 당적을 회복한다.

1958년 우파로 낙인 찍힌 후 20년간은 그에게 악몽과 같은 시간이었다. 1996년 12월 23일 베이징 쇼우두(首都)극장에서 상연된 연극 〈상앙(商鞅)〉을 보고 주룽지(朱鎔基)가 운 이야기는 유명하다. 상앙(商鞅)은 진(秦)나라를 엄격한 법치국가로 만드는 것을 포함한 개혁 프로젝트를 진행한 인물로 위기에 처했을 때 피신하다가 자신이 만든 고발법으로 인해 죽음을 당한 비극적 인물이다. 그는 죽었지만 117년 후 진시황제가 천하를 통일하는 기반을 만드는데 근원적인 역할을 한다. 주룽지는 이 연극을 보다가 울음을 터트리는데, 이는 보수파에 맞서 개혁을 단행하는 자신의 처지가 상앙(商鞅)과 닮았기 때문이다.

1982년 국가경제위원회에 발탁된 주룽지는 1985년 베이징 우싱(五星) 맥주 공장을 시찰해 원칙에 충실한 검사로 품질 개선을 이끌어내 강한 인상을 심어줬다. 1987년에는 상하이에 파견되어 시장을 맡을 준비작업에 들어갔고, 1988년 4월 상하이 시 제9기 인민대표대회 회의에서 시장으로 선출됐다.

그의 탁월한 경제능력이 시험대에 오른 것은 1988년 5월 덩샤오핑(鄧小平)의 시장경제의 가속화 이후 불어닥친 심각한 경제문제에 관해 덩샤오핑에게 브리핑할 기회를 얻으면서다. 그는 덩 앞에서 급속한 개방에 앞서 생산의 증가가 따라야 한다는 원리를 자료도 보지 않은 채 자신 있게 주장했고, 이후 덩샤오핑의 경제자문역이 되었다. 또 1989년 6월 톈안먼(天安門)사태 당시에 시위의 기운이 상하이에 내려오는 것을 차단하는 주요한 역할을 하기도 했다.

그는 중국 정계의 두 원로인 덩샤오핑(鄧小平)과 천윈(陳雲) 모두에게 특별한 인상을 주었다. 1991년 국무원에 들어와 실권을 거의 장악했고, 1993년 리펑의 건강악화때부터 정책의 상당부분을 담당하는 한편 1998년 3월에는 직책상으로도 국무원 총리를 맡으면서 중국의 안방을 책임지게 됐다.

현재 YTN중국 특파원으로 주룽지를 다룬 『내 棺도 준비되어 있다』를 저술한 김승환 기자는 1999년 그의 저술에서 주룽지의 사임설이 덩샤오핑의 사망설에 버금간다고 봤다. "개혁 과정에 백 개의 관을 준비해 놓았으며 그 가운데 내 것도 하나 있다"는 말을 할 정도로 중국 개혁의 선두에 섰던 그의 일선 후퇴는 당대 중국 정치에 소금의 역할을 하던 인물의 붕괴를 말하기 때문이다.

앞에서 인용한 미국 경제 트렌드 전문가 부크홀츠는 중국 정부의 10가지 해결과제를 제시했다. 그 내용 중 일부를 살펴보면 빈부격차가 생기고 불만이 커져도 공산당의 통제력을 유지하는 문제, 13억 인구를 먹여 살리기 위해서 8%의 성장률을 유지하는 문제, 인플레이션을 10%이하로 잡는 문제, 위안화의 안정 문제, 국영기업의 다이어트 및 실업문제 해결, 환경 파괴를 막는 문제, 지속적인 외자유치 등을 꼽았다.

한 리더가 모든 것을 통솔하지 못하지만 이런 문제를 통제하는 데 주룽지 만한 인물이 없다는 것은 중국뿐만 아니라 세계가 인정하는 일이다. 하지만 이제 주룽지는 동반퇴진 아닌 동반퇴진을 앞두고 있다. 따라서 포스트 주룽지시대의 명암은 최대의 관심사일 수 밖에 없다.

朱鎔基에 버금가는 인물 나올지 의문

지금까지 나온 주룽지(朱鎔基)의 거취로 가장 유력한 것은 그가 모교로 돌아가 엘리트 양성에 주력한다는 것이다. 2002년 12월 주룽지는 둥젠화(董建華) 홍콩특별행정구 장관을 만난 뒤 홍콩 기자들과 만나 이와 같은 은퇴 계획을 비쳤다고 보도됐다. 주 총리는 "은퇴한 다음에는 문을 닫아걸고 손님을 받지 않겠다"고 말했고, 학계로 돌아간다는 의사를 표시한 것으로 알려졌다.

과연 그가 완전히 정계와 문을 걸어 잠근 것인지는 단정할 수 없다. 하지만 자의든 타의든 그는 자신의 역할을 다한 것만은 상당히 확실해지고 있다. 중요한 것은 그가 1988년 덩샤오핑(鄧小平)의 경제정책 난조 때 경제 브레인으로 참여해 연착륙에 성공했듯이 이제는 자신이 만든 경제 정책을 연착륙시킬 수 있는가에 따라 중국경제의 미래가 좌우될 수 있다. 그런 점에서 그의 조타수 역할을 했던 인물들도 중앙 경제계에서 물러난다는 것은 좋은 의미로 받아 들일 수 없다.

주룽지(朱鎔基)의 뒤를 이어 총리를 맡을 것으로 유력시되는 원자바오(溫家寶)는 사실 능력이나 일반의 인식에서 주룽지에 미치지 못한다. 경제방면을 책임질 부총리로 쩡페이옌(曾培炎) 국가발전계획위원회 주임이 유력하다.

그간 장쩌민(江澤民)의 경제자문을 한 쩡은 능력을 갖추고 있다. 하지만 그 역시 주룽지에서 벗어났을 때, 능력이 발휘될지 의문이다. 또 후진타오(胡錦濤)정부가 부총리로 내세우려는 황쥐(黃菊)는 주룽지가 절대적으로 반대할 만큼 경제 관리 능력에서 주룽지를 계승하기에 부족하다. 황쥐가 리란칭(李嵐淸)이 맡았던 체육이나 문화 등을 맡을 경우 혼란은 덜하지만 경제에 관심을 가질 경우 혼란은 가중될 수 있다.

주룽지와 홍콩 행정장관 둥젠화(董建華). 그는 최근 둥과 만나 학계로 돌아간다는 의사를 표명했다.

주룽지가 학계로 완전히 가지 않고, 원로회의와 같은 조직이 만들어질 경우 이후에도 지속적으로 경제정책에 대한 자문역을 할 수 있을 것이다. 그를 일선에서 후퇴시킨 장쩌민(江澤民)이 그를 경제계와 분리시키려고 할 경우 주룽지(朱鎔基)의 영향력은 예상외로 작을 수 있다.

2002년 12월 중국 국가발전계획위원회(SDPC) 산하 거시경제연구소는 2003년에도 7.6~7.8% 성장을 예고했다. 이는 수출증가와 세계경제 호조가 작용할 것으로 봤기 때문이다. 과연 이런 목표는 이루어질까.

중국 경제가 당면한 최대의 문제는 사실 주룽지(朱鎔基)가 오랫동안 진행하다가 만족할 만한 성과를 보지 못한 금융문제나 2002년 말부터 시작된 유가상승 등 국외 문제 보다는 주룽지의 퇴장이 될 수 도 있을 것이다. 바로 2003년은 중국 경제에 있어서 포스트 주룽지 시대의 첫해이기 때문이다.

제8장 차이나드림은 있는가

가까이 있어도 우리가 얻기엔 멀다

2002년 벽두에 한국방송팀이 중국 관련 프로그램 제작을 위해 필자가 살고있는 톈진(天津)을 통해 중국에 왔다. 담당PD는 톈진(天津)공항에서 시내로 들어오는 모습을 보고, '역시 중국 같다'는 말을 했다. 하지만 시내 중심으로 들어오자 생각보다 깨끗하다는 말을 했다. 이후 취재진은 베이징을 향했다. 외곽에서부터 중관춘 등을 돌며, 그들은 상상 이상이었다며 놀랐다.

다음 일정인 광둥성(廣東省) 선전(深圳)에 도착했을 때, 방송사 취재진들은 입을 다물어 버리고 말았다. 선전(深圳)을 처음 들른 필자도 마찬가지 생각이었다.

다음날 광저우(廣州)를 통해 한국에 돌아갔다. 광저우(廣州) 동역에서 바이윈(白雲)공항으로 향하는 차 안에서 본 바깥 풍경으로 조금 위로를 하는 것 같았다. 물론 그들은 광저우(廣州)의 메인스트리트를 보지 않았다. 아펙회의로 인해 상하이 푸동(浦

東)을 들르지 않은 것도 다행(?)이라면 다행이다. 지금은 그들이 다시 텐진(天津)을 통해 들어온다고 해도 이전과는 다른 모습일 것이다. 공항에서 멀지 않은 곳에 수만 평에 달하는 현대식 화훼시장이 생겼고, 공항에서 시내로 들어오는 주변은 이제 거의 정비공사가 끝내 전혀 새로운 모습으로 바뀌기 때문이다.

시내 중심도로가 한 두달만에 좁은 2차선에서 널따란 8차선으로 바뀐다. 필자가 사는 텐진(天津)중심가의 도로 대부분이 2002년 한 해 동안 그런 과정을 거쳤다. 그런 와중에도 길가 작은 건물은 헐려나갔지만 큰 건물은 온전하다. 그들은 최소한 십수 년 전부터 그 넓이로 도로를 만들 준비를 해왔던 것이다.

새로 정비된 수앙펑다오(雙峰道)는 텐진(天津)에서 한국인들이 집중적으로 거주하는 곳이다. 3년 전만 해도 이 지역에 거주하는 한국인은 5백명 수준이었는데 지금은 수천 명 수준으로 늘어났다. 그런 숫자를 반영하는 것은 이곳에 자리 잡은 한국인이나 조선족 경영의 업소들이다. 과거 손가락 안에 꼽혔지만 지금은 100여 개 정도에 달한다.

과연 무엇이 한국인들을 이렇게 중국으로 불렀을까. 그리고 얻는 것과 잃는 것은 무엇일까.

중국은 경쟁자, 원조 대상국이 아니다

일년 전쯤 한 텔레비전 프로그램에서 한 교수가 "중국이 한국을 따라잡기 위해서는 앞으로 4~50년은 있어야 해 걱정은 없으니 각 분야에서 기술지원을 해줘야한다"는 말을 했다. 한국인 대부분이 이런 착각을 가졌다. 이런 착각은 중국 몇 군데만 돌아다니면 산산히 깨어진다. 상하이 푸동(浦東)지구, 선전(深圳) 경제개발특구 등 개발특구는 물론이고 베이징, 광저우(廣州) 등 몇 곳만 돌아도 이런 생각은 쉽게 깨진다. 또 광저우 수출상품 교역회나 홍콩 전자박람회 등 몇 곳의 전시회만 다녀도 된다.

중국의 발전 속도는 엄청나게 빠르다. 1년에 2차례 열리는 광저우(廣州) 수출상품교역회의 거래액은 150억 달러를 넘는다. 10일 동안 열리는 이 전시회는 전 세계인의 전시장이 됐다. 가격도 싸고, 제품의 질도 좋은 중국산 제품을 구매해서 자국이나 제3국으로 매매하겠다는 이들이 집중적으로 모인다. 이런 강점은 재빠른 변화에 적응하는 능력에서 생긴다.

중국은 홍콩 반환 이후 선진화된 마케팅 능력 등을 흡수했다. 외자기업이 들어오면서 기업의 기술은 물론이고 각종 노하우들이 속속 중국에 들어왔다. 중국은 외자기업에게 당근과 채찍을 가하면서 투자 러시를 일으켰다.

중국의 산업발전은 전방위적이다. 이미 세계 최대의 생산지로 군림한 가전시장은 물론이고, 대만과 홍콩을 통해 얻은 IT기술로 세계 시장을 넘본다. 대만이 직접 투자한 선전(深圳)과 둥관(東莞)은 세계 정보기술업계의 생산기지로 자리한 지 오래이다. 거기에 WTO가입, 2003년 여자 축구월드컵 개최, 2008년 올림픽 등으로 이어지는 거대한 이벤트의 행진은 중국을 세계적인 강국으로 부상시키는 촉매제가 될 것이다.

맹목적인 열기는 상처만 남기고

　대학이 집중적으로 몰려 있는 베이징 쉐어위안루(學院路)는 베이징에서도 가을이 가장 아름다운 곳이다. 고풍스런 품격이 풍겨나는 베이징대학(北京大學校)과 칭화대학(淸華大學校)을 비롯해 널따란 교정마다 낙엽이 뒹군다. 중국 대학 가운데 가장 많은 한국 유학생이 몰려 있는 베이징위엔쉐위앤(北京語言學院)도 예외는 아니다. 하지만 이 낭만스런 유학생도 취업철이 되면 달라진다. 최근 중국과 한국의 네트워크를 연결해 유학 등의 사업을 펼치려 베이징을 방문한 오모 씨는 현지 책임자를 맡아줄 학생을 찾아서 인터뷰를 했다.

　그가 학생에게 제시한 가격은 중국인들의 월급에 2배 가량인 1500위안 가량. 1만 위안 정도는 돼야만 버젓한 직장이라고 생각하는 학생에게는 재고할 가치가 없는 제안이었다. 현지에서 채용을 의뢰받는 대부분의 경우는 터무니없는 인건비를 요구받는 경우가 많다. 우선 이 기업의 경우 현지 사정에 대한 지식이 전무한 것에 가깝다.

　중국인을 1000위안에 고용해도 사회보장비 등을 추가하고 나면 거의 두 배에 가까운 인건비가 들어간다. 또한 베이징에서 생활하는 한국인이 1500위안으로 생활한다는 것은 상식 이하다.

　베이징 유학생들의 상황은 톈진(天津), 상하이(上海), 광저우(光州) 등 다른 대도시에서도 마찬가지다.

　필자가 처음 중국어를 공부했던 톈진대학(天津大學校)의

1999년 가을학기 한
국학생의 수는 50명
남짓이었다. 그 숫자
는 기하급수적으로
늘어 2002년 9월 학
기에는 5백 명에 달
했다. 하지만 이들 가
운데 정확한 비전이
나 방향을 가진 학생
을 찾는 것은 쉽지 않

독특한 현지 진출로 성공
한 한 기업인이 이끄는 의
류공장 내부. 그는 실패
후 중국파트너를 잡아서
성공신화를 일궈냈다.

다. 이런 중국에 대한 막연한 기대는 중국을 진출하려는 기업들
에게도 마찬가지다.

중국에 관심을 갖는 두 가지는 인건비 등 유리한 점을 찾아서
중국에 설비를 옮기거나 신설하려는 기업과 거대한 중국 소비
시장을 노리는 경우다. 텐진(天津)의 한 컨설팅업체는 중국 진
출을 위해 상담하는 기업이 조금 늘었다고 한다. 하지만 이 업
체의 사장은 상담자들의 현지 인식이 상상이하라고 평한다.

저렴한 인건비와 소비시장에 대한 기대감에 눈을 돌릴 뿐 투
자절차, 세금, 물류 등 가장 힘든 요소에 대한 이해가 극히 부족
하다는 것이다. 이런 기업에게 투자자들은 현지에 대해 얕보고
진출하다가 결국은 급속히 변화하는 현지 상황으로 인해 대부
분 절망하는 것이 현실이다.

중국 진출기업들은 지금까지 쏟아 부은 헛된 돈을 '수업료'
라고 자조한다. 문제는 뒤에서 진출하는 이들이 이런 교훈을 주

의하지 않으면서 똑같은 돈을 계속해서 낭비한다는 것이다. 1990년대 대중 투자기업의 일순위는 국내에서 환경오염 등으로 인한 화학·섬유산업 이나 인건비가 생산비의 대부분을 차지하던 산업이 주축이었다. 하지만 이런 현상은 중국 내부의 변화와 맞물려 급속히 변화했다. 우선 LG, 대우 등 대규모 전자기업들이 빠르게 중국에 진출했다. 대기업의 진출과 더불어 하청업체들도 빠르게 중국으로 넘어 들어왔다.

대 중국 투자는 초반부터 그다지 효율적이지 못했다는 것이 중국통들의 평가다. 우선 가장 큰 실책은 소비시장과 거리가 먼데도 불구하고 조선족 동포의 인력자원이 풍부한 동북3성을 투자지역으로 선호한 것도 패착의 하나로 꼽힌다. 오류를 거듭한 끝에 투자기업들은 점차 특성화되기 시작했다.

일본투자기업의 기반이 강한 따리엔(大連)의 경우 전통적인 육성산업인 섬유산업 등에 빠르게 진출했다. 톈진(天津)의 경우 전자나 전기, 이동통신 등의 대기업과 하청업체들이 그 뒤를 이어 자리 잡기 시작했다. 반면에 산둥반도 끝에 자리한 옌타이(烟台)나 웨이하이(威海), 칭다오(靑島), 웨이방(濰坊) 지역은 섬유, 피혁, 가방, 완구, 식료품 등 소비재 분야와 가전 분야의 기업들이 집중적으로 몰렸다.

상하이(上海)나 수저우(蘇州), 우시(無錫) 등에는 소비시장을 노린 가전기업과 섬유, 피혁과 기계공업이 조성되었다. 광저우(廣州), 선전(深圳), 둥관(東莞), 주하이(珠海) 등 광둥(廣東)지역에는 초기에 대기업의 생산거점이 된 곳이다.

전자 분야는 물론이고 섬유, 컴퓨터 부품, 완구 등의 업체가 집중적으로 생겼다. 대부분의 기업체들은 노동집약적인 산업으로 중국에 진출했다. 하지만 최근 중국의 투자환경이 급변하면서 투자의 다각화가 시급하다. 빠르게 상승하는 인건비와 사회보장비 등에 대한 부담으로 중국 투자요소가 갈수록 퇴색되기 때문이다. 거기에 한국기업들에게는 재료가격으로 납품가를 제시하는 중국기업에 맞서면서 하청을 따내는 일이 갈수록 어렵기 때문이다. 이에 따라 인건비 요소 등을 노리고 들어오는 기업은 더 이상 승산이 없다는 것이 현지 분위기다.

그나마 10% 정도가 성공했다고 할까

"중국에 오는 이는 칫솔 하나를 팔아도 13억 개를 판다는 생각으로 온다. 하지만 중국의 소비시장은 서울과 부산처럼 가까운 거리에 있는 것이 아니다. 보통은 수일에서 많게는 일주일 넘게 걸리는 곳이 대부분이다. 또 도시마다 법규나 규제가 다른 곳이 많다. 시장을 개척하기 위해서는 모두 관시(觀視)를 새로 하지 않으면 안 된다.

이런 상황을 파악한 대기업의 경우 상하이(上海)면 상하이식, 베이징(北京)이면 베이징식으로 공장을 건설했다."(이영호 선전(深圳) 한국상회 부회장) 베이징(北京), 톈진(天津)은 물론이고 산둥(山東)반도나 광둥(廣東)까지 퍼져 있는 한국 기업은 부지기수다. 멀리 윈난(雲南)성 쿤밍(昆明)에도 한국 투자기업인들의 모임이 결성될 정도니, 한국 기업의 중국진출의 위상을 예감할 수 있다.

베이징의 한인타운인 왕징의 내부. 이 아파트 단지내 한국인의 수가 이제 만단위를 넘은 것으로 잠정 집계된다.

한국 투자기업이 많은 산둥반도의 경우 칭다오(靑島)한 지역에 있는 투자기업의 숫자가 3000여 개에 이르는 것으로 추산됐다. 중국 전역에서 이미 1만 5천여 개 가량의 한국 기업이 상주하고 있다. 그러나 이들은 '10%의 성공, 40%의 유지수준, 50%의 좌절' 이라는 수위을 벗어나지 못하고 있다. 한국 기업이나 한인단체와 관계가 비교적 좋은 톈진(天津)이나 칭다오(靑島) 등지는 나름대로 나은 편이다.

한국기업의 숫자가 대만이나 홍콩, 일본 등의 기업보다 적은 지역의 경우 한국 기업의 상태는 더욱 부정적이다. 특히 내수시장에 대한 기대를 갖고 들어온 기업은 그 정도가 더욱 심하다. 대부분의 기업이 유통이나 시장 진입 장벽으로 시장에 물건도 못 올려본 채 문을 닫는 곳도 적지 않다.

재중기업은 진입 초기부터 공장설립은 물론이고, 인력, 유통, 물류 등 수없는 장벽에 부딪힌다. 가장 큰 경쟁력이었던 인건비 문제도 시간이 지나면서 급속히 변화되고 있다. 최저임금의 상승, 적게는 50%에서 100%까지 늘어난 사회보장비 그리고 복지비용에 대한 부담이 늘어나면서 투자기업의 어려움은 가중된

다. 여기에 설상가상으로 기술력 우위로 인한 이점이 점점 사라
진다는 것이다. 한국 대기업과 다국적 및 중국기업에 납품을 하
는 경우 경쟁력을 잃는 것이 명확히 나타난다.

전자부품을 납품하던 톈진(天津) 진남구의 다산정밀 정규영
대표는 "이제 한국 기업이 단순품목으로 중국 업체와 경쟁하는
것은 불가능하다. 한국 기업은 공장임대비용, 현지 주재원 인건
비 등을 감안하면 중국 업체와 경쟁이 안 된다. 저렴한 부자재
를 쓰는 중국기업의 납품비는 원부자재의 값도 미치지 못 한
다"고 말한다.

내수시장으로 가는 것은 더욱 어렵다. 물류비용이나 유통비
용은 물론이고 마케팅비용에 있어서 중국은 우리의 상상 이상
이기 때문이다. 거기에 외자기업에게 부여하는 매출 대비 17%
를 부과하는 증치세는 경쟁력 자체를 포기하게 한다. 우리의 부
가가치세와 비슷하게 부여하는 증치세를 중국 정부가 환급을
미루거나 거부해 생존 자체를 힘들게 하기 때문이다.

이런 상황에서도 나름대로 성과를 거두는 기업은 중국 시장
보다는 중국을 가공기지로 이용하는 경우다. 부산에 본사를 두
고 있는 특수신발업체 성호실업은 중국에서 롤러브레이드를 생
산해서 유럽등지에 수출함으로써 중국효과를 톡톡히 봤다.

금홍양행의 경우는 피혁제품을 중국에서 가공해 유럽 등지에
수출하는 방식으로 중국특수를 누렸다. 하지만 이들 기업도
2002년부터 수출 물량이 급속히 줄면서 영업 성적이 급속히 나
빠질 뿐만 아니라 늘려놓은 시설투자를 감당하기 힘들어하고
하고 있다. 이미 중국인들은 한국의 중국 투자에 대해 조심스러

중관춘(中關村) 하이롱따샤(海龍大廈) 앞에서 판촉 활동을 벌이는 LG. 가전 시장의 점유율을 높였지만 투자비용을 뽑을 수 있을지는 미지수다.

운 말을 하기 시작했다. "한국 자본이 중국에서 급속히 빠져나가는 주요한 이유는 한국 기업의 투자가 경솔하고 일시적인 충동에 따라 이루어지며, 시장 전망과 중국 현지 소비 수준에 대한 치밀한 연구가 없었기 때문이다. 이러한 면이 중국 주재 한국기업들의 장기적인 발전을 어렵게 하고 있다." (커젠지아(葛振家) 베이징대학 국제 관계대학 교수) "한국 기업들은 주로 저임금 노동력과 거대한 중국시장을 노리고 진출해 왔으나, 중국의 시장 환경에 변화가 발생하고, 노동임금의 상승, 산업 구조가 고도화되면서 노동집약형 공업에 적응하지 못하고 적당한 투자 대상과 투자 방법 또한 찾지 못해 철수하고 있다." (상바이촨(桑百川) 대외경제무역대학 교수) 이런 상황은 대기업도 예외가 아니다. 중국에서는 거의 상용화되지도 않은 VTR 기술로 중국에 들어와 망신을 산 삼성은 현재 전기나 전자부품 등에서 비교적 좋은 성적을 내고 있지만 완제품 시장에서는 거의 손을 든 상태다.

LG는 백색가전 등 시장 공략을 노리면서 중국시장에 들어와 적지 않은 투자를 했고, 시장 점유율도 상당히 높았다. 하지만 엄청난 투자에 비해 그들이 중국시장에 누릴 영화의 시간은 그리 많지 않았다는 게 현지의 시각이다.

현대자동차도 2003년에 소나타를 주종목으로 중국에 진출했지만 진출초기부터 17만위안에 예상했던 차 가격이 20만위안을 호가하는 등 불협화음이 적지 않다. 대기업이 중국에서 실패하는 가장 큰 원인은 나름대로 시장조사를 했다지만 자가당착으로 시장을 분석한다는 것이다.

이런 대표적인 예가 톈진(天津)에 대단위 자금을 투자해 창고나 시스템을 갖춘 '삼성 물류' 등이다. 이들은 중국 물류시장이나 창고시장의 기본을 무시한 것은 물론이고, 세계물류의 동향을 제대로 파악하지 못하고 무리한 창고건설과 인력채용으로 일관했다.

중국에서 선박편으로 세계로 나가는 물류는 비교적 쉽지만 육상이나 철로로 세계로 나가는 물류의 경우 오랜 경험과 관시(關係)가 없이는 헤쳐 나갈 수 없는 분야다. 특히 각 개발구별로 경쟁적으로 물류 창고를 건설해 수많은 창고들이 텅텅 비어 있는 상황에서 무리한 투자로 창고를 만들어 제 기능은 물론이고 유지에도 힘들 정도다. 결국 20명에 달하던 주재원을 몇 명 정도로 줄이고 있는 등 조정책을 펴고 있지만 쉽지 않은 상황이다.

한국기업, 중국 투자 ABC가 없다

거듭되는 중국에서의 좌초가 결국 차이나 드림은 '신기루'에 지나지 않는다는 것을 말해주는 것일까. 결코 그렇지만은 않다. 상당수의 서구 대기업들이 중국에서 성공적으로 사업을 펼쳤고, 지금도 급속히 성장하고 있다. 특히 다양한 문제에 직면했던 외자(합자/독자)기업들에게 중국의 WTO가입은 새로운 기회로 작용하고 있다. 하지만 한국에게는 아직 그렇지 못하다.

"우리 회사의 경우 잔업이 규정시간에서 20시간을 초과하는 경우가 많다. 위법인지도 안다. 가끔씩 사내에서의 고발이나 단속에 걸려서 벌금을 냈다는 회사의 이야기를 듣는다. 그러나 현재의 물량을 소화하기 위해 어쩔 수 없이 작업을 해야 한다. 사원들에게 정당하게 수당을 주고, 일한다고 하지만 불안한 느낌이 든다." (칭다오(靑島)전자부품업계 현지 총경리(사장))

"최근에 우리 회사가 구정부의 집중적인 타켓이 되고 있다. 우리 회사는 단순가공 인원이 2천 명에 이른다. 이들에게 규정대로 양로보험 등 각종 보장비를 부담하라고 할 경우 중국의 인건비가 싸다는 장점은 아무런 도움이 안 된다. 우리 공장이 타깃이 되고 있지만 주변에 사람들도 우리 회사에 관심을 쏟고 있다. 여차하면 모두 짐을 싸고 다른 개발구로 이동할 생각이라는 각오다. 하지만 공장이전이 그렇게 쉬운가." (톈진(天津) 미용품 생산업체 중간 간부)

차이나 드림은 현실로 실현되어 기대를 갖게 하기보다는 이미 '신기루'에 불과하다는 의혹을 갖게 하고 있다. 차이나 드림이 현실에서 성과물을 제대로 얻지 못하는 것은 분명히 원인이 있다. 그 원인은 중국이라는 특수한 환경과 아직도 적지 않은 규제 속에서 움직이는 중국의 경직된 체제에 있기도 하다. 전경련의 한 간부가 중국을 다녀온 후 "중국은 자본주의 국가보다 더 자본주의적이다"라고 한 말이 시사하는 바는 적지 않다. 위의 사례들도 법을 피해 가거나 편법으로 일을 진행하는 과정에서 벌어지는 일이다.

중국인들에게는 근본적으로 상업을 할 수 있는 수완이 있고, 거기에 오랫동안 거대한 땅을 영위해 왔다는 지존심이 있다. 그런 중국에 대한 이해 없이 중국에 접근하는 것은 섶을 지고 불에 뛰어드는 결과를 가져오는 것이 당연했다. 우연히 성공했다고 하더라도 이후에 만나는 파고 앞에서 허무하게 무너지는 것이 한국 투자집단이다. 이 결과 중국에서 우리 기업은 뛰어들어 활동하기보다는 생산기지로 활용하는 정도로밖에 인식되지 않고 있다. 도대체 "젓가락 하나만 팔아도 13억 개를 판다"는 기대는 왜 무너지는가.

선전(深圳) 한국상회 이영호 부회장은 위와 같은 한국인들의 환상에 일침을 가한다. 한국에서는 '젓가락' 타령을 하지만 이는 중국에 대한 기초도 없는 사람이라는 것이다. 현재 하얼빈의 경우 영하 30도를 오르내리지만 하이난다오(海南島)는 해수욕이 가능한 따뜻한 여름날씨이다. 산둥(山東)반도의 끝인 웨이하이(威海)에서 해는 오전 6시에 뜨지만 같은 시간대를 쓰는 신지앙(新疆)성 카스에는 9시 30분이 되서야 해가 뜨는 곳이다.

현대 상품 가격을 결정하는 물류비용을 감안하면 중국은 한 나라가 아니다. 선박운송비가 싸다는 점을 생각하면 따리엔(大連)이나 웨이하이(威海)에서 서부로 이동하는 비용은 이곳에서 인도로 가는 비용을 능가한다는 것이 현지 관계자들의 말이다. 또 광둥(廣東)에서의 기업 환경과 산둥(山東), 허베이(河北)등에서의 투자는 엄청난 차이가 난다. 거기에 중국 정부는 개발구 등에 있는 외자기업을 대상으로 부여하던 특혜를 국내기업에 대한 차별이라는 이유로 폐지할 방침이다.

생산품의 전부를 해외에 수출하는 기업의 경우에 덜하지만 중국에서 활동하는 한국이나 중국대기업에 부품을 납품하는 기업들의 경우 더 이상 경쟁이 어렵다는 것이 관련 기업들의 아우성이다.

한국기업의 경우 입주비용, 원재료의 수급과정에서의 추가비용, 주재원에 대한 처우 문제 등으로 인해 더 이상 중국부품 공급기업과 경쟁하기가 힘들다는 것이다. 중국기업의 경우 기초투자가 작고, 질이 떨어지는 원재료를 수급 받는 일이 많아서 한국납품업체의 재료비가 그들의 납품가가 되는 일이 허다하다고 말한다. 이런 수급 과정의 어려움 때문에 대기업들이 벌이는 어처구니없는 경쟁구도에 빠지고 있다.

한 납품업체의 사장은 대기업 직원이 자정까지 술을 먹다가 불러내 술값을 지불하게 한 경우가 적지 않다며, 사업을 철수하는 날에 반드시 손을 봐주겠다는 다짐을 하는 경우도 있었다. 문제는 이런 출혈경쟁에 한국기업들이 스스로 빠지고 있다는 것이다.

세탁기에 들어가는 사출 제품을 납품하는 한 중소기업 사장은 최근 어이없는 일을 경험했다. 자신이 과거 여러 대를 들여와 제품을 만들어 납품하다가 최근에는 공급 부족으로 절반 이상 놀리고 있는 부품 생산기계와 같은 기계를 들여 온 공장이 최근에 바로 옆에 입주했기 때문이다. 자신의 공장에서 쓰고 있는 기계보다 한층 개선된 생산기계라고 하지만 이미 원가경쟁에서 중국기업에게 떨어지기 시작한 기계를 들여와 한국기업끼리도 경쟁을 하는 상황에 어이가 없었던 것이다.

과연 희망은 없는 가

한류(韓流)는 지난 몇 년간 우리가 중국을 보는 가장 솔깃한 화두였다. 물론 중국에 청소년들을 중심으로 한류라는 흐름이 있는 것이 사실이지만 제대로 정비되지 않은 대중문화의 유입은 상업적인 이익으로 변화되는데 실패했을 뿐만 아니라 오히려 문화적인 반감까지 불러일으키고 있다. 하지만 한발 앞서 서구의 감각적인 대중문화를 받아들여 우리 식으로 소화해낸 한국의 대중문화는 중국인들에게 호감을 주는 것이 사실이다.

젊은 가수들을 중심으로 한 음반은 저작권의 강화와 더불어 상업적인 이익으로 변화될 가능성이 크다. 문제는 관리와 마케팅이다. 뮤직 비디오도 판매뿐만 아니라 제작 분야에서도 가능성을 갖고 있다.

중국과 취향이 유사한 홍콩에서 〈쉬리〉를 비롯해 〈반칙왕〉,

<JSA>를 히트시킨 영화도 중국은 중요한 시장이다. WTO가입과 더불어 중국의 영화시장도 외화수입 규제 조치를 점차 완화할 전망이다. 이런 상황에서 상대적으로 반감이 있는 할리우드 영화에 비해 완성도도 높고, 문화적으로도 친숙한 한국영화는 시장에서 의외의 성적을 거둘 수도 있다. 방송 콘텐츠 역시 지속적으로 수출이 가능한 분야다.

안재욱, 김희선 등이 나온 드라마는 입도선매될 만큼 중국시장에서 한국 드라마의 호감도는 크다. 현재까지는 자막처리 되지 않은 수출본이 없고, 주사방식이 달라 화질이 떨어지는 약점이 있지만 디지털 시대에 접어들면서 이런 문제가 해결되고, 양국간의 방송 콘텐츠 교류는 생각 이상의 이득을 얻어낼 수 있다. 또 한 분야가 이동전화의 문자서비스 등 멀티미디어 콘텐츠 분야다. 지난해 말 중국이 이 분야의 개방을 발표했지만 국내에서는 별다른 주목을 받지 못했다. 반면에 세계적인 통신기업인 AT&T가 빠르게 진출을 서두른 것은 시사하는 점이 많다.

멀티미디어 분야의 콘텐츠 산업은 5년내 5억 가까운 이동통신시장을 가진 중국에서 황금알을 낳는 산업이 될 가능성이 많다. 더욱이 문화 콘텐츠는 어느 정도 자신감을 갖고 있는 분야임에도 이 분야에 대한 투자나 개발은 전무한 실정이다. 요식업은 한국기업이 적잖게 진출하면서도 기업 자체의 영세성으로 인해 그다지 주목받지 못했다. 하지만 각 기업의 내실로 보면 덩치가 큰 대기업에 비해 전혀 부족함이 없다. '서라벌', '신라', '비원' 등 한국 음식점은 중국 음식의 중심가에 진출해 한국의 맛으로 좋은 성적을 거둔 알짜배기 기업들이다.

과거의 대중국 투자가 가전 등에 치중되어 있었다면 최근에
는 대기업을 중심으로 투자되고 있는 이동통신 등으로 점차 바
뀌고 있다. 하지만 우리의 지나친 기대와 달리 중국 정부가 의
도하는 이권 분산 정책의 영향으로 큰 이득을 노리는 자체가 불
가능하다.

코트라의 분석에 따르면 중국의 WTO에의 가입으로 인해 중
국경제의 효율성이 높아지고 중국의 공업구조가 중화학공업 중
심으로 재편되면서 산업경쟁력이 제고되게 되면 전기·전자 이
외의 석유화학, 철강산업, IT산업의 경우에도 중국 및 해외시장
에서의 제품경쟁력이 크게 강화될 것으로 전망된다. 하지만 중
국의 경쟁력 제고로 어느 분야에서도 섣불리 투자나 진출을 장
담하기 어렵다.

코트라 차이나는 중국을 진출할 때 투자에 앞서 꼭 점검해야
할 사항으로 투자방식결정, 입지와 파트너 선정, 현지공장설립
제반사항, 원부자재조달 여건, 운영자금 조달, 세무·통관문제,
임금문제 등 14가지를 꼽고 있다. 우선 합자(合資)를 할 것인지
독자(獨資)를 할 것이지를 분석해야 한다는 것이다.

지역·취급제품의 특성을 고려한 투자입지 결정도 중요하다.
중국투자는 업종·취급제품의 특성, 지역별 투자법규, 물류비
용은 물론 심지어 날씨까지도 꼼꼼히 검토해야만 실패를 예방
할 수 있다. 투자의 성패를 좌우하는 파트너 선정에 신중을 기
해야 한다.

중국기업 중에는 부실채권 등으로 내부 문제가 심각한 기업
도 많아 외형만을 고려해 합자파트너를 결정한다면 심할 경우,

중국 측의 빚까지 떠안게 될 수도 있기 때문이다. 까다로운 원부자재 조달 여건도 중요하다. 중국은 현재 강판 등 총 33종 383개 세목을 수입쿼터 및 수입허가증 관리품목으로 묶어놓고 있어 곤란을 겪을 수 있다. 판매대금 미회수문제가 심각하다는 것도 고려해야 한다. 근로자의 임금이 결코 저렴하지 않다는 것도 알아야 한다.

우리는 필수요건, 중국은 충분요건

대중관계의 미래는 우리에게 그다지 밝지 않다. 그것은 힘이나 시장의 격차 때문이다. 필자가 들었던 한중관계의 가장 안타까운 것은 "우리나라에게 중국은 꼭 필요한 나라이지만, 중국에게 한국은 여러 나라 가운데 선택할 수도 있는 나라다"라는 말이다. 이는 누구도 부인할 수 없는 사실이 됐다. 중국은 계속해서 자국의 이익을 중심으로 나갈 것이고, 한국이나 북한은 안중에도 없다.

신의주 특구를 발표하는 북한에게 '양빈 구속'이라는 카드를 던진 것도 중국 단둥(丹東)개발에 불리한 요소라고 생각하면 가차 없이 그런 조치를 취하는 게 중국이다. 또 산업의 자국화를 위해 자기부상열차를 만들고, 3세대 이동통신에 자국의 기술인 TD-SCDMA를 채택하는 것도 이런 일환이다.

중국 경제, 중국의 미래는 누구도 모른다. 하지만 한국의 미래는 그들을 상대로해서 경쟁하지 않으면 안되는 것이 우리의 현실이다. 막연한 감정으로 그들을 매도하는 것이 순간적인 분

풀이는 될지 몰라도 싸움에서 상대방에게 기를 빼앗기는 결정
적인 계기가 될 수 있다는 것을 알아야 한다.

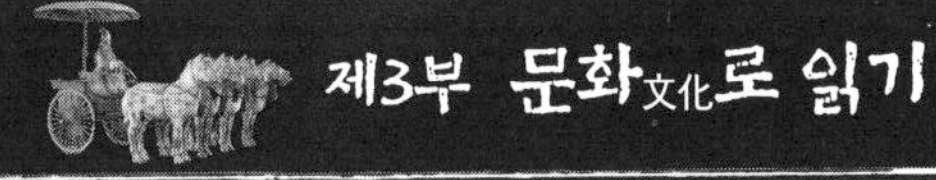
제3부 문화文化로 읽기

문화의 사전적 정의는 "철학에서, 진리를 구하고 끊임없이 진보·향상하려는 인간의 정신적 활동, 또는 그에 따른 정신적·물리적인 성과를 이르는 말"을 비롯해 다양한 해석이 있다. 따라서 문화는 정치나 역사, 문학 등도 포괄할 수 있다. 하지만 이 책에서는 이런 분야는 각자의 분야로 분리하고, 그밖에 문화로 불릴만한 전반적인 내용을 포괄해 다룬다.

철학이나 사상은 물론이고 가족문화, 오락문화 등 중국을 볼 수 있는 활동의 전반을 자유롭게 탐색하면서 중국을 이해하는 데 도움을 주고자 한다.

사실 중국문화라는 말은 그 자체에 상당히 어려운 문제를 안고 있다. 바로 중국 문화는 워낙에 광범위해 각 지역이나 민족, 기후 등 각가지 요소에 따라 각기 다른 문화를 형성하고 있기 때문이다. 하지만 반대로 이 각기의 변별력을 접근해 가면 각 문화의 특징을 흥미롭게 살필 수 있기도 하다.

제1장 한류(韓流), 중국 대중문화의 강물로 성장

영화·출판 등으로 분야 확대

중국 속에 한국 문화 흐름을 말하는 한류(韓流)는 4년 전부터 시작되었다. 〈사랑이 뭐 길래〉를 인기시점으로 해서 1999년 봄부터 불기 시작한 한국 대중음악의 인기와 연이은 한국 드라마의 중국 방영이 계속되었다.

4년 동안 한류는 비교적 잘 성장했다. 자신의 능력을 대중음악과 드라마에서 영화, 패션, 캐릭터산업, 대중 출판 등으로 더 넓혔다. 또 광고모델이나 연기자로 진출하는 것도 더 이상 큰 뉴스가 되지 못할 만큼 빈번한 일이 되고 있다. 이미 중국 문화라는 거대한 문화의 강에 한류는 냇가가 아닌 강물의 수준으로 성장했다. 다만 그 강물은 몇 가지 특성을 갖고 있다.

한류(韓流)를 향유하는 세대는 20대 이하의 청소년이다. 이미 '소황제(小皇帝)' 세대로 분리되는 이 세대들은 부모의 월급에 버금가는 유명 브랜드의 운동화를 신는 특수한 계층이다. 물론

한국 대중문화의 전도사, 하한주(哈韓族). 한국을 좋아한다고 해서 하한주(哈韓族)으로 불리는 이들은 한국 대중문화가 더 이상 낯설지 않다.

그 세대는 계속해서 성장해 이미 20대 중반이 됐고, 한류(韓流) 자체의 영역이 넓어지면서 한류(韓流)를 향유하는 세대의 층도 넓어졌다.

지금 가장 영향력이 큰 것은 한국 드라마다. 한국에서 비교적 인기를 끈 드라마는 반년 후면 대부분 중국에서 방송된다. 특히 김희선과 안재욱이 나오는 드라마라면 거의 100%가 수입됐고, 그 명단에 장동건, 한재석, 송혜교, 채림, 김남주 등이 추가되고 있다.

중국 드라마의 방영은 중앙텔레비전(CCTV) 드라마채널에서 방송될 경우 각 지역 방송국에서 재방하는 구조를 갖기 때문에 수요층도 넓고, 방송시간도 많다. 중앙텔레비전을 통하지 않더라도 홍콩의 콘텐츠 공급업자들을 통해 각 지역으로 공급되어 많은 인기를 끌고 있다.

드라마의 경우 수요층이 20대뿐만 아니라 고령층까지도 포함하기 때문에 한류의 소비층은 넓어진다고 볼 수 있다. 거기에 최근에는 영화와 대중 출판계에서도 한류는 그 가능성을 보이고 있다. 홍콩에서 공전의 히트를 기록한 〈엽기적인 그녀〉는 중국에 〈我的野蠻女友〉라는 제목으로 영화용 VCD와 책으로 출판됐는데, 출간 한 달 만에 중국 최대의 인터넷서점인 신화서점왕

(http://www.bjbb.com.cn)에서 VCD는 1위, 책 판매는 3위를 달리고 있다.

중국 문화계에 한류(韓流)가 밀려와서 두드러진 족적(足跡)을 보이는 것은 왜일까. 필자는 한류(韓流)가 막 뿌리내리기 시작할 때, 이를 분석하는 글에서 한류(韓流)를 1980년대 중국을 풍미한 인도 문화의 유행과 1990년대 일본 문화의 유행에 비유했다. 인도 문화의 유행은 광기의 역사인 문화대혁명(文化大革命)을 잊기 위해 중국인 스스로 선택한 환각제(幻覺劑)였고, 일본 문화는 서구 자본주의에 대한 향수가 시작될 무렵에 전범으로 선택한 것이라는 평가였다(창작과 비평 2000년 겨울호 『중국의 韓流, 그 흐름과 막힘』 중에서).

하지만 이후 인도 문화는 거의 흔적을 찾기 어렵고, 일본 문화도 그 위상이 상당히 줄어든 것이 사실이다. 필자가 그 글에서 한류(韓流)는 중국인들이 가장 중시하는 경제적 요소와 각종 마케팅 기법이 함유된 문화상품으로 접근한다는 점에서 인도 문화와 일본 문화와 다를 수 있다는 가능성을 말했다. 그러나 그간의 한류(韓流)의 성장 모습은 한국내부에서 서구 문화를 받아들여 독특한 한국 대중문화를 형성하는 힘과 그 생성물이 종주국의 힘을 압도하는 것처럼 중국에서도 한국 문화는 독특한 힘을 갖고 있다. 이런 힘이 한류(韓流)의 새로운 동력을 만드는 한편 하나의 유기체 같은 힘이 되고 있다. 워낙 거대한 땅과 사람을 가

『엽기적인 그녀』의 중국어판. 영화와 책으로 출간되어 올 대중문화계의 핵이 되고 있다. 신화서점왕에서 영화 VCD는 판매고 1위를, 책은 3위를 달리고 있다.

톈진(天津) 해방광장에서 H·O·T 해체에 대한 유감을 표시하고 있는 하한주(哈韓族)들.

진 땅이어서 통일된 힘을 갖지 못하고, 각각의 개성 속에 새로운 것을 융화하는 중국인들에게 '붉은 악마'의 통일체처럼 만들어진 하나의 정체를 쉽사리 무시하지 못하는 것이다. 그럼 이런 한류(韓流)에 대한 중국 내부의 반응은 어떨까. 우선 여전히 한류(韓流)가 서구의 화려한 외양을 바탕으로 속이 빈 사치품이라는 인식은 여전하다. 물질적 풍요와 속도감, 현대적인 느낌을 제외하면 그다지 특별한 것이 없다는 분석들이 많다.

『베이징칭니엔바오(北京靑年報)』는 한국드라마의 특징을 몇 가지로 분석했다. 〈가을동화〉 등 수편의 드라마를 대상으로 분석한 이 기사는 한국 드라마의 특징이 우선 화면이 아름답고 연기자가 잘 생겼다는 점을 꼽았다. 스토리의 전개가 상상 밖이고, 음악이 감정을 불러일으키는 점도 꼽았다. 남자의 집이 부유하고, 여자의 집이 비참한 상황인 것도 특징이며, 끝에 드라마가 지나치게 늘어지고, 중요한 순간에 꼭 비가 온다는 것도 찾아냈다.

사실 중국의 모습은 갈수록 한국과 유사해진다. 중국이 소비지상주의의 자본주의적 여정을 그대로 따라가고 있기 때문이다. 현대 유행문화에는 국경이 없고, 중국도 예외는 아니다. 2002년 6월 8일 열린 상하이국제영화제에서 가장 큰 화두는 향후 한국영화가 아시아영화계를 장악할 것 인가였다.

2460		韩流专区	3	发送	收藏
2462		韩流专区	2	发送	收藏
2464		韩流专区	2	发送	收藏
2459		韩流专区	1	发送	收藏
2461		韩流专区	1	发送	收藏

핸드폰 배경화면으로 인기를 끄는 한국 연예인. 신랑왕이 제공하는 핸드폰 배경화면 서비스에서 한국 연예인의 인기들은 인기 만점이다.

중국, 일본 등지에서 온 감독들은 하나같이 한국이 아시아영화 및 영상시장의 강자로 부상할 것으로 봤다. 중국 내부에서도 이런 판단을 못하고 있을 리는 만무하다. 하지만 중국은 역사상 타 문화를 배타적으로 보거나 백안시하는 일이 거의 없다. 우선 수용해서 자국에 맞게 고치거나 융화시키는 특성을 갖고 있다. 물론 그 시간은 짧기도 하고, 아주 긴 경우도 있다. 1980년대 인도영화가 5년 정도 영화를 누렸다면, 인도에서 온 불교문화는 2천년이 지난 지금에도 문화적 가치를 잃고 있지 않다.

그럼 앞으로 한류는 어떻게 될 것인가. 대중문화계의 한류에 대한 시각도 마찬가지일 것이다. 일년 전인 2001년 9월 〈오마이뉴스〉에 한류(韓流)에 관한 기사를 쓸 때 중국 문화전문가인 강효백씨는 "누구도 쉽사리 한류(韓流)의 미래를 예단할 수는 없다. 하지만 자연스러운 흐름을 타고, 계속해서 질적인 개선을 해나간다면 10년 정도는 문제없이 지속되고, 이후에도 문화상품으로서 영향력을 확보할 수 있을 것"이라고 말했다.

필자 역시 소비지상주의의 자본주의가 계속되고, 중국이 정치적 격변만 없다면 한류(韓流)는 여전히 문화의 한 영역에서 존재하면서 경제적 이익을 낼 효자가 될 수 있다고 본다.

피터 드러커가 최근 저서에서 지적하듯 앞으로의 시대는 제조업이 아닌 문화에서 부가가치가 창출된다. 한류(韓流)는 그 전위대의 역할을 할 것이고 이 흐름은 동아시아는 물론이고 다른 국가에서도 큰 힘이 될 수 있다. 문제는 그 문화 콘텐츠를 어떻게 정비하고, 생산해서 그 생명력을 끌어갈 수 있는가 하는 것이다.

제2장 휘청이는 전통사상, 대안은 없는가

치부(致富), 소비가 사고 중심으로 부각

필자의 앞집에는 4식구가 조촐히 살아간다. 이 집안의 가장은 예순 중반이다. 그는 3년 전 퇴직을 했다. 고위직에 있어서 특별한 문제없이 돈도 충분히 모았다. 노인의 부인은 예순 초반인데, 아직 직장을 다닌다.

이들 부부에게는 딸이 하나 있다. 서른이 넘은 딸은 대학을 마쳤고, 좋은 직장에 다닌다. 그녀는 20대 중반에 결혼해 딸을 하나 낳았다. 하지만 성격이 맞지 않아 이혼했다. 그래서 친정에서 부모와 같이 살아간다. 집안에는 대부분 일제 가전제품을 사용한다. 한달에 수백위안 수준의 임금을 받는 일반 라오바이싱(老百姓 오래된 백가지 성이라는 뜻이지만 일반서민을 말할 때 쓰인다)에 비해서는 훨씬 고급스런 삶을 살아간다.

한 가정에서 살아가지만 이들에게는 너무나 다른 세계가 존재한다. 우선 노부부는 지식분자로서 1966년부터 10년간 중국

노인과 손녀. 독생자녀제도 이후 이제 한 손녀를 두고, 여섯 어른이 정성을 쏟는다. 엄마, 아빠, 조부모, 외조부모.

내에 불어 닥친 문화대혁명(文化大革命)을 거쳤다. 결혼 전에 문혁(文革)을 만난 할아버지는 멀리 깐쑤(甘肅)성의 벽촌으로 하방 됐다. 그에게 자본주의(資本主義)나 지식분자(智識分子)와 같은 단어는 치가 떨린다. 개혁개방 이후 벌써 사반세기 가량 시간이 지나 이제는 모두 잊혀질 것 같은데, 그게 쉽지 않다. 하지만 그는 안정적인 직장을 얻어 중년 이후의 삶을 잘 꾸려왔다고 자부한다. 그 결과가 지금의 안정적인 삶을 만들었다.

그가 살아온 삶은 정말 혼란의 연속이었다. 국민당이 정권을 잡았을 때 태어났지만 그가 초등학교에 들어갈 무렵인 1949년 공산당에 의해 통일되면서 사회주의 교육을 받고 성장했다.

농촌에 비해서 덜했지만 급우들이 굶어 죽어 학교에 나오지 못하는 일이 허다했던 대약진 운동기는 혼란의 연속이었다. 사회주의(社會主義)가 교육의 중심이었지만 유교(儒敎), 불교(佛敎), 도교(道敎)와 같은 사상도 공부할 수 있었다. 대학을 졸업할 무렵 문화혁명이 터졌다. 그리고 봄에는 황량한 광풍이 불고, 가을에는 별다른 수확도 없는 깐수(甘肅)성에서 청춘을 보냈다.

하방에서 돌아와 결혼한 후 낳은 그의 딸은 독생자녀 제도가 시행된 이후에 태어난 초기 세대다. 하나밖에 없는 딸이지만 어렸을때는 맞벌이여서 많이 신경을 쓰지 못했다고 한다. 하지만 초등학교가 들어간 이후에 부부의 가장 큰 관심은 딸의 성장이었다. 다행히 딸은 기대를 저버리지 않았다. 대학 졸업 후 언론 분야에서 일하는 딸은 때에 맞추어서 결혼했지만 유능한 능력을 가진 딸은 사위와 의견이 맞지 않아 이혼했다. 이혼이 이제는 보편적인 문제가 된 이상 크게 말리지 않았다.

넉넉한 살림이어서 외손녀의 교육 등도 크게 문제가 되지 않는다. 하지만 문제는 밤늦은 시간에 들어오는 딸이나 무용학교에 다니는 외손녀의 문제가 아니라 여전히 건강하고 무엇을 하고 싶지만 할 것이 없는 자신의 존재가 문제이다.

샌드위치의 야채처럼 끼어버린 노인 세대

중국 노인들은 아침, 아니 새벽이라고 부를 만한 시간에 집을 나선다. 나이든 남자들은 공원이나 주택가의 공터에서 태극권을 하거나 앉아서 시간을 보내고, 나이든 여자들은 태극선(太極扇)이나 태극검(太極劍) 등을 배운다. 또 중년을 갓 넘긴 이들은

여유롭게 게이트볼을 즐기는 노인들. 이들은 복잡한 시대를 살았다.

공원의 넓은 공터에서 사교춤을 강습을 받거나 연습을 한다. 하지만 이런 습관은 궁핍했던 지난날의 유산이기도 하다. 한 방에서 한 가족이 생활해야 했던 이전 세대들은 아침에 일찍 자리를 피해줘야 그나마 없는 시간을 쪼개어 결혼한 자식들이 성생활을 할 수 있었다.

사실 엄청난 기아가 속출했던 대약진(大躍進) 운동 시절이나 자본과 지식 등에 대한 공포를 심어준 문화대혁명(文化大革命)을 겪은 이들은 지금 60세 전후다.

이들도 '경제동물'이라는 속칭을 가지고 있는 중국인들의 본능을 잃었을 리 만무하지만 이 세대들에게 새로운 체제나 자본주의는 그 자체에 공포의 색채를 띠고 있다고 할 수 있다. 그렇다고 이들이 다시 기억에도 없는 전통을 세운다는 것은 불가능

징산(京山)에서 본 고궁(古宮). 근대가 시작되기 전 중국 지도자들은 이 구(舊) 궁궐을 바탕으로 통치했다. 하지만 궁궐은 예상외로 허약했다.

하다. 문화대혁명(文化大革命)에 홍위병으로 참여했던 기억이 아직도 생생하고, 그 시절에 태어나 교육의 기회를 놓쳐버린 50대 들을 붙잡고 있는 것은 마오쩌둥(毛澤東)도 30%의 과오를 인정했던(사실 누구나가 70%의 과오로 보고 있다) 문화대혁명(文化大革命)의 기억밖에 없다.

솔즈베리가 『새로운 황제들』에서 기술했듯이 홍위병인 "학생들은 혁명을 하느라고 각지를 돌아다녔고, 학교는 대부분 폐쇄됐기" 때문이다. 또 그들은 자본가나 교수, 의사, 문인 등 지식 인텔리겐치아를 자신들의 손으로 비판의 단상에 세운 기억이 또렷하다.

이는 30~40대 장년층에게도 큰 차이가 없다. 이들은 학교나 소년궁에 가서 막시즘 등 사회주의 사상을 배웠고, 대학에서부터는 중국이 부국으로 가는 길에 어떤 역할이라도 해야 한다는 사명을 배운 이들이다.

각종 창업과 꾸준한 활동력을 바탕으로 살아가는 이들에게 정치는 복종의 대상이고, 철학은 막시즘이고, 행동은 자본주의(資本主義)였다. 물론 그의 손녀세대는 "자본주의(資本主義) 국가보다 더 자본주의적(資本主義的)"이라는 평가를 받고 있는 당대에 살아가고 있는 이상 물어볼 것도 없다.

무용전문학교에 다니는 손녀의 학비는 한 학기에 수만 위안으로 일반 백성 한 가구의 1년치 수입을 초과한다. 부담스러운 것은 사실이지만 손녀는 그 집안의 유일한 미래인 것이다.

현대 중국인들의 종교가 되어버린 돈

할아버지의 어머니는 불교를 믿었다고 하지만 그의 가정에는 지금 종교가 없다. 그가 살아온 시대는 종교를 갖지 못하게 만들었다. 대신에 가장 중요한 것은 돈이 됐다.

돈이 있다면 생활은 물론이고 마음의 안정도 찾을 수 있다. 결국 이들이 신봉할 수 있는 유일한 대상은 돈이 됐다. 또 중국 정부가 국가부강을 위해 의도적으로 추진한 소비 장려정책의 긍정성을 가장 잘 체득하고 있는 이들이기도 하다.

여느 도시도 마찬가지지만 톈진(天津)이 지난 1년간 변한 것은 그전 20년보다 훨씬 많았다고 사람들은 말한다. 가장 큰 예가 도로이다. 불과 1년 전만해도 1~2차선에 지나지 않았던 도로가 한두달만에 변화를 거듭해 지금은 대부분 8차선으로 바뀌

텐진(天津)의 대표적인 불교사원인 대비선원에서 기도하는 방문객. 이들에게 불교, 도교, 유교는 큰 차이가 없어 보인다.

있다. 그럼 교통사정은 나아졌을까. 조금은 나아졌지만 이도 머지않아 과거의 속도와 비슷할 거라는 이의를 제기하는 이들은 적지 않다. 다름 아니라 차가 그 만큼 폭주하기 때문이다. 차를 사는데 중요한 것은 가지고 있는 돈의 다소일 뿐이지 교통사정 같은 것은 안중에도 없다.

중국에서 소비는 최대의 미덕이다. 도시는 물론이고 5일장이 열리는 깊숙한 촌마을의 시장에도 "소비가 궁극적으로 농촌의 경제를 살리는데 유리하다"는 붉은 플래카드들이 곳곳에 걸려 있다.

중국에서는 1960년대 부터 실시한 주5일 근무제가 자리를 잡아 궁극적으로 소비를 창출해 여행, 요식업, 숙박업 등 다양한 분야에서 산업의 동력으로 작용하고 있다. 이런 한 예가 일주일에서 보름까지 장기적인 휴가를 주는 방식이다. 노동절(5월 1일), 국경절(10월 1일), 춘지에(春節 음력 1월 1일) 등 세 시즌에 주어지는 이 휴가의 비용이 평소의 5배까지 뛰는 등 홍역을 앓는다.

이들은 이런 시간을 통해 소비를 늘리고, 산업전체의 활기를 돌게 하는 정책을 써왔다. 결국 거대한 소비가 다양한 문제를 불러일으키고 있지만 지난 20년 동안 거듭된 성장에는 이 소비 진작책이 큰 역할을 했다는 것을 부인하기 어렵다.

필자는 가끔 환경보호를 위해 자동차를 기피한다는 말을 하는데, 아직까지 중국인들이 이 말을 이해하는 데는 상당한 시간이 필요할 것 같다. 그들은 돈이 있으면 당연히 차를 산다. 돈이 많아서 더 큰 차를 사면 좋다. 30~40대들은 이런 문화가 몸에 젖어 있고, 이들이 경제활동을 하는 가장 큰 이유도 쓸 돈을 벌기 위해서다.

종교, 전통사상은 모두 자기에게로

결국 돈과 소비가 과거 전통사상이나, 앞서 중국을 풍비한 사회주의 사상을 대신하는 새로운 사상으로 자리잡고 있다고 해도 과언이 아니다. 하지만 중국도 자본주의가 현대인의 정신적 문제를 해결해주기에 많은 문제를 안고 있다는 것을 쉽게 절감하고 있다. 또 모두가 똑같이 잘 살 수 없을 뿐 아니라 빈익빈 부익부(貧益貧 富益富)가 정도를 더해 가는 현실은 다양한 출구를 필요로 한다.

결국 도가(道家)적 성격이 짙은 파룬궁(法輪功)의 빠른 확산은 물론이고 최근에 가문 찾기 등 전통 가족주의의 복귀는 이런 정처 없는 중국인들의 입장을 잘 대변한다.

과거 중국인들에게 조상에 대한 숭배는 절대적인 것이었다. 문혁(文革)의 광기가 꺾이자 이들은 다시 조상을 찾아가기 시작했다.

중국사학자 민두기 교수가 소개한 허난성(河南省) 양청셴(項城縣) 위앤(袁)씨 집안 이야기나 2002년 10월 『뉴스위크』지가 '중국인의 뿌리찾기 열풍' 이라는 제하(題下)에서 소개한 안후

취푸(曲阜) 공먀오(孔廟)의 대성전. 문화대혁명(文化大革命) 때 수난을 받았지만 공자(孔子)는 중국 사상계에 다시 재등장하고 있다.

이(安徽)성 다컹코우(大坑口)의 후(胡)씨 집안의 이야기에서 잘 나타나 있다.

민 교수가 소개한 양천셴(項城縣)은 영원히 보존하라는 의미에서 만들어진 철판족보가 대약진(大躍進) 운동 때 용광로에 들어간 아이러니한 이야기가 인상적이라면 후(胡)씨 집안의 이야기는 타성의 번영을 막기 위해 행했다는 주술이 인상적이다. 결국 이런 이념은 현재 사회주의와 100% 위배 되는 것임에도 불구하고 갈수록 그 위세를 떨치고 있다.

이런 상황에서 종교는 중국인들에게 어떤 부분으로 다가올까. 경전의 해석과 교육이 약해진 지금에 종교는 기복을 비는 하나의 수단으로 전락한 측면이 뚜렷하다.

필자는 중국 종교사원의 상당수를 다녀봤다. 공자에게 제사를 지내거나 모시는 공먀오(孔廟) 등 유교사원, 오랜 역사를 갖고 있으며 현재 승려가 공식 인정되는 우타이산(五臺山)이나 바이마스(白馬寺) 등 불교사원, 천후궁(天后宮)이나 광저우(廣州)의 싼위앤궁(三元宮)과 같은 도교사원 등에서 중국인들이 기원하는 것은 모두가 자신이 돈을 벌 수 있게 해달라는 기원이었다. 그 때문에 기복성이 강한 도교사원이 가장 번성하고 있다.

사상적 공백은 가장 큰 부담으로 작용할 것

이런 상황은 중국이 앞으로 맞이해야 할 가장 큰 어려움이 될 수 있다. 마오쩌둥(毛澤東)은 이런 문제를 미약하게나마 감지했기 때문에 광기의 역사라지만 '문화대혁명(文化大革命)'을 추진

한 측면도 있다. 그에게는 공산당이 집권하기 전 모습이 생생했을 것이고, 그것이 얼마나 위험하다는 것을 직감하고 있었기 때문이다.

덩샤오핑(鄧小平) 집권 이후 1989년 톈안먼(天安門)사건을 제외하고는 특별한 정치적 재앙이 없었던 것은 중국인들에게 대약진(大躍進) 운동의 굶은 기억과 문화대혁명(文化大革命)의 사상적 재앙, 그리고 톈안먼(天安門) 사건 이후에는 자유에 대한 불안감이 존재했기 때문이다. 하지만 현재의 안정이 영원한 안정일 수는 없다. 경제적 위기도 올 수 있고, 정치적 위기도 무시하지 못한다.

그 위기를 넘길 수 있는 사상적 카드는 무엇일까. 과거 황제가 쓰던 권위의 카드가 사용될 수 없고, 근대 이후 통용되던 군대를 통한 무력의 효용이 떨어지고 나면 중국을 잡을 카드는 거

톈안먼(天安門). 지난 반세기 동안 국경절인 10월 1일 중국 지도자들은 이 문 위에서 안위를 확인했다.

의 전무한 상황이다. 중국을 잘들여다 보면 하나의 덩어리 같지만 사실 내부를 들여다보면 모든 사물의 원리가 그렇듯 작은 하나의 입자 입자로 꾸며져 있었다. 지금까지 그 아교의 역할을 황제의 권위나 모두가 잘산다는 공산주의가 해왔다. 최근에는 민생고를 해결하고, 잘 살수 있을 거라는 희망이 그 역할을 해왔다. 하지만 공산주의라는 아교는 황제의 권위라는 아교와 일면 비슷한 모습을 갖고 있다. 그것은 철저히 통제된 호구제를 통해서 일반인의 이동을 막는 방식 등 억압적인 제도로 유지되어왔다. 문제는 그 권위의 두 경계가 생각보다 빨리 일반인들에게 인식될 수 있다는 것이다.

급속히 성장하는 언론자유나 개방의 확대는 감춰졌던 이면을 보게 하는 역할을 할 것이다. 이것을 막을 수 있는 방식으로 중국은 '국가'를 강조한다. 하지만 충성이나 사회주의 둘 중에 하나도 갖고 있지 않은 국가가 얼마나 큰 역할을 할지 누가 알까. 때문에 과거의 안정을 가져왔던 문화를 대체할 새로운 문화를 얻지 못한다면 중국 앞에는 생각보다 빠른 위기가 도사릴지도 모른다.

제3장 현대 중국인들의 종교관

중국인들에게 절대적인 종교란 없다

우리나라에서는 아무리 친한사이더라도 종교와 정치에 관한 이야기는 서로 조심해야한다. 특히 종교는 같은 종교를 가진 이들이라면 모르지만 다른 종교를 가진 이들이 종교에 관해 논쟁을 시작하면 결국 감정을 상하기 쉽고, 또 지역감정 등 다양한 변수가 중첩된 우리나라에서 정치에 대한 생각은 상대방의 감정을 상하게 하기 쉽기 때문이다.

역사상 일어난 전쟁의 상당수가 종교전쟁이라는 점을 생각하면 이 말은 틀리지 않다고 말할 수 있다. 또 미션스쿨에 다녔던 고등학교 시절 기독교를 믿는 한 친구에게 다른 종교 이야기를 하다가 갑자기 날아온 주먹에 맞았던 기억이 있는 나에게도 종교는 쉽사리 끄집어내기 어려운 문제다.

또 수십 년간 선거결과에서 지역성이라는 굴레를 벗어나지 못하는 것을 보니 정치 문제도 여전히 복잡한 문제인 것 같다.

허난(河南) 한쿠관(函谷
關)에 있는 노자의 초상.
노자는 이곳에서 『도덕
경』을 썼는데, 이를 기념
하기 위해 글을 쓰는 모
습으로 초상을 만들었다

그렇다면 종교문제나 정치문제는 토론과 설득으로 쉽사리 바꿀 수 없는 것일까. 우리나라 사람들의 종교관은 중국에서도 독특(?)하다.

필자가 사는 톈진(天津)에는 2만5천 명 정도의 한국인이 거주하고 있고, 정주하는 사람은 만명 가량인데 이미 열개 가량의 교회와 두 군데의 선원(禪院), 또 한 개의 천주교 모임이 있다.

이 정도면 우리나라 사람들이 상당히 종교적인 국민이라고 해도 과언이 아니다. 더욱 놀라운 것은 중국 공안당국의 엄격한 금지조치에도 불구하고, 중국인들을 상대로 선교 활동을 하기 위해 온 이들이 생각보다 많다는 것이다.

사실 중국에 건너올 때까지만 해도 중국 사람들은 상당수가 불교나 유교를 신봉하고 우리나라처럼 종교 간에 갈등이 있을 것이라고 생각했다. 하지만 현지에서 보는 중국인들의 종교관을 보면서 상당히 놀라게 된다. 다름 아니라 어떤 종교에 대한 절대적인 믿음이 극히 드물고, 타 종교에 대해 포용적이라는 것이다. 즉, 이것은 우리가 생각하는 누군가를 신봉하는 '종교(宗敎)'라는 개념보다는 '철학(哲學)'으로 받아들이기 때문이다.

중국은 사회주의 국가이지만 종교에 대해 절대적(絶對的)인 탄압을 가하지 않는다. 국제적인 문제로까지 대두되고 있는 티벳의 장족불교는 단순한 종교 탄압으로 보기에는 무리 있다. 왜냐하면 티벳 분리라는 사실을 놓고 볼 때 자체의 영토 문제가 아닌 소수민족으로 이루어진 중국이라는 거대한 몸짓의 분열을 의미하는 것이기 때문이다.

파룬궁(法輪功)은 현재 중국정부가 강압적으로 포교나 집회를 금지하지만 이미 파룬궁이라는 이름으로 종교적인 색채를 띤 것은 훨씬 전이며 집단 자살소동 등 사이비 종교형태의 만행이 일어나지 않았다면 계속해서 묵인(?)하고 있었을 지도 모르는 일이다.

중국에도 교회와 성당이 존재한다. 물론 대다수는 한국인이 운영하는 것이지만 중국인 교회도 있다. 신도의 수를 헤아려 본다면 한국에 비해 미미하겠으나 존재의 여부를 두고 볼 때 이를 부정할 수는 없다. 기독교라는 종교는 중국에 있어서 어떠한 종교적 영향력을 발휘하지 못한다. 단지 그들의 선조가 그랬듯이 학문으로 접근을 하고 있을 뿐이다.

대학서점을 비롯해 일반 서점에서도 쉽게 성경책을 구할 수 있다. 크리스마스가 다가오면 대도시에서는 우리나라의 여느

상점처럼 이와 관련된 상품을 진열해 놓고 대목잡기에 혈안이
되어있다.

소황제(小皇帝)라 불렸던 지금의 젊은 세대에게 크리스마스
는 기독교인의 축제와 상관없이 연인끼리 혹은 친구끼리 선물
을 주고받거나 영화를 보는 등 단지 즐길 수 있는 명절 아닌 명
절로 자리매김을 하고 있다. 우리나라에서 비기독교 신자가 이
날을 즐기는 것과 같은 양상(樣相)이다.

유 · 불 · 선(儒佛仙) 기독교, 이슬람교의 공존

필자의 중국어 발음을 교정해주는 개인교사인 란위(冉宇)는
스무 살의 발랄한 여대생이다. 그녀에게 종교를 물었더니, 자기
의 어머니와 이모가 불교를 믿어서 사원에 몇 번 따라가 봤지만
자신에게는 특별한 종교가 없다는 것이다. 그래서 농담 삼아 어
머니가 불교 믿으라고 하지 않느냐 물었더니, 그 말을 잘 이해
하지 못한다. 즉 중국에는 타인에게 종교를 강요하거나 포교하
는 일이 거의 없다는 것
이다.

우리가 생각하기에 중
국은 공자(孔子)로 대표
되는 유교(儒敎)를 숭상
할 것 같지만 유교는 그
저 제자백가의 한 분파
로만 인식되고 있을 뿐

타이산(泰山) 정상 위황
딩(玉皇頂). 도교사원인
이곳에서 중국인들은 향
을 태우며 자신의 복을
기원한다.

이다. 물론 한대(漢代)에 공자가 왕의 권위를 능가하는 종교적
인 인물로 추대된 적이 있지만 이후에는 그런 공자도 수없이 해
체되면서 종교적인 색채를 띠기에는 너무 평범해졌다. 또 일반
에서 유교에 대한 숭배를 찾기는 쉽지 않다.

공자의 고향인 취푸(曲阜)에 가도 그가 거대한 위인으로 비춰
지지만 종교적으로 숭배되지 않는다는 것을 느낄 수 있다. 그러
나 유가(儒家)의 영향이 없는 것은 아니다. 가령 공자나 맹자 등
유가의 명인들이 많이 태어난 산둥성(山東省) 지역은 가부장적
권위가 다른 지역에 비해 강하다. 그 때문에 산둥성 남자들은
장가가는 데 적잖이 애를 먹는다.

이미 가정 내에서 동등한 지위를 확보하거나 오히려 우월한
지위를 확보한 여자들이 산둥(山東) 남자를 유난히 꺼리기 때문
이다.

타이산(泰山) 정상 위황딩
(玉皇頂) 앞을 가득 채운 열
쇠. 이렇게 하면 행운이 있
다는 말에 많은 열쇠가 채
워있다.

일반인들의 사상에 깊숙이 박혀 있는 도교(道敎)도 종교로 숭배되기에는 적잖은 한계가 있다. 어느 지역에 가나 칭양궁(靑陽宮)과 같은 도교사원을 찾을 수 있지만 종교적인 색채가 상당히 감쇄된 느낌이다. 대부분의 도교사원에는 도사(道師)들이 있는데, 필자의 눈에는 어떤 권위보다는 그들이 점을 쳐주는 것이 재밌다는 생각밖에 들지 않았다.

중국인들에게 종교라고 말하면 당연히 불교를 먼저 떠올린다. 중국에 불교가 전파된 경로는 서북인도에서부터 아프가니스탄, 파키스탄 지방으로 전래된 북방 불교와 더불어 수마트라 섬과 말레이 반도를 우회하여 남부해로를 통하여 베트남을 경유하여 중국 남부에도 전해졌다.

인도의 승려가 직접 중국에 와서 사찰을 세우고 불법을 전한 경우도 있지만 법현, 현장, 의정 등은 인도의 성지를 순례하고 불교문화를 배워왔다. 하지만 유입 경로가 다르고 소승경전과 대승경전이 차례로 전해지면서 각자의 판단에 따라 다양한 방식으로 불교가 전파됐다.

이에 따라 자신들의 위치나 나름대로 경전에 대한 가치판단을 하는 교상판석(敎相判釋)이 일반화되면서 중국인들이 가지고 있는 관습이나 학문을 접목시키는 작업을 거쳤다. 이후 끊임없이 한족과 변방민족의 정권 교체 속에서 불교는 어느 쪽에서나 정신적인 지주 역할을 했다.

중국에도 기독교나 이슬람교가 들어왔지만 중국인들의 마음에 크게 자리하지 못했다. 무엇보다 중국인들의 마음속에는 어떤 절대적인 신앙에 의탁하기보다는 당장에 그들의 삶은 좌우

핑야오(平遙)의 성벽. 유·
불·선은 물론이고 기독교
까지 느낄 수 있다.

하는 변수들이 중요시 됐으며 상대방에게 어떤 것을 강요하거
나 강요받는 것 자체를 꺼리면서 서구 종교가 들어갈 틈새를 주
지 않았다.

더군다나 중국인들에게 서구는 마약이나 강요하고, 자원이나
문화재를 강탈하는 존재였으니, 그들의 종교가 쉽게 수용되기
도 힘들었다. 결국 중국에서는 어떤 특정한 종교가 절대적인 종
교로 작용하지 못했다. 대신에 각 사상의 중층적으로 결합하면
서 중국인들의 마음속에 들어갔다. 이런 특성은 중국을 여행하
다 보면 어디서나 쉽게 느낄 수 있다.

산시성(山西省) 핑야오(平遙) 고성(古城)도 그 중 한 곳이다.
서주(西周宣王 BC 827년~782년)때 처음 쌓여진 이 성은 직경
4킬로 내외의 작은 성으로 완벽히 보존되어 있다.

우리나라에도 알려진 문화평론가 위치우위(余秋雨)도 유달리

핑야오(平遙) 고성 안에 자리한 성당. 근대이후에 세워졌지만 온전한 모습을 유지하고 있다.

좋아해서 자주 들렀던 이곳에서 눈에 띄는 것 가운데 하나가 종교의 유산(遺産)이다.

핑야오(平遙)에는 중국 종교의 모든 것이 있다. 도교사원인 청허궁(淸虛宮)과 청황먀오(城隍廟)와 유가(儒家)의 산물인 원먀오(文廟)가 있고, 성의 한쪽에는 백년 가량된 천주교 교당도 잘 보존되어 있다. 또 성의 양쪽에는 중국에서도 손꼽히는 절인 전궈스(鎭國寺)와 수앙린스(雙林寺)가 있어 불교문화를 꽃피우고 있다.

핑야오(平遙)는 중국 최초의 금융기관인 표호(票號)를 창립한 사람으로 청조 부자의 상징인 뢰이루타이(雷履太) 등 호화로운 집도 많다. 이런 집들은 부를 꿈꾸는 중국인들에게 또 다른 신전의 역할을 했는데, 이 집들의 상당수는 문화대혁명(文化大革命) 때 집중적인 공격의 대상이 되어 집안에 있던 화려한 조각은 상당수 파괴되어 있다.

이 작은 고성 안에 수천년 동안 유교, 불교, 도교는 물론이고 근대에 들어온 천주교 성당까지 들어와서 공존할 수 있다는 것이 중국 종교문화의 독특한 특징이다.

철학자 펑요우란(馮友蘭) 박사가 보는 관점도 비슷하다. 다름

아니라 중국인은 종교에 그다지 심취하지 않는데 이는 "종교는
거의 대부분이 어느 정도의 미신·교조·의식 및 제도를 상부
구조로 갖춘 철학"이라고 생각하기 때문이다. '과학은 철학의
시녀고, 철학은 신학의 시녀'라는 가치관을 갖고 있는 서구와
달리 중국에서 어떤 한 종교가 절대적인 우위를 차지하지 않는
다는 것을 설명한다.

대중문화 속에 어우러진 다양한 종교관

그럼 그런 특성은 어디서 나왔을까. 사실 우리가 역사를 배울
때, 몽고(蒙古), 여진(女眞), 만주족(滿洲族) 등 강한 군사력을 가
진 소수민족의 정권이 결국에 동화된 이유를 놓고 다양한 해석
을 한다.

보통은 한족(漢族) 문화가 뛰어나서라고 하지만 그보다는 모
든 것을 흡수시켜서 자기화(自己化)시키는 '블랙홀' 같은 힘이
있기 때문이다. 중원에 자리한 한족(漢族)들은 전투적(戰鬪的)
특성이 그리 강한 민족이 아니다.

이는 중국역사를 보면 쉽게 알 수 있다. 한족(漢族)이 중심인
주(周), 진(秦), 한(漢), 송(宋), 명(明) 등의 지배기는 지극히 협소
한 국가에 지나지 않은 반면에 원(元), 청(淸) 등 소수민족이 지
배세력으로 자리 잡았을 때는 강성(强盛)한 무력(武力)을 바탕
으로 현대 중국의 위상을 상당 부분 만들었다.

한족(漢族)이 지배하던 시대의 주요 외교정책은 오랑캐라 불
리던 변방 민족에 화번공주(和蕃公主 옛날 중국에서 정략상(政略

上) 이민족(異民族)의 군주에게 출가시킨 공주)를 보내고, 비단 한 필에 지나지 않는 말을 비단 10여필을 주고 사는 등 무력(武力)보다는 화친(和親)을 중심으로 한 소극적 정책이었다. 반면에 이들은 서구는 물론이고 자체적으로 가진 문화를 흡수시켜 핵심을 뽑아내는 능력을 갖고 있다. 당연히 그 문화는 '짬뽕 문화'에 가깝다.

이런 인상은 중국 대부분의 산에서도 쉽게 느낀다. 어느 산이나 불교사원, 공자를 모신 사당 등은 물론이고 도교사원 등이 이웃해서 공존하고 있다. 이런 공존의 문화는 현재도 여전히 그 맥을 같이하고 있다.

한국에도 개봉해 드물게 좋은 성적을 거둔 저우싱치(周星馳)의 〈소림축구(小林足球)〉는 중국에서도 공전의 히트를 기록했다. 한국에도 소수의 마니아가 있지만 중국에서 저우싱치(周星馳)의 인기는 한국과 비교할 수 없을 만큼 크다. 그의 영화들은 정전(正傳)이 된다. 재미있는 것은 그의 영화들이 중국인들이 갖고 있는 종교관을 보여준다는 것이다.

〈소림축구〉는 그 이름에서 알 수 있듯이 주인공 더싱(的星 저우싱치 분)은 소림무술을 배우는 제자이자 축구광이다. 그가 우연히 최고의 선수에서 심부름꾼으로 추락한 밍두오(明鐸)를 만나서 축구팀을 꾸린다. 이들은 소림무술을 바탕으로 최고의 팀이 되지만 선수에게 약

영화 〈소림축구〉. 그 안에는 무당과 소림이라는 두 경쟁세력의 융합이 담겨져 있다.

물을 투입해 경기를 내보내는 지앙슝(强雄)팀 앞에서 위기에 몰린다. 이때 이 팀을 구하는 것은 무당(武當) 무술의 제자인 '만두의 여왕' 아메이(阿梅 짜오웨이(趙薇) 분)다. 아메이는 강력한 스피드를 가진 볼 앞에서 기공을 통해 공의 속도를 제어한다. 역시 지나치게 스피드를 강조하는 소림무술로서는 도저히 극복할 수 없는 한계를 느림 속에 강함이 있는 무당무술로 이겨낸다는 것이다.

사실 이런 통합의 정신은 중국인들의 사고 어디에서나 쉽게 볼 수 있다. 〈소림축구〉에서 볼 수 있듯이 불가와 도가의 무술이라는 장벽은 그다지 큰 장애가 되지 않는다. 그래서 중국에는 우리가 생각하는 서양식의 종교전쟁이 존재하지 않는다. 그들에게는 민족과 사상적 분쟁만이 존재할 뿐이다.

광저우(廣州) 싼위앤궁(三元宮)에서 기도하는 중국인들. 갈홍의 『포박자』를 쓴 곳으로 유명하다.

중국인의 종교 '부(富)'의 부활

현재 중국에서 새롭게 부활된 종교(?)가 바로 '부(富)'이다. 중국 여느 음식점에 가면 출입구나 계산대 뒤에 있는 차이선예(財神爺)를 만날 수 있다. 모두 돈을 많이 벌게 해주길 바라는 기원이 담겨져 있다. 또 오래된 도시에 가면 도교, 불교, 유교 사원에 못지않게 볼 수 있는 것이 삼국지의 영웅 관우를 변형시킨 차이선먀오(財神廟)이다.

오류의 역사로 평가받는 문화대혁명(文化大革命)은 겉으로 사상과 정치의 문제이기도 했지만 실질적으로 중국인들 내부에 상존하고 있는 '부자 되고픈 욕망'에 대한 폭압(暴壓)이었다. 이후 덩샤오핑(鄧小平)은 그 욕망이 있어야 굶어죽지 않을 수 있다는 믿음을 갖고 있었다. 그러나 그로부터 반세기가 지난 지금 '부(富)'는 중국인들의 가장 현실적인 종교로 다시 확실한 자리매김을 하고 있는 것이다.

가게에 있는 재신(財神)상. 중국 가게의 대부분은 관우(關羽)상과 천후가 변형된 재신(財神)상이 서 있다.

제4장 중국인들은 왜 축구에 열광할까

덩샤오핑(鄧小平)의 지원이후 축구 팬과 언론이 열기 이끌어

중국 관영방송인 중앙텔레비전(CCTV)은 채널이 12개다. 종합, 경제, 문화, 국제, 스포츠, 영화, 드라마 채널 등에서 수없이 많은 방송을 쏟아낸다. 그 채널들 가운데 가장 인기 있는 것은 스포츠(5) 채널이다. 그리고 스포츠 채널 가운데서 가장 인기 있는 프로그램은 '축구의 밤(足球之夜)', '천하축구(天下足球)' 등 축구 전문프로그램과 영국, 스페인, 이탈리아, 독일 등 유럽 리그를 중계하는 방송이다.

중국 중심으로 축구에 관한 내용을 전하는 '축구의 밤'과 주말에 벌어진 세계 축구계의 동정을 전하는 '천하축구'를 보고 있노라면 축구에 관한 그들의 집착에 놀라곤 한다. 보통 2시간 정도 방송하는 이 프로그램은 다음날 오전에 재방송 해 전체 편성에서도 상당한 부분을 차지한다. 또 유럽 프로리그 중계에 쏟

1999년 상하이 파완련 (八万人) 구장 앞에서 중국 매체와 인터뷰하는 치우미(球迷 축구광).

는 중국인들의 관심도 보통은 아니다. 자국 선수들이 뛰고 있는 경기는 물론이고, 주요경기는 대부분 생중계한다. 외국리그만이 아니다. 중국 국내리그가 열리는 날은 프로구단이 있는 성(省)의 위성방송은 모두 프로리그 중계에 열을 올린다.

스포츠 뉴스도 중국 선수들의 경기 소식에 앞서 유럽 프로리그의 전날 결과부터 방송하는 게 편성의 원칙처럼 되었다. 중앙 텔레비전 뿐만 아니라 각 도시마다 보유하는 스포츠 채널은 대부분 축구를 위해 할애된다고 해도 과언이 아니다.

'1류 팬에 2류 선수, 3류 감독' 이라는 속어에 1류의 축구 언론이라고 해도 무리가 안될 만큼 중국 언론이 축구에 쏟는 힘은 남다르다. 방송뿐만 아니다. 중국 신문 시장에 부동의 1위를 지키고 있는 매체는 광저우(廣州)에서 발행하는 『축구 (足球)』라는 주 3회 발행신문이다. 현재 발행부수가 300만부(불법 복사까지

합치면 500만부가 넘을 것으로 추정)를 넘고 있으며, 이 신문을
제외하고도 수십 종의 축구전문신문이나 잡지가 쏟아진다. 도
대체 무엇이 중국인들을 이토록 축구에 열광하게 만들었을까.

패배와 좌절로 점착됐던 중국 축구사

4반세기 동안 한국과의 경기에서 한번도 이기지 못해 공한증
(恐韓症)을 갖고 있으면서도 중국인들이 축구를 집착하는 이유
는 뭘까. 우선 중국인들이 축구에 집착하는 데는 역사가 있다.

마치 2002년 한일 월드컵을 계기로 '축구' 하면 뭔가 가슴에
팍 맺히는 게 생기는 것과 같은 것이다. 하지만 이런 집착은 승
리의 환호보다는 패배의 탄식에서 나왔다는데 약간은 비극성이
있다. 현재 공인된 중국의 축구광(球迷)는 8천만 명 정도. 이 가
운데는 축구를 위해 이혼하고, 자신이 좋아하는 경기장을 쫓아
다니는 직업 축구팬들도 적지 않다.

멍판화(孟繁華)가 '중국, 축제인가 혼돈인가' 에서 중국 축구
팬 백서에서 소개한 축구 때문에 이혼한 세 남자와 결혼 안한
한 남자의 사례는 그저 특이한 사례라고 말할 수는 없다. 그럼
언제부터 중국인들은 축구를 좋아하고, 이렇게 열광적이었을
까.

영국의 축구 종가라는 논리에 대항해 중국인들은 자국이 축
구 종주국이라고 생각한다. 중국 드라마에서 자주 등장하는데
당(唐)나라 시대부터 축구와 룰이 비슷한 운동이 황실을 중심으
로 있어왔다는 것이다. 그렇다고 그것을 모두 인정하기에는 무

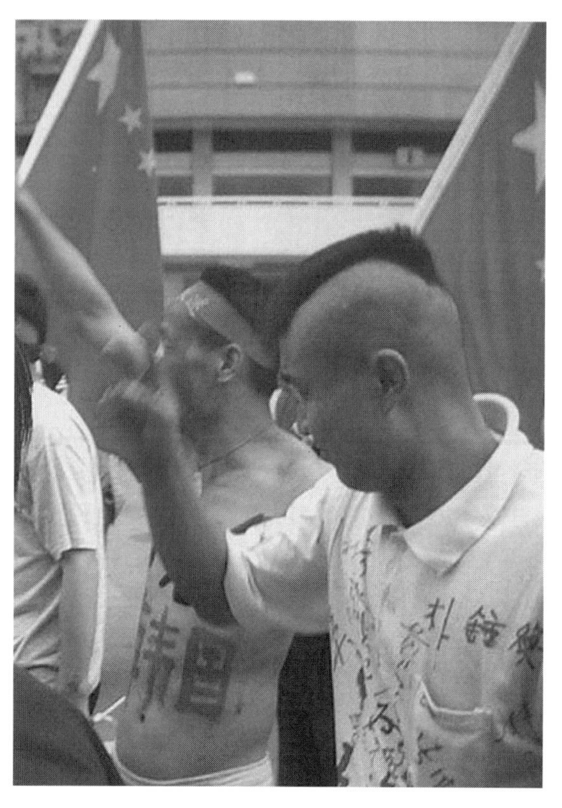

1999년 상하이 파완런(八萬人) 구장의 축구팬. 당시 한국과 예선전을 앞두고 몸에 한국타도를 외치고 있다.

리가 있다. 서양식 룰이 적용하는 최근의 축구는 근대 이후 서양문물이 들어오면서 함께 보급되기 시작했기 때문이다.

중국 20세기 초반은 무얼 정비할 틈이 없는 만신창이였던 만큼 축구도 제대로 자리 잡을 수 없었다. 따라서 1949년 공산화와 함께 중국의 축구역사도 시작됐다.

1951년 톈진(天津)에서 처음으로 '전국축구경기대회'가 열렸고, 그해 군인으로 구성된 대표팀은 처음으로 체코에서 열린 국제대회에 참가해 불가리아에게 1:9로 지고, 체코슬로바키아에게 1:17로 졌다. 1956년에는 지금은 분리된 유고슬라비아와의 친선 전을 가졌다. 참패한 경기 후에 마오쩌둥(毛澤東)은 유고대표선수들을 만난 자리에서 "12년 후면 올림픽을 제패할 수 있을 것이다"라고 자신했다. 하지만 1958년 대만의 세계축구연맹 가입과 중국의 퇴출로 중국은 고립무원의 상태에 빠진다. 이후 중국은 사회주의 국가들과만 경기를 가진다.

1966년 문화대혁명(文化大革命)은 축구를 비켜가지 않았다. 이 결과 1967년부터 1971년까지는 중국에 축구가 완전히 사라지는 현상이 벌어졌다. 다행히 1971년에는 12년 후 올림픽을 재패하겠다는 마오쩌둥(毛澤東)의 교시가 떠오르면서 북한, 알바니아와 친선경기를 재개했다.

그리고 1978년은 중국 축구역사에 쉽게 깨지지 않을 악몽이 시작되는 해이기도 했다(당시에 그들은 몰랐다). 다름 아니라 아시안게임 최종예선에서 한국에게 0:1로 진 것이다. '공한증(恐韓症)'의 시작이었다. 이후 중국은 월드컵과 올림픽만 열리면 축구 예선전을 통과하기 위해 온갖 신경을 곤두세웠다.

1981년은 기대감에 부푼 한해였다. 월드컵 예선에서 중국은 북한에 4:2, 쿠웨이트에 3:0, 사우디아라비아를 4:2, 2:0으로 이기는 등 선전을 거듭했다. 특히 사우디에게 2:0으로 뒤지던 경기를 20분 남기고 4골 넣어 뒤집은 11월 12일 경기는 중국인들을 흥분에 도가니로 몰아넣었다. 하지만 1982년 1월 10일 있었던 뉴질랜드와의 경기에서 1:2로 석패함으로써 모처럼 온 월드컵 진출의 기회를 놓쳤다.

덩샤오핑(鄧小平)의 지원과 소박한 결과

이런 패배의 역사였지만 덩샤오핑(鄧小平)은 축구의 부흥을 위해 많은 투자를 했다. 프랑스 유학시절 축구 경기를 보기 위해 식비를 아껴가며 축구 표를 샀다가 공도 보이지 않는 자리에 앉아서 실망했다는 소회를 말할 만큼 덩샤오핑은 축구를 좋아했고, 축구를 보급시키는데 막강한 영향력을 과시했다. 덩샤오핑은 축구가 중국인들의 마음을 합치는데, 도움이 될 거라 생각

2002년 정규리그 우승팀 따리엔(大連)의 환호.

했다. 특히 따리엔(大連)을 축구 육성의 중심도시로 만들고 싶어 했고, 이 때문에 따리엔(大連)팀은 2002년 정규리그에 우승해 9년의 축구역사에서 7번 우승을 이루는 위업을 달성했다.

이런 지원 때문인지 1987년은 중국 축구계에 최초로 서광이 비친 해였다. 중국은 10월 26일 도쿄에서 열린 서울 올림픽 예선전에서 일본을 2:0으로 이겨 최초로 올림픽 축구 무대에 얼굴을 비추게 된다. '5 · 19사태' 이후 감독으로 선임된 까오펑웬(高豊文)의 지도 하에 얻어낸 큰 성과였다.

그러나 1988년 서울 올림픽은 중국인들에게 최초의 올림픽 참가라는 환희의 장소이자 무득점 패배라는 절망의 장소였다. 까오펑웬 감독의 지도력도 다른 나라와의 실력차 앞에서는 무득점의 치욕을 맛보아야 했다. 반면에 중국 국내에서는 리그가 갑A, 갑B로 나눠져 축구 부흥을 준비하고 있었다.

1989년에는 카타르와의 월드컵 예선 경기에서 1:0으로 앞서다가 3분을 남기고 두골을 먹어 역전당하는 불상사가 벌어졌다. 1992년에는 다시 공포의 3분(89년 카타르전)에 이어 '공포의 9분' 이라는 악몽이 생겨났다. 올림픽 예선에서 한국과 맞붙은 중국은 9분을 남기고, 3골을 연속으로 먹었기 때문이다.

1993년에는 이제 국가대표로 뛰기 시작하는 리진위(李金羽) 등 어린 선수들을 브라질로 유학 보내는 등 미래를 내다보는 투자를 시작한 한 해였다.

1994년 4월 17일 중국에도 프로리그가 시작됐다. 본격적인 축구 시대의 개막이었다.

1997년 이전 경기에서 잘나가던 중국 축구대표팀은 다시 한 번 좌절을 경험한다. 이번에는 '공한증(恐韓症)'이 아니라 '공(恐)이란 증(症)'이었다. 중국은 9월 13일 중국 따리엔(大連) 진조우(全州)경기장에서 벌어진 이란과의 홈경기에서 2:4로 패배하고, 다시 10월 31일 카타르에게 마저 패해 프랑스 월드컵의 티켓은 물론이고, 플레이오프 티켓도 놓쳤다.

세기말을 앞두고 있는 1999년 중국은 시드니올림픽 티켓을 간절히 목말라했다. 하지만 10월 3일 잠실, 10월 29일 상하이에서 벌어진 한국과의 경기에서 '공한증(恐韓症)'의 악몽이 재현됨에 따라 분노를 삼켜야 했다.

필자는 당시 상하이 경기를 현지에서 봤다. 중국인들의 축구 열기를 현장에서 느낄 수 있었던 계기였다. 이 경기장은 말 그대로 파완런(八萬人)을 수용하는 위용을 자랑하는 경기장이었는데, 이 경기의 모든 표는 보름 전에 완전히 동이 났다. 경기 당일 50위안(우리 돈 6천원) 가량의 표는 1000위안(12만원)까지 폭등했다. 1000위안은 대졸자의 월급에 해당하는 큰돈이다.

경기장 주변은 경기가 있었던 오후 7시가 한참이나 남은 정오부터 축구 열기를 느끼려는 관중들로 번잡했다. "중국에는 1류의 축구팬과 2류의 축구선수와 3류의 감독이 있다"는 말을 부분적으로 실감할 수 있었다.

1988년 서울 올림픽이 한국이 자동 진출함에 따라 중국이 예선을 통과할 수 있는 기회가 됐다면, 2002년 한일월드컵 역시 한국과 일본이 없어서 월드컵과 첫 인연을 가질 수 있는 계기였다. 예선전에서 중국은 이란, 이라크, 사우디 등 중동의 강팀을 피할 수 있었고, 결국 본선에 진출할 수 있었다.

2002년 6월 세계를 들뜨게 한 월드컵 당시 중국은 한국에 못지않은 열기로 월드컵을 지켜봤다. 공동 개최국인 일본이 더러 우리나라에서 열린 경기를 중계하지 않는 무례를 범하기도 했지만 중국은 월드컵 전 경기를 중계했다. 단순히 중계하는 것뿐만 아니라 각 경기장에 취재진을 보내, 경기 한 시간 전부터 경기장 주변 분위기와 경기 분석을 내보내는 등 개최국 못지않은 열과 성을 보였다.

축구가 만들어낸 다양한 이상심리

하지만 중국인들에게 지난 월드컵은 자신들이 첫 번째로 월드컵에서 뛴다는 자부심을 느끼는 한편 한국과 일본에 대한 질투심을 가져야 하기도 했다. 4강 신화를 이뤄낸 우리와 달리 중국은 3패, 무득점의 수모를 당해야 했기 때문이다. 이 때문인지 방송을 주관하던 CCTV 스포츠채널(5)의 진행자들은 우리나라 축구 흠집 내기를 계속했고, 중국에 있는 우리 교민들의 분노를 자아내기도 했다.

축구인구도 중국에 비해 적은 우리나라가 자신들의 영원한 전범(典範)인 유럽축구의 종주국인 잉글랜드, 이탈리아, 스페인 등과 비기거나 이기자 질투심이 표출된 부분이 강하다. 중국인들의 유럽리그에 대한 집착은 우리의 상상 이상이다.

우리에 비해 인터넷 홈페이지 문화가 성숙하지 않은 상태지만 수백개의 축구포탈사이트와 역시 수백 개의 각종 팬클럽 사이트가 활동하고 있다. 거기에 축구복표가 만들어져 한 주에 최고 약 2억 7천만 위안(약 430억원) 어치가 팔리는 등 엄청난 열기를 과시하고 있다.

중국인들의 전통적인 관심인 도박과 최대의 관심인 축구가 응집된 복표는 CCTV 5가 복권사업의 전반을 중계하면서 이상과열현상까지 보이고 있다. 이런 관심은 축구를 사회의 중요한 한 축으로 만들어 놓았다. 중국 축구학교의 대표격으로 1000여 명이 재학중인 친황타오(秦皇島) 중국축구학교(中國足球學校) 등에서는 축구를 중심으로 학생들을 가르치는 전문학교로 일반 학교에 비해 수업료도 높은데도 불구하고 많은 학생이 몰린다.

중국 축구학교는 선양(瀋陽), 칭다오(靑島), 짠지앙(湛江), 구이양 (貴陽)등 8개 곳에 분교를 설치 운영하고 있는 축구교육의 중심이며. 이밖에도 프로구단이 이끄는 축구학교 등 1000여 개가 넘는 축구학교들이 있다. 또 중국 축구영재에 대한 투자는 단순히 축구학교에서 가르치는 것으로 멈추지 않는다.

우수한 선수는 전액을 지원하며 축구 선진국에 유학을 보내는 것도 주저하지 않는다. 1993년에 브라질로 유학을 보내 현재 축구팀의 주축을 이룩하고 있는 리진위(李金羽), 장위닝(張玉寧), 순지하이(孫繼海), 리웨이펑(李瑋峰) 등은 모두 브라질 유학

이장수 감독. 충칭(重慶) 팀에 이어서 2002년 칭다오(靑島)팀을 축구협회장배에서 우승시켰다. 그는 선수 이상의 인기를 구가하고 있다

파다. 또 이들이 돌아와 프로축구의 주 구성원이 되고, 더러는 영국, 독일 등 외국리그에 진출해 축구열기를 더욱 부채질한다. 영국에서 뛰고 있는 순지하이(孫繼海), 리톄(李鐵), 리웨이펑(李瑋峰) 등의 진출도 실력보다는 중국에 대한 축구중계권료를 염두에 둔 경우다.

이렇듯이 중국의 축구열기는 단순히 하나의 취미에서 비롯된 것이 아니라 언론, 교육, 정치, 복표 등 모든 요소가 중첩되면서 상당히 두텁게 의식 층에 자리하고 있다.

반면에 2002년 한일 월드컵은 축구에 관해서 다시 한번 한국의 높은 벽을 실감하게 한 계기였다. 또 우리나라 이장수 감독이 우승 경험이 없었던 칭다오(靑島)팀을 중국 양대 쟁탈전중 하나인 축구협회장배를 우승으로 이끌면서 한국 축구를 보는 중국인들의 눈은 어느 정도 경외감에 차 있다. 그는 중국 축구의 영원한 약자일 것 같던 충칭(重慶)을 2000년 축구협회배의 우승으로 이끌어 충칭 뿐만 아니라 중국 서부 축구계의 영웅이 됐었다.

제5장 중국에 헌혈(獻血)이 보편화될 수 있을까

차오위(曹禺)와 루쉰(魯迅)의 중국, 중국인

베이징은 중국의 수도지만 자연환경은 그다지 좋지 않다. 중국에서 최고의 단풍으로 꼽히는 향산(香山)의 자태는 내장산이나 설악산의 빼어난 단풍을 기억하는 우리나라 사람들에게는 동네 뒷산의 단풍보다 빛이 덜하다. 하지만 그 단풍보다는 차오위(曹禺)의 소설 『북경인』에서 묘사되는 일본 점령시대의 우울한 초상이나 피윈스(碧雲寺)의 독특한 사원, 그리고 그곳이 담고 있는 쑨원(孫文)이나 마오쩌둥(毛澤東)의 역사가 있기에 향산(香山)의 깊은 맛은 살아난다.

향산(香山)이 아니더라도 우리나라의 명동격인 왕푸징(王府井)도 가을의 맛은 너무나 독특하다. 우선 왕푸징 백화점의 뒷길로 난 샤오츠(小吃 작은 먹거리) 골목은 더욱 풍성한 먹거리로 채워진다. 물론 우리에게는 익숙하지 않은 병아리 꼬치구이나 쵸또우푸(醋豆腐 두부를 썩혀서 만든 요리)가 눈과 코를 힘들게

왕푸징(王府井)의 조형 사진. 병마용과 소비를 결합시켰다.

하지만 그것조차도 즐길 줄 아는 이들에게는 큰 즐거움이다. 물론 왕푸징(王府井) 북쪽으로 난 후통(胡同)을 걷다가 라오서 차관(老舍茶館)을 만난다면 그곳에 들어가 꼭 그의 삶에 냄새를 맡아볼 일이다.

1966년 광기의 역사가 막 시작할 즈음 빼어난 문학가인 라오서(老舍)는 호수에서 죽은 채로 발견된다. 자살인지, 타살인지 밝혀지지 않은 그의 죽음은 문화대혁명의 시발점이었다.

어찌보면 유약하기 그지없는 지식인 문사의 죽음을 지나치게 감상적으로 볼 필요는 없다. 수천 년의 교훈을 가진 중국이라지만 언제나 그들의 혁명도 피를 원했다. 피를 말하면 필자는 요즘 흥미로운 상상에 빠져든다. 바로 왕푸징(王府井)에 2~3년 전부터 헌혈(獻血)차가 등장했기 때문이다. 헌혈 …… 중국에서 헌혈이 가능할까.

필자가 중국문학에서 만난 가장 인상적으로 피는 두 가지였다. 하나는 중국의 위대한 문학가이자 사상가인 루쉰(魯迅)의 작품에서 만났던 피다. 루쉰(魯迅)이 미몽(迷夢)에서 깨어나지 못한 중국인을 묘사할 때 혁명가가 처형된 피를 만두에 발라 폐병에 걸린 아들에게 주는 인물로 묘사했었다. 혁명가의 성스러

운 피가 무지한 민중에게는 생명을 만들어 낼지도 모른다는 것
을 은유하면서 루쉰(魯迅)은 중국인의 지적인 성숙을 갈망했다.

또 다른 하나는 창작 초반기에 좀 기괴한 느낌의 작품을 써내
던 위화(余華)의 『허삼관 매혈기』이다. 인생의 위기가 닥칠 때
마다 자신의 피를 팔아서 위기를 넘기거나 중요한 돈을 만들던
허삼관을 통해 중국 현대사를 관통하던 중국인들의 삶을 쉽게
느낄 수 있었다. 그러나 필자는 최근에 신문을 통해 두 소설에
못지않은 인생사를 만나면서 중국인들이 헌혈을 할 수 있을지
를 더 곰곰이 생각해 봤다.

여기에 '현대판 허삼관'의 비극적인 결말을 맺는 기사를 소
개한다. 현대판 허삼관의 이름은 천방순(陳邦順)이다. 50세 가
량인 그는 황량한 중국 서부 지역의 중간에 있는 칭하이성(靑海

왕푸징(王府井)의 헌혈차.
왕푸징 뿐만 아니라 중국의
대도시에서 헌혈차를 쉽게
볼수 있다.

극빈한 삶으로 자신의 피를 팔아 아들의 교육비를 댔으나 아들에게 버림받은 천방순(陳邦順)씨 부부.

省) 러두현(樂都顯)에 있는 고우탄(溝灘)촌에 산다. 사방이 황토의 대지인 그 땅에서 생산해 낼 수 있는 것이라고는 식구들이 겨우 연명할 정도의 곡식이다.

그런데 그의 세 아들 가운데 큰 아들 샤오량(小良)이 공부를 제법 잘했다. 부모는 고민 끝에 서부에서 공부 잘하는 학생이 모이는 교육도시 시안(西安)의 모 대학으로 자식을 유학 보냈다. 이때가 1997년이었고, 아들은 유망한 전자자동화 전공이어서 부모의 기대감은 더했다. 하지만 한 학기 최소 5천 위안(우리 돈 80만 원 가량)가량 드는 학비 등을 포함해 아들의 교육비를 만들 방법이 없었다. 그래서 결국 천방순(陳邦順)씨는 피를 팔아서 학비를 대기로 했다.

병원에 가서 때로는 석 달에 한 번, 때로는 한 달에 한 번, 때로는 하루에 한 번씩 피를 팔았고, 심지어는 하루에 세 번이나 피를 판적도 있다.

4백cc를 뽑는 전혈로 1백50위안을 받고, 혈장을 뽑아서는 80위안을 받았다. 한 달에 보통 3백~4백 위안을 벌 수 있었다. 몸이 좋은 해에는 한해에 5천 위안까지 벌었다. 6개월에 한 번 이상은 할 수 없는 법을 피하기 위해 그는 9개 매혈소를 돌아다니면서 피를 팔았다. 때로는 그 대신에 아내가 피를 팔기도 했다.

모두 아들 샤오량(小良)이 성공해서 집안을 일으키기 바라는 희망 때문이었다. 그는 자식을 잘 가르쳤다고 생각했다. 2001년 연초에 아들은 베이징에 직장을 잡았다며, 방세 등을 포함해 4천 위안을 부탁했다. 당장에 돈이 없어서 2천 위안을 빌려서 보냈다. 하지만 그것이 마지막 연락이었다. 어디에 전화해도 아들의 연락처를 찾을 수 없었다. 그리고 2001년 12월 학교에서 아들을 담당하는 교수에게서 편지가 왔다. 하지만 교수에게 천 씨는 상상하지도 못했던 이야기를 들어야 했다. 아들이 가정형편을 숨긴 것은 물론이고 성적불량으로 제적위기에 처 해있다는 말이었다.

천씨의 아들은 매일 PC방에서 채팅과 게임을 즐기면서 여기에만 한 달에 4백 위안 가량을 써 왔다는 것이다. 보통 2만 5천 위안이면 졸업이 가능한 다른 아이들과 달리 아들이 곱절이 넘는 돈을 쓰면서도 학교도 마치지 못했다는 것에 분노한 천씨는 아들을 여론재판식 프로그램인 〈대화〉에 화두로 올렸다.

중국인들은 그 소식을 통해 독생자녀로 자라난 자신의 자녀들이 훗날 자신들을 푸대접할 수도 있다는 우려와 더불어 매혈(賣血)을 통해 그런 방식으로 살아가는 서부지역 사람들의 현실을 인식해야 했다.

이 소식은 지난해 집단채혈로 인해 마을 전체인구의 2/3가 에이즈에 걸렸다는 허난성(河南省) 샹차이현(上蔡縣) 한 마을의 소식보다 충격적이었다. 샹차이가 비극적인 남들의 이야기임에 반해 천방순(陳邦順)씨의 이야기는 자신들에게도 잠복한 이야기였기 때문이다.

매혈(賣血)이 성행하는 가운데, 무상(無上)헌혈(獻血)을 독려하는 글을 보는 이들 .

매혈(賣血)과 헌혈(獻血)에서 보는 그들의 의식구조(意識構造)

또 다른 기사는 최근 중국 대학가에 파고들고 있는 대학생 대상 '매혈(賣血)'에 관한 기사였다. 이 내용은 위화의 소설에도 묘사된 혈두(血頭 피를 팔 사람을 고르는 두목)가 대학가에 파고들어 대학생들의 매혈(賣血)을 조장한다는 것이다.

톈진대학(天津大學校)이나 난카이대학(南開大學校)은 물론이고 베이징사범대학(北京師範大學校) 등을 배경으로 한 이 르포 기사는 2백㎖의 피를 4백 위안 가량에 사는 대학생 대상의 매혈이 학생들 사이에 깊숙이 파고든다는 것이다.

사실 일반인의 월급이 5백 위안 가량이고, 외국 유학생을 상대로 한 푸다오(輔導 개인교습)도 3백 위안 남짓밖에 벌 수 없는 현실에서 이 정도의 수입은 상상 이상이다.

　매체의 고발과 더불어 대학가 매혈에 대한 단속이 벌어지겠지만 매혈의 문제는 결코 쉽게 없어지지 않을 것이다. 일반인들이 헌혈에 나서지 않는 이상 급속히 증가하는 혈액 수요를 감당하기가 쉽지 않기 때문이다.

　베이징시만 하더라도 일년 혈액 수요가 30만 개, 60여 톤에 달하지만 무상헌혈로 충당되는 양은 미미하다. 그렇다고 무상헌혈의 이야기가 아주 없는 것은 아니다. 중국의 유명한 한 보험회사가 헌혈차를 기증하고, 직원들이 헌혈에 적극 나서서 사랑을 실천하는 등 모범을 보이고 있지만 헌혈이 중국에서 보편화되는 데는 적지 않은 장벽이 있다.

　바로 전체보다는 개인을 생각하는 중국인의 의식구조가 피 속 깊숙이에 자리하고 있기 때문이다. 중국인들은 분명히 공동체에 대한 의식이 우리에 비해 부족하다. 당연히 타인을 위한 희생정신도 그다지 많지 않다. 그래서 누구를 구하기 위해 자신을 희생한 이의 뉴스는 중국 전체가 소중히 다루고, 자신을 희생한 대표적인 인물인 레이펑(雷鋒)은 마오쩌둥(毛澤東)에 못지않은 인기를 누리고 있는 것도 이런 이유다.

　문혁(文革)의 초기 린비아오(林彪)가

젊은 날의 레이펑(雷鋒). 모범적인 삶과 희생정신으로 중국인들의 사표(師表)이다.

정치적인 목적으로 부각시킨 면이 강함에도 그가 계속해서 부각되는 것은 레이펑(雷鋒)을 대신할만한 인물을 찾기 쉽지 않기 때문이기도 하다.

사실 중국인들의 의식에는 공존을 위한 생각이 아직 부족하다. 그들은 돈을 벌면 자신의 행복과 안위를 위해 소비하는데 아무런 심리적 장벽이 없다. 이것은 소비뿐만 아니라 공중생활에서도 여전히 마찬가지다. 기차를 타고 가다가 옆에 사람이 서 있어도 미리 자신이 세 자리를 모두 확보했다면 세 자리에서 다리를 뻗고 잠을 자는 이들이 많다.

기차의 시발역에서만 좌석표를 팔기 때문에 중간에 내리는 이들의 자리는 공석이고, 먼저 앉는 이가 주인이다. 내린 사람의 자리에 새로운 사람이 좌석표를 갖고 오는 일은 없기 때문에 이런 상황이 벌어진다. 이들을 제지할 수 있는 이는 강단 있게 좌석 공유의 권리를 주장하는 이다.

고속성장과 그 뒤 안의 모습들

문제는 이런 인식을 갖고 있는 중국인들이 지속적인 경제성장속에서 어떻게 현명한 소비를 해나가는가 하는 것이다. 2년 전쯤 중국 도시를 가봤던 이들이 최근 중국을 방문한다면 쉽사리 이전에 다녔던 길을 찾기 어려울 만큼 중국의 도시는 급변하고 있다.

필자는 톈진의 대학이 집중된 한 지역에 산다. 이곳에서 전에 근무하던 직장이 있는 마창다오(馬場道)로 가는 길은 쑤앙펑다오(雙峰道), 시후촌따지(西湖村大街), 안산시따오(鞍山西道) 신싱루(新興路), 시캉루(西康路)를 거친다. 이 길은 올 1월 각각 1차선, 1차선, 2차선, 1차선, 1차선이었다. 하지만 쑤앙펑다오(雙峰道)와 시후촌따지(西湖村大街)에는 8차선을 만들기 위한 거리 정비 작업을 이미 마쳤고, 안산시따오(鞍山西道) 등 다른 길은 이미 자전거 도로를 포함해 이미 8차선으로 확장된 깨끗한 도로로 바뀌었다.

불과 1~2달 만에 1차선을 8차선으로 바꾸었다. 이런 현상은 도시뿐만이 아니다. 1년 전에 발간한 지도에 전혀 표시되지 않는 고속도로가 착착 생겨나고 있는 것이 중국의 모습이다. 물론 이것은 중국이 발전하고 있는 한 측면이지만 중국 에너지 소비량이 급속히 증가하는 한 예를 보여준다. 또 어떻게든 돈을 번 이들은 근사한 소비를 위해 대형 할인마트는 물론이고 다양한 쇼핑몰로 밀려들고 있다. "개 같이 벌어서 정승 같이 쓰라"는 격언은 중국인들의 금과옥조(金科玉條) 가운데 하나이다. 그러나 이런 소비의 뒤쪽에 중국의 대지는 멍들어가고 있다.

중국의 기온은 지난 얼마간 엄청난 변화를 겪었다. 영하 20도가 보통인 베이징의 경우 지난해 낮 최고 기온이 0도 이하로 떨어진 날이 하루도 없었다고 기상대가 밝혔다. 그런 영향이 올해 우리나라를 괴롭힌 지독한 황사(黃砂)와 올 여름 중국의 홍수 등 갖가지 기상재앙을 불렀다. 하지만 아직 중국 정부는 물론이고 국민 모두가 절제를 통한 자원의 보호나 환경보다는 소비를 통한 경제 부양에 많은 관심을 갖고 있다. 궁벽한 시골의 시장에도 "소비가 궁극적으로 농촌경제에도 도움을 준다"는 붉

은 플래카드가 걸려있다. 도시나 농촌 할 것 없이 소비가 미덕
이라는 인식은 쉽사리 바뀔 것 같지 않다. 이런 인식의 확대 속
에 타인을 위한 배려와 희생이라는 개념은 거의 없는 것 같다.
당연히 헌혈이라는 아름다운 봉사의 정신이 결여되어 있다. 이
런 중국이 변화될 수 있을까.

　지금까지 중국 정부가 의도하고 집중적으로 추진한 의식개조
운동은 대부분 큰 성과를 거두었다. 기차 안에서 쓰레기 버리지
않기 운동 등은 불과 2년 만에 큰 성과를 거두어 지금은 기차
안에서 쓰레기를 버리는 이들이 거의 없다. 이런 변화는 역무원
들이 수시로 객차를 청소하는 방식을 통한 변화였다. 하지만 헌
혈은 이런 방식으로 바뀔 수 있는 것이 아니라 개개인의 순수한
봉사정신으로만 가능할 수 있어서 중국인의 변화를 가늠하는
좋은 척도일 것이다.

제6장 급변하는 중국의 가족 문화

해체(解體)되는 전통가족

요즘 중국 신문에서는 심심치 않게 봉양(奉養)을 거부하는 자식에게 부모가 소송을 제기하는 일을 만날 수 있다. 2002년 11월 필자가 사는 텐진(天津)의 73세 된 이 모(某) 노인이 봉양(奉養)을 거부하는 6자녀를 상대로 소송을 걸어 승소했다. 법원은 매월 1000위안씩을 부모에게 지급하라는 판결을 내렸다.

그는 평생 동안 밖에서 돈을 벌어 자녀 양육을 위해 썼지만 1998년 병이 걸린 후 자식들이 자신을 거들떠보지도 않아 이런 소송을 제기했다. 부모 봉양(奉養)을 거부하는 이런 사례는 어제, 오늘 일도 아니고, 이 노인만의 문제도 아니다.

세상에 자신과 자식의 이름을 오르내리게 하고 싶은 이가 누가 있을까. 하지만 변혁하는 중국에서 이런 일쯤은 아무렇지 않게 행해지고 있다. 성(性) 문제 등 각종 문제로 남편을 살해하는 여성 범죄율이 늘어나는 것에 비하면 이 정도는 약과이다. 어찌

보면 중국인들은 한 세기 전 가족제도의 변혁을 주창했던 선각자들의 목소리가 그리울지도 모른다.

청조(淸朝)가 중화민국(中華民國)으로 넘어가는 시기 가장 큰 정신적 토대를 만든 두 학자인 캉유웨이(康有爲)와 량치차오(梁啓超)는 모두 중국의 가족제도에 깊은 불신을 드러냈다. 물론 이들 이전에 중국 변혁운동을 일으킨 태평천국(太平天國)은 25가구를 하나로 묶어 가족간보다는 그 공동체를 중시하는 혁신적인 가정 안을 만들었는데, 모두 유교적(儒敎的) 가족을 해체시키는 혁신적인 방안이었다.

캉유웨이(康有爲)는 가족이 여성에게 불리하다고 보고 『대동서 (大同書)』에서 계약식 결혼을 하고, 공공정부가 생로병사(生老病死)를 책임지는 제도를 만들기를 꿈꾸었다. 량치차오(梁啓超)는 합리적인 가족제도를 위해 조혼을 금지하는 등 전통 가족제도의 변화를 꿈꾸었다. 이런 변혁운동은 중국이 사회주의를 받아들이면서 서서히 실현되기 시작했다. 물론 아직까지도 중국인에게 가족은 세상의 무엇보다 중요한 문화의 하나이다.

한대(漢代)부터 보편화된 쓰허위앤(四合院)은 그런 중국의 가족 구조를 잘 보여준다. 번화한 베이징 시의 뒤편으로는 사람들만이 다닐 수 있는 후통(胡同)이라 불리는 작은 골목이 있는데, 이 골목의 한쪽으로 쭉 나열된 집을 쓰허위앤(四合院)이라 부른다. 이 집은 원자(院子)라고 불리는 중정을 둘러싸고 건물들이 사면에 배치되는 구조로 중국 가족제도를 지배해 온 유교 이념이 구현된 주택유형이다.

가부장의 통치하에 일목요연하게 움직이기 때문이다. 가족은

한 초등학교의 하교시간 풍경. 어른들이 학교에 와서 아이를 마중한다.

여전히 중국 사회에서 중요한 위치를 점하고 있다. 하지만 중국은 변할 수밖에 없었다. 근대의 선각자들의 주장도 있지만 중국 가족제도를 변화시킨 가장 큰 힘은 공산주의다. 우리 나이로 3살 정도면 공동육아시설에서 친구들과 자라면서 공동체를 배우고, 이후에도 소년궁(少年宮)이나 청년궁(靑年宮)에서 공동체를 배우는 한편 단체라는 말을 지겹게도 경험한 문화대혁명(文化大革命)이 가족의 해체를 이끌었기 때문이다.

독생자녀(獨生子女), 가족제도의 핵폭탄으로

중국의 가족문화에 가장 큰 변화를 준 것은 '독생자녀(獨生子女)' 제도이다. 마오쩌둥(毛澤東)은 인구 장려책을 펴다가 1970년대에 들어서서 인구증가의 심각성을 포착하고, 적극적

중국의 전형적인 소가족. 보통은 부모와 한 자녀에 조부모 등 5명이 같이 산다.

인 인구 억제 정책을 펴기 시작했다.

덩샤오핑(鄧小平)의 집권 후 중국에는 한 가정에 한 자녀만 낳게 하는 '독생자녀(獨生子女)' 제도를 철저하게 시행하기 시작했다. 2명 이상 자녀를 낳을 경우 지역에 따라 차이는 있지만 평균적으로 10년 동안 임금의 10%를 깎는 한편 두 번째 자녀가 진학하거나 사회생활을 할 때 상상이상의 불이익을 받도록 만들었다.

식구가 곧 재산처럼 생각하던 중국인들에게 큰 문제임이 틀림없다. 한 자녀만 갖겠다고 맹세하는 신혼부부에게는 돈과 토지를 주고 있으며 불임수술을 할 경우 추가로 현금을 지급하는 등 혜택을 주는 방안을 채택하고 있다. 물론 이 제도를 풀면 당장 자식을 낳게 될 가정은 절반이 넘을 게 뻔해, 이 제도를 풀 수는 없는 노릇이다. 하지만 2000년 이후 과거 처벌중심의 독생자녀(獨生子女) 제도에서 권장 중심으로 제도로 바꿔갈 의사도 서서히 비추고 있다. 어쨌든 독생자녀(獨生子女) 제도가 정착한지 20년이 지난 지금 중국은 이 제도로 인한 갖가지 변화에 직면하고 있다.

우선 흔히 '소황제(小皇帝)'로 불릴 만큼 비대해진 아이들의 가족 내 위상이다. 한 아이를 부모와 친조부모, 외조부모 등 6명의 어른이 지켜보는 상황인 만큼 아이에 쏟는 정성은 가히 상상 이상이다.

소황제(小皇帝) 현상의 한 측면을 볼 수 있는 게 바로 한 해를 잘 넘기라는 의미에서 어른이 아이에게 주는 야수이치엔(壓歲錢 우리의 세뱃돈)이다. 중국 도시가정에서 한 어른이 주는 세뱃돈의 평균치는 이미 수년전에 100위안(우리 돈 15000원 가량)을 넘겼다. 최근에는 보통 200위안을 호가하고, 많으면 500위안까지 치솟는다. 또한 야수이치엔(壓歲錢) 대신에 컴퓨터 등 고급 아동용 기구로 넘어가는 추세를 보이고 있다. 보통 노동자가 500~1000위안의 월급을 받는다는 것을 생각하면 이 수치는 결코 작은 것이 아니다. 더욱이 자기 자녀뿐만 아니라 친지의 가족에게까지 야수이치엔을 줘야 하기 때문에 '야수이치엔(壓歲錢) 공포증'까지 있을 정도다.

보통 어른들은 한달 월급이 넘는 1000위안 이상을 세뱃돈으로 써야하는 일이 허다하다. 반면에 어른들은 나이 50세 정도면 사실상 실업에 가까운 하방을 당하는 일반 노동자들의 위상은 가족 내에서 이들의 입장을 곤란하게 하고 있다. 물론 이런 입장은 환갑이 넘은 노인들에게도 마찬가지다. 이에 따라 중국

가정은 현재 황제로 등극한 아이들과 독생자녀(獨生子女) 시대
에 태어나 귀하게만 자란 30대 전후의 부부, 또 이들을 낳은 60
대 전후의 조부모들이 함께 생활하고 있는 형태를 띠고 있다.

이혼(離婚), 독신(獨身), 딩크족 증가

중국의 이혼율은 증가추세이다. 2000년 인구조사 결과로 정
부가 발표한 이혼율은 1.3%로 1990년 0.6%에 비해 두 배 가량
증가한 수치다. 하지만 실제 이혼률은 이보다 높다는 것이 중국
언론의 분석이다.

중국 매체들은 현재 매년 이혼하는 쌍이 2백만 쌍 이상이고,
이혼율도 20년 사이 스무 배가량 증가했다고 보도한다. 톈진
(天津)의 경우 현재 4쌍에 한 쌍 꼴로 이혼하고 있으며, 전국에
서 가장 이혼율이 높은 상하이(上海)나 광저우(廣州) 등은 그보
다 높은 수치를 갖고 있다.

이혼의 증가는 여성의 독립적인 사회활동이 가능한 상태에서
굳이 가정에 억매일 필요가 없다는 여성이 늘어나기 때문이다.
중국의 경우 이혼을 희망하는 쪽의 70%는 여성으로 남성의 폭
력이나 무능력을 이유로 이혼을 요구한다.

산둥(山東)이나 조선족 동포 등 소수 지역을 제외하고는 현재
중국 가정 내 남녀평등은 실현됐다고 과언이 아니다. 어느 집안
이든 빨리 퇴근하는 이가 가사 일을 돌보는 것은 말할 것도 없
고, 재정권도 대다수는 여성이 쥐고 있기 때문이다. 혼인법은
계속해서 바뀌어 과거 많은 시간이 걸리던 이혼이 지금은 하루

중국 전통 의상을 입은 한 커플의 결혼 풍경.

만에도 처리될 수 있다는 것도 이혼율을 올리는 이유 가운데 하나다. 반면에 결혼은 갈수록 부담스러워지는 것이 사실이다.

성비 불균형은 결혼제도의 큰 변화를 불러일으키고 있다. 남녀 성비가 1982년 106.3에서 1990년에 106.0으로 약간 하락했지만 1980년대 중반에 110을 넘었고, 1995년에는 118을 넘었으면 현재는 120을 훨씬 넘을 것으로 추산하고 있다. 이런 남녀 성비는 결혼에 큰 영향을 주었다.

농촌의 경우 과거 남자 쪽이 시집오는 여자에게 수천위안, 도시의 경우 2만 위안 가량씩 주던 결혼비용이 계속해서 증가하는 추세다. 또 전반적인 결혼비용도 급증했다. 베이징을 기준으로 보면 가재도구 장만과 인테리어 비용, 결혼식장, 결혼사진, 피로연 비용에다 비행기를 타고 유명 관광지로 신혼여행을 가

6000위안가량 하는 웨
딩복의 광고.

는 돈까지 합하면 10만 위안을 훌쩍 넘어, 상한선은 없다할 정도다.

　결혼 형식이 변하는 가장 큰 특징은 여성이 결혼의 주도권을 잡는다는 것이다. 결혼 대상의 선호도를 봤을 때 1960년대에는 출신성분 좋은 농민에게, 1970년대에는 사회적 보장이 많은 군인에게, 1980년대에는 개혁개방으로 지식인이 각광 받았지만 1990년대에는 부자들에게 시집가고 싶어 한다. 거기에 이혼할 경우 남자는 위자료 등 모든 책임을 져야하기 때문에 부담은 그만큼 많아진다.

　독신에 대한 선호도 갈수록 높아지고 있다. 특히 고급직종을 가진 여성의 경우 갈수록 독신에 대한 선호도가 커가고 있다.

　상하이(上海) 인구정보연구센터가 2000년 연말에 발표한 상하이시 결혼 상황에 관한 조사에 따르면 결혼쌍수가 1980년 18만 쌍, 1990년 12만 쌍, 1997년 10만 쌍으로 점차 줄어든 것으로 나타났다. 여기에는 독신자들이 늘어나고 있는 것이 크게 작용한 것으로 보고 있다. 또 결혼한 후에도 부부의 행복을 위해 아이를 낳지 않는 딩크가정도 갈수록 늘어나는 추세를 보이고 있다. 상하이의 경우 2002년 딩크가정이 60만 가정으로 전체 가정의 12.4%를 차지하고 있다.

여성들, 이제는 성씨(姓氏)도 양보 못 한다

중국 중년이상들은 누가 아이를 낳았다면 먼저 아들인가 딸인가를 묻는다. 남자 아이라면 당연하게 "타이하올러(太好了)"를 외치고, 딸이라면 끌탕을 찬다. 아직 살아있는 유교식 문화에 의해 성씨를 이을 수 있다는 것. 하지만 최근에는 중국에도 여성들이 남성중심의 성씨 따르기에 반발하는 사례가 늘어나고 있다.

상하이의 경우 이제 여자 집안에서도 손자의 성을 남자 집안에 양보 못하는 쪽이 늘어나고 있다. 독생자녀 제도로 인해 딸을 하나밖에 갖지 못한 가정으로서는 갈수록 올라가는 딸들의 지위에 맞게 성씨에 대한 공평한 권리를 주장하고 있기 때문이다.

이 정도라면 솔로몬이 나서도 해결하기 쉽지 않은 문제. 중국에서도 한국과 같이 남성과 여성을 같이 쓸 수도 있지만 아이의 소속 문제가 걸리기 때문에 이 모두 쉽지가 않다. 때문에 각종 가정 문제로 불화를 겪는 딸이 이혼을 원할 경우 상당수의 부모가 자식의 이혼을 방조하는 현상까지 나오고 있다고 한다. 이런 성씨 문제는 중국 여성을 말하는 한 가지 실증이지만 실제적으로도 중국 여성의 가정 내 지위는 상당히 높다.

2002년 10월 중국의 한 인터넷 사이트가 1만 857명의 여성들을 상대로 사생활과 애정관에 관해 조사한 결과 조사 대상 여성의 70%가 자신의 감정을 위주로 애정관계를 이끌고 있다고 응답했다. 이들은 부부관계를 맺을 때 불만이 있으면 자신이 주체적인 위치에서 해결하거나 완곡하게 거절하며 상대방의 의견을 이해하고 존중하는 것이 부부관계를 맺을 때 가장 중요한 요소라고 대답했다. 하지만 이런 상황이 중국 여성 지위의 모든 것을 말해주지는 않는다. 아직도 구타당하는 여성의 숫자가 상상이상으로 많고, 보통 중년여성의 경우 낙태의 경험이 5차례 이상을 넘는 등 여성으로써 겪어야 하는 수난이 아직도 적지 않기 때문이다.

제7장 귀한 아이, 끼인 중년, 초라한 노년

중국의 광범위한 세대차, 골이 크다

우리에게도 세대차이란 말이 있다. 그 축은 크게 1945년 해방, 1950년 한국전쟁, 1960년 4·19혁명, 1972년 10월 유신, 1980년 광주, 1987년 6월 항쟁 등의 그 분수령일 것이다. 하지만 우리나라의 세대간 구분 차는 한국전쟁을 넘어가면 경계가 그다지 뚜렷하지 않다. 물론 386세대 불리는 현재 40~45세 전후의 세대가 사회변혁의 한 축에 서 있지만 이는 구세대와 신세대의 접점에 있는 세대일 뿐 사회전반에 영향을 미치고 있다고는 보기 어렵기 때문이다.

4·19혁명 이후의 분수령들은 개인의 삶에까지 영향을 미치기 보다는 대부분의 사람들이 객관자가 되어 응시하는 수준에 머물렀지 국민 전체가 주체가 되어 그것을 움직이지는 않았기 때문이다.

그럼 중국은 어떨까. 중국의 세대를 구분하는 큰 축은 1949년 공산화와 1966년에서 1976년까지로 대별되는 문화대혁명(文化大革命), 1989년 톈안먼(天安門) 사태 정도가 될 수 있을 것이다. 1989년 톈안먼(天安門)으로 인해 중국에도 386과 비슷한 세대가 생기기는 했지만 사회주의 체제라는 거대한 틀이 바뀌지 않은 상태여서 그 둘을 구분하기 어렵다. 하지만 우리와 달리 1966년부터 1976년까지 지속된 문화대혁명(文化大革命)은 세대의 구분 정도가 아니라 중국인들의 의식에 전반적인 영향을 주는 계기였다. 초등학교에서 대학에 이르기까지 대부분의 교육기관은 문을 닫았고, 그 결과 이 시기에 교육을 받아야할 대부분의 세대는 큰 공백기간을 갖고 있기 때문이다.

하나 낳아 잘 길렀더니…

따라서 중국의 세대는 크게 3세대 정도로 나눌 수 있다. 우선 문혁(文革)이 끝난 이후에 초등학교에 들어간 세대이다. 그들은 어린이부터 이제 30세 정도까지의 나이다.

이 세대는 직접적이지 않다고 해도 독생자녀 제도의 시행으로 형제도 없이 독자인 세대들이다. 따라서 자신의 학업능력에 따라 받을 수 있는 최상의 교육을 받았다. 그들은 집에서 황제가 되었던 세대다.

세살 정도면 할아버지나 할머니의 손을 잡고 유아원에 다녔다. 집에서 황제였다면 학교에서는 절대 군주와 같은 역할을 하는 선생님이 있어서 상대적으로 자율과 통제를 비교적 배울 수 있었다.

초등학교 때 까지는
구단위 정도에 세워진
'소년궁(少年宮)'에 가
서 사회주의적 색채가
짙은 놀이를 즐겼고,
조금 크면 대형 쇼핑
몰의 꼭대기 층에 빠
짐없이 만들어진 오락
실에 가서 놀았다. 최
근에는 새롭게 생겨난

학교 앞에서 군것질을 하
는 아이들. 그들은 보통 어
른보다 많은 돈을 갖고 다
닌다.

왕빠(網吧 PC방)에 가서 네트워크 게임을 즐길 줄 아는 세대다.

그들에게는 유명 메이커 제품을 즐길 수 있는 황제와 같은 능
력이 있지만 자신의 등 뒤에서 자신을 바라보는 6명의 어른들
의 시선을 피할 수 없는 세대다. 지금은 자신을 떠받들지만 얼
마 있지 않아서 퇴직하면 자신에게 최소한의 책임이라도 올 것
이 뻔한데 마음이 편할 리 있을까. 때문에 대학을 졸업하고, 사
회생활을 시작하면 황제에서 백성으로 전락하는 가장 혼돈스러
운 세대이기도 하다.

이런 중압감은 아이들에게도 적지 않은 부담이었다. 자식에
게 공부를 강요하는 부모를 살해한 사건이 종종 보도되는데 이
런 현상은 전부가 아닐지라도 독생자녀 제도의 기형적 산물 가
운데 하나다.

영화로 보는 중년들의 자화상

중국 현실을 담는데 열성적인 펑샤오깡(馮小剛) 감독의 〈일성탄식〉. 가정이 있는 작가와 여대생의 로맨스를 다뤘다.

다음 세대는 문화대혁명(文化大革命) 당시 홍위병으로 뛰어다녔거나 문혁의 기억이 짙은 중년세대이다. 그들의 일편은 최근에 영화의 소재가 되기도 한 만큼 영화를 통해 살펴보자.

우리가 아는 중국 영화는 장이머우(張藝謀), 첸카이거(陳凱歌) 감독 등 5세대로 대표되는 예술영화가 대부분이지만 일반 중국인들에게 5세대 영화는 별다른 주목을 받지 못한다. 물론 중국에서 흥행하는 영화에는 할리우드 영화가 적지 않지만 그래도 경쟁력을 갖춘 영화가 있는데 바로 '진실극(眞實劇)'으로 불리는 생활영화이다.

허수이피엔(賀歲片)이라고 불리는 춘지에(春節) 개봉 영화 시장에서 거의 독보적인 위치를 갖고 있다가 2년전부터는 아예 경쟁자가 없어서 이 영화시장에 물려난 펑샤오깡(馮小剛)이나 초반에 예술영화를 만들다가 생활 영화 쪽으로 방향을 돌린 황젠신(黃建新) 등이 그런 감독이다.

그들의 영화에 보면 현대를 살아가는 중국인들의 심리상태와 고민을 부분적으로 느낄 수 있어서 진실극(眞實劇)으로 부른다. 급속히 늘어나는 중국 도시인들에게 가장 중요한 화두는 이혼, 혼외정사, 아이의 양육 등 현실의 문제이다. 거기에 노인 문제와 더 나아가 사회 제도적인 문제까지도 진실극(眞實劇)이 다루는 소재 중에 하나이다.

문화대혁명(文化大革命) 이후 문예작품은 정치적인 의식을 고취하는데 충실해야한다는 이유만으로 현실문제는 도외시하거나 5세대처럼 과거나 농촌에 회귀하는 모습이 많았다. 5세대의 반발 격으로 나온 6세대는 5세대처럼 과거나 농촌에 몰입하지 않았지만 거대 담론을 영상으로 담아내는데 치중했지 당대인들의 생활을 담아내는 데까지 신경을 쏟을 겨를이 없었다. 이런 이유로 영화 내에 개개인의 애정이나 가정을 담는 것은 금기에 가까웠다. 이 때문에 관객들의 시선은 점점 영화에서 멀어지기 시작했다. 특히 도시인구의 급속한 증가와 이혼율이 높아지는 등 가정문제가 심각한 중국이지만 영화에서 이런 문제를 다루는데 많은 제약이 따랐기 때문에 영화는 남의 일들이 되기 십상이었다.

이런 가운데 영화인들에게 현실을 스크린에 담아야한다는 의식이 싹트기 시작했다. 이때 현실문제의 영화화가 제자리를 잡을 수 있게 한 것은 〈일성탄식 (一聲歎息)〉의 펑샤오강(馮小剛) 감독이다. 이 영화는 한 작가가 창작을 위해 머물던 하이난다오(海南島)에서 보조로 일하던 여자와 사랑에 빠져 가정에 혼란을 겪는 모습을 담고 있다.

혼외정사의 문제와 이혼을 직접적으로 다룬 이 영화는 팬들

황젠신(黃建新) 감독의 영화 〈누가 괜찮다고 하는가〉. 딸의 시각에서 문화차이를 가진 부모의 갈등을 다뤘다

에게 깊은 공감을 받았을 뿐만 아니라 흥행에도 성공했다. 물론 〈일성탄식〉에 앞서 중간 단계를 넘은 노력도 계속됐다. 옴니버스 영화 〈애정마라탕 (愛情麻辣燙)〉은 결혼을 앞둔 남녀를 비롯해 아이가 자라고 난 후 가정문제가 생기기 시작한 부부, 그리고 노년의 한 할머니가 각기 다른 3명의 할아버지를 놓고 고민하는 문제 등 중국 도시민들의 생활을 적나라하게 보여준다. 또 〈헤어지기 어렵다 (說好不分手)〉도 축구전문기자의 가정에 일어나는 혼외정사와 이혼에 관한 문제를 심도 깊게 다룬 영화다.

두 영화는 진실극(眞實劇) 답게 어쭙잖은 화해보다는 여운을 남기는 쪽에서 결말을 맺었다는 점에서도 비슷하다.

펑샤오강(馮小剛)과 더불어 5.5세대의 대표주자중 하나인 황젠신(黃建新)은 2001년 〈누가 내가 괜찮다고 하는가 (誰說我不在乎)〉에서 중국 현실 문제를 다뤄 큰 공감을 받았다. 그가 이 영화에서 내세운 갈등도 결혼한 부부 사이에 벌어지는 문화차이와 남자의 외도 문제이다.

남자는 의대를 졸업한 후 문화대혁명(文化大革命)으로 하방

되어 농촌에서 일하다가 홍위병이었던 여자를 만난다. 둘은 사랑에 빠져 결혼해서 도시에 사는데, 둘 사이에는 문화적 격차가 존재하는 것이 당연했다. 정신과 의사인 남자는 직장에서 일하는 아름다운 후배 여의사에게 관심을 쏟고, 사라진 결혼증서 파동으로 인해 이 가정은 혼란에 빠진다.

딸의 시각으로 그려가는 이 영화는 문화격차와 외도를 다루면서 화해를 시도한다. 하지만 딸의 가출로 얻어지는 화해는 뭔가 씁쓸한 맛이 든다. 날로 늘어가는 이혼이나 혼외정사 등 현실과는 좀 갭이 있기 때문이다. 물론 독생자녀 세대와 문혁(文革)세대의 중간에 현재 30~40세 정도의 청년층이 존재한다. 이들은 층이 두텁지 않지만 중국의 개방을 몸으로 체험한 세대다. 비교적 빠르게 체제의 변화를 순응할지 아는 세대들이다. 그들은 문혁세대의 공백기를 뛰어넘는 한편 문혁세대를 부양해야할 임무를 지고 있는 세대들이다.

심각한 노인문제

한국의 노인문제나 노령화 문제가 심각하다는 지적이 있지만 중국도 이에 뒤지지 않는다. 중국의 60세 이상 노인인구는 2000년 1억 3천만 명을 넘어 전 인구의 10.7%를 넘었다.

2002년 8월 중국과학원이 발표한 65세 이상 노인인구는 9천 62만 명에 달해 전인구의 7.1%를 차지했다. 한국이 2000년 7.2%를 넘었다는 점을 감안하면 중국의 노령화는 이미 한국의 수준에 도달했다. 연령별 인구구조는 이미 노년형으로 접어들

더운날 강가의 바람을 쐬러온 톈진(天津)의 노인들.

었다. 특히 한 자녀만 낳게 하는 독생자녀 제도가 아직도 철저히 지켜지고 있어 이런 추세는 갈수록 빨라질 전망이다.

2000년 5차 인구센서스에 따르면 중국의 아동인구는 전체의 22.8%로 1964년 최고치의 40.7%보다 18%포인트가 줄었다. 보고서는 2025년에 노인인구가 아동인구를 넘어서며 2050년에는 아동인구의 2배가 될 것이라고 예측했다. 중국 정부로서는 양로, 의료, 부양에 대한 부담을 가져와 노인문제의 압력이 방대해 질 것이라고 근심하는 게 당연하다. 이는 60세 이상의 노인뿐만 아니다. 왕성한 사회활동을 하다가 40대 후반이면 샤강(下崗 일시 해고)을 당해야 하는 중국인들에게 나이가 든다는 것은 적지 않은 공포감을 가져다 준다.

현재 샤강 노동자들 가운데 다시 직장에서 부를 것으로 기대

하는 이는 거의 없고, 기본 생활비도 되지 않는 200~400위안
에 의탁하기 보다는 노점상으로 새로운 삶을 개척하기 위해 노
력한다. 다만 이들이 갈 수 있는 길은 너무 좁다. 이런 샤강(下
崗) 노동자들 역시 사실상 '조로(早老)' 세대라고 할 수 있다.

이들이 삶을 향유하는 방식은 천차만별이다. 우선 65세 이상
노인의 경우 베이징, 상하이 등에서 중년을 보낼 수 있었던 세
대는 자신이 생활할 수 있는 최소한의 기반을 만들 시간이 있었
다. 사회적 지위나 교육의 기회가 있었기 때문이다. 하지만
40~60대로 문화대혁명 당시 교육 기회를 잃었다가 사회에 적
응도 하기 전에 직장을 잃어버린 세대는 세상에 대한 푸념밖에
가질 수 없는 끼인 세대이다.

앞선 노인세대는 갓 태동하기 시작한 노인 복지 정책의 혜택
을 받을 수 있지만 현재 중년의 세대는 사회복지 정책의 공백기
와도 같은 시기를 살았다. 1990년대 이후부터 점차 사회복지를
축소해 현재는 가장 기초적인 혜택밖에 없기 때문이다. 여유가
있는 이들이라면 최근 급속히 늘어가는 주택건설 등의 혜택을
받을 수 있다. 하지만 이런 능력이 없다면 노년이 괴로울 수 밖
에 없다.

제8장 백두산에서 리지앙(麗江)까지

현장에서 느껴본 중국인, 중국 문화에 대한 소회

필자가 중국에 첫 발을 내딛은 것은 1998년 창지앙(長江) 대홍수가 난 한달 뒤였다. 홍수를 극복하는 중국인들의 모습을 취재하는 목적보다는 사실 결혼을 생각하던 지금의 아내와 서로를 알 수 있는 기회를 만들어보기 위함이었다.

홍수의 상흔이 가시지 않은 우한(武漢)과 주변 피해지역을 보고 난징(南京)으로 가는 일반 여객선을 탔다. 6명이 한 객실에 타는 배 안에서 몇몇의 중국 사람과 이야기를 나눌 수 있는 기회를 가졌다. 초로의 아저씨에게서는 우리 시골 어르신에게서 느껴지는 배려와 여유가, 난징에 연수차 간다는 순진한 젊은 초등학교 교사에게서는 외국에 대한 흠모를 느꼈다. 또 도시에 나가 일하는 젊은 여성에게는 신세지고는 못산다는 특유한 자존심을 느꼈다.

그녀는 친해진 후 우리가 밥을 한 끼를 사자 여지없이 다음

끼니를 사주었다. 그때의 느낌은 "중국에도 사람이 살고 있었네"라는 것이다. 내 가슴에는 "세상을 망치는 것은 어떤 악한 심성을 가진 사람보다는 선입견과 편견이다"라는 격언이 항상 새겨져 있다. 얼마 후 필자는 중국에 들어와서 공부와 일을 겸하면서 살아가는 동안 참 많은 곳을 여행했다.

그 길에서도 나는 사람들을 선입견과 편견에서 볼 것이 아니라 항상 열린 자세에서 본다는 것이었다. 중국은 정말 넓은 땅이고, 다양한 사람들이 살아간다. 그들을 바라봄에 있어 그런 자세를 가지려고 최대한 노력했다. 하지만 필자도 사람인 이상 기계와 같이 철저한 객관성을 갖는 다는 것은 당연히 불가능했다. 그러나 노력을 했다는 말은 자신 있게 할 수 있다. 그 가운데 인상적인 몇 기억을 정리한다. 이 기록은 다양성 속에 공존하는 중국 문화의 특성을 엿보기 위함이다.

지안(集安), 백두산, 옌지에서 느꼈던 중국인들의 오만

백두산으로 가는 길목인 바이허(白河)로 가는 길에 들른 통화(通化)에서 고구려의 흔적이 있는 지안(集安)에 들렀다. 지안에 이르는 길은 이미 깊은 삼림이 우거져 있어서 신선한 느낌을 얻을 수 있다.

중국에서 거의 느낄 수 없는 우리 땅과 유사한 내음이 그곳에는 있다. 백두산 준령의 한줄기를 지나기에 그런 느낌이 강하지만 그곳이 과거 우리 선조들이 말 달리던 곳이라는 느낌은 또 다른 감정이다. 북한의 자강도와 마주한 지안은 그 자체가 묘한

지안(集安)에서 연밥을 파는 청년의 모습. 뒤쪽은 북한이다.

흥분을 준다. 그 길을 한 탈북자 아주머니와 동행했는데, 지안(集安)에서 나오는 길에 그 아주머니는 현지의 젊은이와 시비가 붙었다.

한족 청년인 그는 이전에 자신의 차를 이용하겠다는 약속을 깬 그 아주머니에게 주먹질을 하려고 하면서 시비를 걸었다. 온 몸에 문신을 한 그의 모습은 절대적인 숫자로 인해 소수민족을 배려할줄 모르는 국수적 중화사상을 가진 이들의 표상이었다.

그런 이들의 흔적은 역사의 풍화에 찌든 광개토대왕비나 장군총 등 고구려의 유적의 보존상태로도 나타났다. 이곳뿐만 아니라 북한의 노력으로 그나마 유적이 보호되던 왕칭(汪淸)의 발해유적의 보존상황은 형편없었다.

우리 민족의 문화재뿐일까, 사후의 자금성(紫禁城)으로 빼어난 청(淸)나라 문화가 살아있는 칭둥링(淸東陵)의 보존 상태는 상식 이하였다. 묘지군 대다수는 보존상태가 형편없을 뿐만 아니라 저녁이 되자 관리자들이 출입문만 잠그고 퇴근해 도굴이나 문화재 분실에 방치되어 있었다. 청나라가 만주족이 아닌 한족이었다고 해도 이러했을까하는 의문이 들 수 밖에 없다.

한족(漢族) 혹 몽고족(蒙古族)?

백두산이 속해 있는 지린을 포함한 동북3성은 남으로 허베이와 접경하고, 북으로는 네이멍구(內蒙古)와 접해 있다. 북쪽 방향의 네이멍구(內蒙古)는 따씽안링(大興安嶺)으로 동서가 갈린다. 우리에게도 알려진 닥터 노먼 베쑨이 숨을 거두기도 한 그 산맥으로 인해 동서는 근 1000미터의 고도차가 생기고 따씽안링(大興安嶺) 서쪽은 거대한 초원이 펼쳐진다.

후허하오터(呼和浩特)의 조악한 초원에 지친 필자는

몽고인들의 전통가옥인 빠오(包). 천이나 가죽으로 되어 있어 몽고족의 원정전투에 유리한 가구형태이다.

2002년 여름 네이멍구(內蒙古) 중원에 위치한 꿍커얼(貢格樂)초원에 갔다. 커스커텅(克什克騰)을 중심으로 펼쳐진 꿍커얼(貢格爾) 지역의 초원에 대한 호기심이 유달리 컸던 것은 초원의 중앙에 새들의 낙원이라고 불리는 거대한 타리후(達里湖)를 두고 있기 때문이다.

대중교통을 이용하기에 너무 어려운 지역이어서 일행은 네이멍구(內蒙古) 중서부 요충지인 츠펑(赤峰)에서 한 여행사를 섭외해 길을 나섰다. 그 길을 동행했던 여행사의 사장은 필자에게 갖가지 상상력을 줬다. 이름처럼 붉은 봉우리가 펼쳐진 츠펑의 북부를 넘어 도착한 꿍거얼(貢格爾) 초원에서 느끼는 감회도 잠시, 그 여행사 사장은 약속과 달리 몽고빠오(蒙古包)가 아닌 시멘트 빠오(包)로 우리를 데려가 실망시켰다. 우리는 항의 끝에 뱀이 나와도 책임 못 진다는 그의 엄포를 들으며 비교적 모양새가 갖추어진 몽고빠오(蒙古包)에서 묵을 수 있었다.

그날 저녁 당연히 우리는 몽고식 환영인사를 받았다. 오는 과정에서 오기가 생기고, 술에 관해서 한가닥 하는 일행은 몽고의 바이주(白酒)를 연거푸 비우자, 그 사장은 무슨 흥이 더했는지, 몽고의 전통 복장을 하고 나타났다. 그리고 그는 유장한 몽고의 전통가요를 불러 진심으로 우리를 맞아주는 느낌이 들었다. 일행은 한껏 흥에 취했고, 모두에게 즐거운 자리였다. 그 자리에서 내가 그에게 민족을 물었을 때 그는 몽골 민족이라 대답했다.

그러나 다음날 아침 확인차 다시 물었을 때 그는 웃으며, 자신은 한족이고, 여행전문학교에서 몽골의 전통을 배운다는 것이었다. 네이멍구(內蒙古)에서 만나는 사람들과의 민족 해프닝이 이번이 처음은 아니기에 더욱 씁쓸했다. 몽골 민족은 정작 자신을 억누르는 출신성분을 벗어나고 싶어 하고, 한족은 여행산업을 위해 몽골의 전통을 박제화시키는 이들의 모습에서 필자는 쓸쓸함을 느낄 수 밖에 없었다.

꿍거얼(貢格爾) 초원의 아침은 역시 청신(淸新)했다. 일찍 잠에서 깨어 세계적으로 드물게 초원지대에 형성됐다는 삼나무 군락을 살펴봤다. 그 군락으로 가는 길에 타르코프스키의 〈희생〉에서 보이는 것처럼 쓸쓸히 죽어 있는 나무를 만난다. 자신의 뿌리에 있는 흙마저도 몰아가버린 바람의 비정 때문에 나무는 말라 죽었다. 사실 우리들은 지금 소비라는 바람을 통해 지구의 뿌리마저 위협하고 있지 않는가 하는 생각을 한다. 그 소비의 바람은 우리는 물론이고 이제 중국을 광풍처럼 휩쓸고 있다.

중국인들의 원칙

필자의 생활 주무대인 베이징(北京)과 텐진(天津)에서 만나는 이들은 대부분 일반인들이다. 이들과 같이 생활하는 필자로서는 때로는 부딪히면서 결론을 얻어야 하고, 때로는 친구로서 생활하기도 한다. 일상에서 중국인들은 속보일 만큼 타산적인 게 사실이다.

협상의 자리에서 술을 먹을 때도, 그들은 차례대로 한국친구들과 한잔 하자며, 건배를 제의해 한국 사람을 만취하게 한다. 손님을 취하게 하고, 배부르게 하는 것이 예의라지만 이 정도면 너무 속 보인다. 그러나 이 과정에서 느낀 것 가운데 하나는 중국인들은 우리 보다 원칙에 철저하다는 게 필자의 생각이다. 바로 어떤 일에도 원칙이 존재한다는 것이다.

개방 이후 우리의 중국 관련 일들을 보면 우리는 항상 상대방의 원칙을 무시한 채 감정적으로 일을 인식했다. 때로는 흥분했고, 때로는 분노했다. 더욱이 중국진출은 차분한 시장조사를 바탕으로 한 것이 아니라 막연한 가능성을 본 '묻지마 투자'에 가까웠다.

이런 인식은 대부분의 분야에서 마찬가지다. 중국의 북한관련 정책은 항상 그 원칙이 있었고, 한·중무역에 관해서도 항상 원칙이 있었다. 하지만 우리는 그 원칙을 잘 파악하지 못했고, 이 결과는 우리에게 참담했다. 무역마찰의 경우에도 중국은 걸린 부분에 대해 살피면서 심한 부분에는 철저하게 공략했다. 가령 농산품 수입과 관련해 이동전화나 폴리에스테르 같은 분야에 클레임을 건 것은 한 예다.

우리는 결국 잃을 것은 잃은 채 중간에 치러지는 '갈등비용'까지 지불하는 꼴이 됐다. 이를 막기 위해서는 중국의 세세한 부분에 대한 바른 이해는 필수고, 그 원칙을 파악하는 것에서부터 시작된다.

기업은 물론이고 중국을 알아가려는 이들에게 가장 중요한 것은 아마도 이 원칙이 무엇인지를 대강이나마 파악하고, 자신에게 맞는 분야를 찾는 것이다.

원칙을 대강이나마 파악하라는 것은 그 원칙은 그 바탕만큼이나 넓기 때문에 완전히 파악하는 것은 불가능하다. 중국에 관한 대강의 원칙마저도 얻기는 쉽지 않다. 하지만 열린 자세로 중국에 관한 것들을 탐색하면서 나아가면 서서히 그 원칙들이 눈에 들어오고, 결국은 자신이나 기업이 날카롭게 파고들어야 할 것들이 보일 것이다.

가난한 省과 심화되는 지역차별

물질이 정신을 지배한다는 말은 일견 맞고, 일견 틀리기도 한다. 그런 한 예를 볼 수 있는 것이 중국인들의 허난(河南) 등 가난한 지역 사람들에 대한 차별대우다. 농번기가 끝나는 시간에 서쪽에서 동쪽으로 가는 기차를 타다보면 의외로 많은 승객에 놀라는 일이 종종 있다. 물론 요금이 가장 싼 보통 열차의 경우다.

허난(河南)에 자리한 샤오린스.(少林寺) 허난은 상(商), 은허 등 유구한 문화를 갖고 있지만 현대 허난인들은 차별의 대상이 되고 있다.

가장 빠른 터콰이(特快)나 콰이(快)열차만 해도 침대칸을 구하기 쉽다. 이런 보통 열차는 때로 타지 못하는 승객이 생길 만큼 승객이 많은데, 이는 도시에서 헐값으로 일하는 민공(民公) 등 돈벌이를 위해 도시로 떠나는 농촌사람들 때문이다. 보통은 남자 혼자도 다니지만, 때로는 가족 전체가 움직이는 이들은 중국성장의 중요한 토대이지만 이런 변화를 보는 일반 중국인들의 시각은 좀 거만하기까지 하다. 바로 민공의 싼 노동력으로 도시의 인프라가 구출되고, 건물이 지어지는데, 그들은 그런 혜택을 받으면서도 거드름을 피운다. 이런 과정에서 안타까운 이들은 가난한 성 출신들이다.

갈수록 고갈되어, 창지앙(長江)으로 물을 수혈받아야 하는 황허(黃河)를 두고 살아가는 허난(河南)은 지역적으로 그리 부족한 곳은 아니다. 하지만 허난은 중국에서도 가장 낙후한 지역으로 꼽힌다.

얼마전 택시를 타고 가다가 차창에 와서 돈을 구걸하는 아이를 보더니, "더러운 허난인(河南人)"이라는 말을 하면서 쫓아내는 걸 봤다. 도대체 어떻게 허난 사람인지 아느냐고 물었더니, 이런 시간에 와서 구걸하는 사람들의 대부분은 허난 사람이라는 것이다. 물론 그 역시 심정적으로 한 판단이다. 그런데 왜 그럴까.

2000년 제 5차 중국인구조사에 따르면 중국의 유동인구는 1억 2천1백7만 명에 달하는 것으로 알려졌다. 이 가운데 성(省)내 이동은 7천8백65만 명으로 65%, 외지 성으로 간 사람은 4천2백42만 명이다. 외지 성으로 간 사람 4천2백42만 명인데 이 가운데 쓰촨(四川), 안후이(安徽), 후난(湖南), 지앙시(江西), 허난(河南), 후베이(湖北) 6개 성 출신들이 거의 60%를 차지한다.

그 중에서도 쓰촨 사람들이 가장 많은데 전국 성간 이동인구의 16.4%인 7백만 명이나 된다. 다음은 안후이 10.2%, 후난 10.2%, 지앙시 8.7%, 허난 7.2%, 후베이 6.6% 순이다. 물론 쓰촨이나 안후이는 광둥(廣東)이나 상하이(上海)쪽으로 빠지고, 후베이나 허난이 베이징(北京)이나 톈진(天津)으로 온다지만 허난에 대한 이들 도시인들의 감정은 너무 심할 정도다.

다큐멘터리 작가 박현숙씨는 이런 실태를 잘 꼬집는다. '개와 중국인'은 출입금지라는 문구가 허난인(河南人)으로 바뀌어 중국의 실리콘벨리라고 할 수 있는 쭝관촌(中關村)의 모 사무실 문 앞에 붙었다며, 허난인에 대한 차별의 실상을 말한다. 또 선전(深圳)의 많은 사영기업들과 홍콩, 타이완 투자기업들마저도 허난인은 직원모집대상에서 제외한다고 공개적으로 표명하고 있는 실태를 전해준다. 이런 허난 등 가난한 지역 주민에 대한 차별의 이면에는 현재의 호구(戶口) 제도의 존속을 통해 타 지역인들의 자기 도시 진입을 막으려는 사람들의 기득권이 작용하고 있다.

현대판 신분제라고 해도 과언이 아닌 호구제도는 도시와 농촌간은 물론이고 한 도시 안에서도 농업호구와 상업호구를 나누어 호구 간 자유로운 이동을 막았다. 생계가 쉽지 않을 때 이 호구는 식량은 물론이고, 땔감 등 모든 생활을 그 지역에서만 해결하게 한 현대판 노예문서와 같았다.

그 지역에 호구가 없는 사람이 도시로 나와 학교를 다닐 경우 본지역 사람들에 비해 두 배나 비싼 수업료를 책정하는 등 폐쇄적인 구조를 갖고 있었다. 하지만 도시는 급속히 부유해지고, 농촌은 변화를 찾기 어려운 상황에서 농촌인구의 도시 유입은 당연할 뿐만 아니라 궁극적으로 그 도시의 인력으로 부족한 노동인구를 채우기 위해서 정책적으로 인구유입을 추진하는 도시들도 있다. 이 역시 철저히 자기 도시의 이익을 앞 세워, 유입자를 차별하기는 마찬가지다.

남방인, 남의 평가를 떠나서 챙길 건 챙긴다

이런 극단의 모습을 가진 곳 중에 하나가 상하이다. 중국인들이 상하이인을 보는 눈이 곱지 않다는 것은 이미 알려진 일이다. '중국인'이라기보다는 '상하이인'으로 불리기 바라는 그들의 폐쇄적인 성격에 대한 공격은 이미 적지 않다. 중국의 유홍준 교수로 불릴만한 위치우위(余秋雨)는 『문화고려』(文化苦旅 한국 번역명: 중국문화답사기)에서 노골적으로 상하이인을 비판할 정도다.

상하이 여행기에서 저자는 상하이인들의 성격을 말하며, 우리가 듣기에 감정이 상하다 싶은 이야기를 과감하게 적고 있다. 그러면서 외지인들이 상하이안에서 자리 잡는 것에 노골적으로 비판하는 그들의 행태를 지적한다. 물론 위치우위의 비판은 상하이가 그런 특성을 갖는 문화적 유래를 적고 있지만, "때리는 시어머니보다 말리는 시누이가 밉다"는 말이 맞을 만큼 상하이인을 변호하는 그의 글은 복잡한 심사를 준다.

상하이뿐만 아니라 상업으로 유명한 푸젠(福建), 광둥(廣東), 안후이(安徽), 후난(湖南)등 중국 남부 지방은 상업이나 정치적 능력이 뛰어난 지방이다. '중국 사회 출판사'의 지역 브리프에서도 상하이 사람은 돈을 좋아하는데, 돈이 있으면 천하를 돌아다니고, 돈이 없으면 한 발자국도 나서지 않는다는 말로 풀이했다.

상하이뿐만 아니라 그 아래로 넘어가면서 만나는 링보(寧波)나 웬저우(溫州) 인들도 마찬가지다. 이들은 상인으로서 중국뿐

만 아니라 세계적인 명성을 얻는데, 『중국인의 상술』의 저자 강
효백씨는 "제국주의, 군벌, 중화민국의 자본주의, 중화인민공
화국의 사회주의를 거치면서도 닝보 상인은 조금도 노쇠하지
않았다. 불사조처럼 살아남아 여전히 중국과 해외에서 불멸의
광채를 발하고 있다. 중국의 경제·무역·금융의 제1도시인 상
하이 상권의 10퍼센트는 광둥상인(廣東人)이, 20퍼센트는 기타
지역의 상인이, 나머지 70퍼센트 이상의 상권은 저지앙(浙江)상
인이 잡고 있다. 그 저지앙상인 중 과반수가 바로 닝보 상인이
다." 고 할 만큼 강남 사람들의 상업 능력은 뛰어나다.

이런 특성은 아직까지 중국 산업의 30% 정도를 담당하는 광
둥(廣東)에서는 더욱 그렇다. 광둥인(廣東人)들은 아이가 태어나
가장 영리하면 장사를 배우게 하고, 다음은 학문을 배우게 한
다. 그리고 나서 가장 부족하면 정치를 배우게 할 만큼 돈 버는
일에 쏟는 관심이 많다. 이밖에도 중국은 말하기 어려울 만큼
다양한 특성을 갖고 있다. 윈난(雲南)의 리지앙(麗江)에서 만난
바이족(白族)은 음식이나 생활문화에서 우리와 적지 않은 유사
점을 갖고 있었다. 거기에 백의민족인 우리와 의생활도 유사한
점이 많았다. 뒷날에 우리 민족의 한 갈래라는 설이 있다는 말
도 들었다. 이런 바이족의 사례뿐만 아니라 거기에서 더 가는
시장(西藏)인이나 신장(新疆)인 들은 얼마나 큰 거리가 있는가.
하지만 그런 특징들이 그들을 설명해 줄 수 있는 것이 얼마나
될까.

이제 위구르 족들이 주로 살아가던 신장이나 티벳에서의 원
주민의 비율은 50%를 넘지 않는다. 머잖아 자치구(自治區)라는

구이린(桂林)의 먀오족(苗族) 소녀들. 과거에는 호전적인 소수민족으로 유명했다.

개념도 사라질지 모른다. 그런 현실에 맞서서 계란의 바위치기 같은 행동임을 알면서 독립투쟁을 벌이는 이들도 있다. 그들 모두가 마음속에 중국인이라고는 보기 어렵지만 정치적으로는 중국인이다. 또 중국 역사가 그러했지만 중국을 변화하게 했던 힘은 외부에 있는 세력과 더불어 내부를 붕괴시킨 불안이었다. 이런 큰 힘과 더불어 개개인의 마음을 읽어가면서 중국을 만나야 한다.

'중국통(中國通)' 이란 지칭이 가능한가와 불가능한가를 놓고 종종 토론을 할 기회가 있다. 필자는 불가능하다는 쪽에 항상 선다.

제4부 문학文學으로 읽기

문학(文學)은 예술(藝術)의 한 장르로 당대인(當代人)들의 마음과 이상을 가장 잘 읽어낼 수 있는 수단이다. 중국은 종이와 인쇄술을 발견한 나라다. 또 원시시대부터 문자를 통한 예술 활동을 한 것으로 밝혀지고 있다. 또 한자의 발견 이후 중국 문학은 더욱 다양해지면서 질적, 양적으로 발전했다. 특히 최초의 시가(詩歌) 전집인 『시경(詩經)』이나 굴원(屈原)의 『초사(楚辭)』이후에 문학은 중국인의 정신문화를 키우는 역할을 했다. 이후 당대(唐代)의 시(詩)나 명대(明代)의 소설(小說)은 중국뿐만 아니라 동양문학의 중요한 토대를 제공했다. 물론 근대 서양문학이 들어온 과도기를 거치고, 1949년 공산혁명의 성공이후 중국 문학은 토대를 바꾸는 복잡한 작업을 거듭했다. 그러나 문학, 예술 등은 하루아침에 만들어진 것도 아니고, 또 하루아침에 무너지는 것도 아니다. 또 어떤 사람들의 인위적인 의도로 움직이기 보다는 수많은 이들의 생각이, 번뇌와 성찰 속에서 만들어지는 것이다. 중국문학 역시 이런 과정을 통해 지금에 이르고 있다. 필자는 한국문학을 전공했으므로 중국문학에 대해서 지식이 얕을 수밖에 없다. 다만 그 앎을 토대로 이야기를 만들어갈 수 있다는 생각에 과감하게 문학을 통해 중국을 읽겠다는 자만을 부려본다. 신화(神話)에 대한 기술을 시작으로 해서 고전문학을 약간 살피고, 현대문학을 집중적으로 살핀다. 이는 현대 중국을 읽는데 있어서 시간의 유사성과 다양한 주제를 통해 중국을 이해하는 것에 도움이 되길 바란다.

제1장 신화(神話), 중국정신의 본체(本體)

신화(神話)속의 신화(神話)

신화(神話)라는 단어를 보면 우리는 먼저 단군신화(檀君神話)를 떠올릴 것이다. 호랑이와 곰이 마늘 먹으면서 인간으로 변모하는 이야기. 따라서 막연히 사실이 아니라 꾸며낸 이야기 일 거라는 생각. 하지만 다시 곰곰이 학생시절 배웠던 단군신화 속에 나와있는 우리의 근본정신을 더듬어 보면 '홍익인간(弘益人間)'을 비롯한 문화의 근간을 구성하는 농경국가의 면모를 찾아낼 수 있다. 즉 신화(神話)는 거짓 이야기 보다는 과거에 있었던 역사적인 경험 또는 한 집단이 경험했다고 믿는 사실이라는 것이다. 물론 거기에 가공의 이야기가 보태지기에 역사가 아니라 신화(神話)가 되는 것이다. 그 가공은 다르게 말하면 문학적 기교이기도 하다. 그래서 소설의 전단계에 '신화 또는 설화나 전설' 이 있다고 문학이론가들은 말한다.

그럼 중국은 어떨까. 신화(神話)와 사회주의(社會主義) 국가를

중국 신화시대(神話時代)의 비극적 주인공 염제(炎帝) 신농씨(神農氏). 사진은 선농지아(神農架)에 있는 반인반수(半人半獸)의 신농씨(神農氏)상.

연결하기가 쉽지 않을 것이다. 그러나 대학에서 신화를 공부하기도 했던 마르크스는 '신화는 역사의 반영이다'라고 말했다. 루쉰(魯迅)과 같은 중국 근대 사상가도 신화를 적극적으로 옹호하지 않았지만 중요한 테마 중 하나로 생각했다. 중국 신화 연구는 문혁(文革)이 지난 후 다시 활기를 띠기 시작했다.

중국 신화는 역사적으로 몇 사람의 큰 도움을 받았다. 첫 인물은 굴원(屈原)이다. '이소(離騷)'로 익숙한 굴원(屈原)은 신화나 전설 등을 총 집합해 『천문(天問)』을 짓는 한편 각 장르간의 벽을 허물어 신화의 가치를 재고시켰다.

최근에 가장 위대한 신화의 정리자는 위앤커(袁珂)로 그는 1950년 베이징 상무인 서관에서 간본으로 『중국신화전설』을 발간 후 자료를 보강하고, 연구 정리해 방대한 양의 중국 신화를 정리해냈다.

여기서 우리가 주목할 점은 사회주의 중국에서도 신화는 그들의 정신에서 살아있다는 것이다. 가장 단적인 예가 중국 신화 속에 인물들에 대한 대우이다. 중국 신화 속에서 가장 주된 인물은 '삼황오제(三皇五帝)'이다. 물론 신화가 완전히 소설이 아니라 역사시대 이전에 있었던 사실을 변주한 것일 확률이 많다.

일반적으로 삼황(三皇)은 천황(天皇)·지황(地皇)·인황(人皇 또는 泰皇)을 가리키지만, 문헌에 따라서는 복희(伏義)·신농(神農)·황제(黃帝)를 들기도 한다. 또는 수인(燧人)·축융(祝融)·여와(女綏) 등을 꼽는 경우도 있다. 물론 역사적으로 중국 신화가 높은 대우를 받은 것은 아니다.

사마천(司馬遷)은 삼황의 전설을 믿을 수 없는 것으로 생각했는지, 『사기(史記)』의 기술을 오제본기(五帝本紀)에서부터 시작한다. 사마천이 오제로 든 것은 황제(黃帝)·전욱(顓頊)·제곡 고신(帝嚳)·요(堯)·순(舜) 등이며, 별도로 복희(伏義)·신농(神農) 또는 소호(少昊) 등을 드는 경우도 있어 일정하지 않다.

중국 사상의 큰 근간인 유가(儒家)의 비조(鼻祖) 공자는 괴력 난신(怪力亂神)에 대해서 부정적인 입장을 가지고 있었다. 후대 사상가들 역시 신화가 가지고 있는 주술적, 종교적 색채 때문에 상당한 가치를 부여하지 않았다.

2001년 여름 필자는 후베이성(湖北省) 선농지아(神農架)를 방문했다. 이름에서 추측할 수 있듯이 이곳은 삼황 중 하나인 염제(炎帝) 신농씨를 중요하게 모시는 곳이다. 이곳 사람들은 신농씨의 제단을 크게 만들고, 일년에 한번씩 제사를 지내고 있다.

반인반수(半人半獸)의 형상을 한 신(神)을 모시는 것이 중국인들과 어울리지 않을 것 같지만 이들은 이것을 자랑스럽게 생각하고 있다. 이런 현상은 중국 대부분 지역에서도 마찬가지다.

샤오싱(紹興)에 있는 우왕의 능.

시안(西安) 근교에 있는 황제릉(皇帝陵)은 고증 여부를 떠나서 이곳 사람들의 숭배(崇拜)를 받고 있다.

2002년 4월 5일 청명절에는 중국인들과 화교들이 이곳에 모여 대규모의 제사를 지내기도 했다. 2002년 6월 22일 모 방송에서는 루쉰(魯迅)의 고향인 샤오싱(紹興) 인근 마을에서 4천년 동안 대우(大禹)의 능을 지켰다는 인물이 소개되어 흥미를 끌기도 했다. 치수로 유명한 우(禹)왕의 흔적은 창지앙(長江) 곳곳에 있는데, 그곳 주민들은 그 유적을 자랑스럽게 여기고 있다. 그럼 중국 신화는 어떤 모습일까.

중국 고대신화는 발생과 유행지역에 따라 서부의 곤륜(崑崙) 신화, 동부의 봉래(蓬萊)신화, 남부의 초(楚)신화, 중부 지역의 중원(中原)신화 등으로 나뉜다.(빙신(氷心) 『중국문학사』)

중국 신화의 모습은 정말 흥미로운 이야기의 연속이다. 신화에 대한 전반적인 해제인 도론편(道論篇)이 지나면, 본격적인

염제의 편에서 싸웠던 치우
는 우리 조상에게도 받아들
여져서 붉은 악마의 상징이
됐다.

신화의 세계에 빠져들 수 있는데 그 첫 번째는 어느 신화나 그
러하듯 개벽편(開闢篇)이다. "묻노니, 아득한 옛날, 세상의 시작
에 대하여 누가 전해 줄 수 있을까?"라는 『초사(楚辭)』의 문장
을 인용하는 것으로 시작하는 중국 개벽신화를 읽으면 구약성
경에 나오는 천지창조 신화와 유사한 점에 놀라게 된다.

중국의 신화 역시 창조자가 7일 동안 세상을 만들고, 이레째
되던 날 사람을 만들었다는 것은 물론이고 '노아의 방주'와 거
의 흡사한 뇌공(雷公)의 이야기 등은 성경과 중국신화의 별다른
차이가 없다.

하지만 신들의 세계에 가장 큰 화두는 인간이다. 신들과 달리
수명이 존재하고, 능력에 한계가 있었던 인간들은 수많은 자연
재앙에 직면 해야 했다. 여와와 같은 신들은 인류를 위한 보호
자로 나타나는 한편 우리 민족신화에도 중요한 인물로 등장하
는 치우(蚩尤), 도올 등은 중국 황제에게 대항하는 인물로 그려

시안(西安)부근에 있는 황제의 능. 역사적 고증이 완벽하지는 않지만 중국인들의 정신적 고향으로 알려졌다.

지고 있다.

중국신화의 앞부분의 주인공은 황제(黃帝)라고 봐야 한다. 그리스신화에서 제우스에 해당하는 황제는 라이벌인 염제(炎帝)와의 싸움을 승리로 이끌어 신들의 초기 역사를 주관한다. 초기 신화의 가장 큰 라이벌인 황제와 염제의 대결은 3편 황염편부터 기술되어 신화의 맛깔스러움을 더해 준다.

태양의 신이자 농업의 신, 의약의 신인 염제는 가장 인간적인 영웅이지만 황제에게 패함으로써 추락하는 신이 되고 만다. 신화는 시간이 거슬러가면서 점차 신화가 아닌 반신반인화(半神半人化)로 변해간다. 그 정점에 있는 대표적인 이가 예(羿)일 것이다. 활에 뛰어난 재주를 가진 예(羿)는 원래 천신이었지만 제준(帝俊)은 그를 땅으로 보내 인간을 괴롭히는 것들을 제거하는 일을 시켰다.

예(羿)와 더불어 그의 아내 항아(姮娥) 역시 지상에 내려온다. 예(羿)는 사방을 돌며 인간을 괴롭히는 갖가지 것들을 활로 무찌르다. 또한 기이하게 만들어진 열 개의 태양이 하늘에서 인간을 괴롭히자 활로 9개를 떨어뜨린다. 이밖에도 그는 알유 등 수많은 괴력난신(怪力亂神)을 무찔러 인간을 도탄에서 구한다. 하지만 예(羿)는 천제의 아들이었던 9개의 태양을 떨어뜨린 죄로 인간이 된다. 아내 항아(姮娥)도 인간이 되었다가 성급히 신이 되겠다는 욕심을 부려 달의 신이 되었다는 등 이와 관련된 전설들이 많다. 인간을 위한 행위로 활을 쏘았다는 점에서 예(羿)는 그리스신화의 헤라클레스에 비견할 것이다.

중국의 신화에는 예(羿)와 비견되는 또 다른 영웅들이 많다. 하늘의 보물인 식양을 훔쳐다가 인간세상의 홍수를 막으려 했으나, 치수에는 실패한 곤*도 그 한 예일 것이다. 곤의 책임으로 그의 몸에서 태어난 우(禹)는 하늘에서 식양을 합법적으로 얻는 것은 물론이고, 수신 하백(河伯)의 다양한 도움을 받아 치수에 성공하고 하(夏)왕조의 기틀을 세운다.

중국 신화는 단순히 중국인에게만 중요한 역사적 가치로 작용하는 것이 아니라 우리나라나 일본 등 동양문화와 밀접한 관계가 있다. 우리에게 신화시대의 연구가 중요한 것은 우리 역사를 증명하는데 있어서 중요하기 때문이다.

지금까지 우리는 황하 유역을 동양문화 발상지로 생각하는 이론에 생각이 집중되어 왔다. 하지만 중국 신화에도 등장하는 치우(蚩尤) 등이 한민족의 일원이라는 논의를 비롯해 다양한 각도에서 동양문화의 탄생을 연구하는 이들이 많아지고 있다. 따

곤: 『설문(說文)』에서는 곤이 물고기의 이름으로 되어 있지만, 『서경(書經)』 및 『사기(史記)』에서는 하(夏)나라 우왕(禹王)의 아버지로 요(堯)임금의 명령을 받고 홍수를 다스리려고 하였으나 실패, 마침내 순(舜)임금에 의해 우산(羽山)으로 추방당하여 죽은 것으로 되어 있다. 『좌씨전(左氏傳)』에 의하면 곤은 죽어서 그 혼(魂)이 황웅(黃熊)이 되어 우연(羽淵)에 가라앉았다고 한다. 춘추전국시대(春秋戰國時代)에 이 신(神)을 제사지낸 형적이 있고, 이보다 훨씬 후세인 진(晉)나라 시대에 씌어진 『습유기(拾遺記)』에도 산둥(山東) 해안의 촌민들이 그 묘(廟)에 제사지냈다고 씌어 있다. 원래 곤은 산둥 지방에 살고 있던 동이부족(東夷部族)의 신이었던 것 같으나, 나중에 중원(中原)의 부족과 접촉이 빈번해짐에 따라 마침내 중원의 신화에, 그것도 불리한 조건으로 흡수되어 우왕(禹王)의 치수(治水)전설을 돋보이게 하기 위하여 악인(惡人)이 된 것으로 추측된다. (두산세계대백과)

라서 중국 신화의 연구는 단순히 중국 문화나 정신의 원형을 찾는 게 아니라 우리 민족의 연원과 근원을 찾아갈 때도 중요한 작업이다.

한국에도 전인초, 김선자 교수의 번역으로 위앤커의 『중국신화전설』(민음사)이 번역되어 첫 걸음은 내딛었다. 수년간 한국에서는 그리스 로마 신화에 대한 관심이 급속히 늘었지만 우리가 가지고 있는 사상적 근원은 무시한 채 서양 사상의 근원부터 찾아가는 것은 바람직하지 않다.

한ㆍ중ㆍ일이라는 동양문화의 삼각관계를 그려볼 때 서로가 제시한 근간을 제대로 이해하는 것이 곧 잃어버린 혹은 아직 그 정당성을 인정받지 못한 우리 것을 찾는 수단이 될 수 있기 때문이다.

제2장 민중의 '눈물'을 '진주'로 만든 시인 두보(杜甫)

詩의 고향 창지앙(長江)

중년 여성의 부조리한 삶을 다룬 문제작 〈여인사십(女人四十)〉(1995)으로 우리에게도 익숙한 쉬안화(許鞍華) 감독의 작품인 〈남자사십(男子四十)〉(2001)은 영화의 전면에 창지앙(長江)을 배경으로 하고 있다. 물론 단순한 강만이 아닌 창지앙의 역사와 그 창지앙이 안고 있는 한시(漢詩)들이 가장 주된 소재로 사용된다. 하지만 한시(漢詩)가 사용된 배경이 중국으로 반환되어 삶의 정체성이 흔들리는 홍콩인들의 정신적 고향을 찾아가는 데 사용된다는 점에서 특이하다.

〈여인사십(女人四十)〉과 대구를 이룬 〈남자사십(男子四十)〉은 중년남자로 살아가는 것의 애련과 갈등을 잘 풀어냈다. 불혹(不惑)의 나이인 주인공은 그 동안 모든 것에 순종하면서 살아온 인생이었다. 그것은 마치 서구 제국주의와 중국이라는 거대한 굴레에 끼여서 지내온 홍콩의 현상을 잘 설명한다. 그런 그의

과거와 현재를 이어주는 선으로 창지앙(長江)과 한시(漢詩)로 삼았다는 점은 쉬안화(許鞍華)의 낭만을 잘 보여주는 것이다.

영화의 전반은 주인공 린야오궈(林耀國)의 상상 속에서 창지앙(長江)의 유장한 모습과 더불어 전개된다.

두보가 청두(成都)시절을 보낸 초당.

한편 관객의 지나친 몰입을 막기위해 이백, 두보의 시가 유장하게 펼쳐지며 시간과 공간에 상관없이 변하지 않는 삶의 의미를 되새기게 한다. 왜 그녀가 창지앙(長江)을 영화의 뿌리에 두고, 마음을 대입했을까. 그 답은 창지앙(長江)이 중국 시(詩)의 고향이라는 데 있다.

정치의 수도 장안(長安), 문학의 수도 창지앙(長江)

깊은 황토 빛 협곡과 중국의 젓줄인 황허(黃河)가 인상적인 샨베이성(陝北省)은 사실 사람들이 살아가기에 적합한 땅은 아니다. 그런데노 이곳에서 바로 중국 최초의 통일왕조인 진(秦)왕조가 탄생했고, 중국 문화를 가장 번성시켰다는 당(唐)왕조도 이곳에 기반을 두고 있다.

626년 권좌에 오른 당 태종 이세민은 주변 국가를 통합시키며 20년 동안 '정관(貞觀)의 치(治)' 라고 불리는 태평성대를 이

누런 강물이 인상적인 산 샤(三峽).

뤘다. 당태종이 세운 기반은 중국 역사상 가장 빼어난 당(唐)문화의 기초가 됐다. 태종 이후 측천무후(則天武后)가 지배하던 혼란의 시기를 지나고 현종(玄宗)이 즉위하면서 당 문화는 더욱 발전한다. 45년(712년~756년)에 이르는 현종의 치세는 뒤에 양귀비로 인한 혼란과 '안록산의 난(안사의 난)'이 일어나면서 위기를 맞는다.

가을은 시안(西安)에서도 드물게 맑게 갠 날을 볼 수 있는 계절이다. 중국내 대표적인 사과의 산지이고 어른 주먹보다 큰 석류가 맛있게 익은 초가을에는 그 정취가 절정을 이룬다. 지금은 시안(西安)에 편입된 장안((長安)(현재는 셴양(咸陽))은 사실 거대한 규모의 빙마용(兵馬俑)을 제외하고 나에게 그리 인상적인 여행지가 아니었다. 하지만 빙마용(兵馬俑)과 더불어 당나라 문인(文人)들을 만날 수 있다는 점이 이곳으로 발걸음을 돌리게 하는 가장 큰 매력으로 작용했다. 장안은 당나라 수도였지만 그곳에서 당대(唐代)의 문학과 문화를 느끼기는 쉽지 않다.

양귀비가 목욕했던 화칭츠(華淸池) 정도만이 빼어난 당대(唐代)문화의 흔적을 느낄 수 있게 한다. 그러나 시안(西安)에서 벗어나 서남향인 쓰촨(四川)으로 향하는 길에서부터 우리는 당대(唐代) 풍모를 느낄 수 있다. 가장 먼저 만나는 것이 비극적인 최후를 맞았던 양귀비의 무덤이다.

시안(西安)에서 60km쯤 떨어진 곳에 위치한 양귀비의 무덤은 당시의 불안한 상황을 말해준다. 그녀에게는 "청초 우거진 골에 자느냐 누웠느냐"라고 읊어줄 임제(林悌) 같은 친구가 없었는지, 주변에는 잡문만이 남아 황량한 느낌을 준다.

'물은 흘러가도 마음은 다투지 않고(水流心不競)'

양귀비 무덤을 지나 청두(靑島)를 가면 행자들은 창지앙(長江)의 윗 물줄기들과 더불어 문인들의 흔적을 만난다. 이곳에서 창지앙을 따라 길을 나서면 옛 문인과 만날 수 있다. 바로 창지앙(長江)이 당나라는 물론이고 중국 문학의 수도라고 할 수 있기 때문이다.

분지 지형으로 인해 많은 날이 짙은 안개 속에 묻혀 있는 쓰촨(四川)의 성도 청두(成都)를 가로지르는 깐허(干河)의 한쪽에는 시성(詩聖) 두보(杜甫 712년~770년)의 옛집이 있다. 두보는

말년 열두 해 동안 쓰촨(四川)을 중심으로 방랑하면서 고통 속에서 진주를 만들어내는 삶을 살았다. 그런 그에게 가장 안정적인 시간은 마흔 여덟부터 쉰까지 청두(成都)의 서쪽 교외인 완화계(浣花溪)에 초당을 짓고 살았던 시절이다.

현재 두보초당으로 불리는 이곳에서 그는 "따스한 강 정자에 편히 누워 / 길게 읊조리며 들을 바라보는 시절 / 물은 흘러가도 마음은 다투지 않고, 구름 머무르니 내 마음도 느긋하지"(坦腹江亭暖 長吟野望時 水流心不競 雲在意俱遲 '江亭' 중에서)라며 여유를 즐긴다. 이 무렵에 청두의 절도사 엄무(嚴武)의 막료(幕僚)로서 공부원외랑(工部員外郞)의 관직을 지내 두공보(杜工部)라고 불리게 되었다. 54세 때 귀향할 뜻을 품고 청두를 떠나 창지앙을 따라 길을 나선다. 그의 배는 과거 쓰촨(四川)의 일부였

쿠이먼(夔門). 두보가 머문 쿠이저우(夔州)의 표식이다.

전설과 역사가 살아있는
바이티청(白帝城).

던 충칭(重慶)을 지나서 쿠이저우(夔州)라는 협곡에 이르러, 여기서 2년 동안 체류한다. 지금은 충칭(重慶)에서 출발한 고속정으로 5시간 정도면 닿지만 당시에는 거대한 물의 흐름에 배를 맡기고, 다시는 이 강을 거슬러 오르지 못할 거라는 불안한 상상 속에서 정처 없는 길을 떠났을 것이다.

그가 '석양(返照)'이라는 시에서 "초왕궁 북쪽은 바야흐로 황혼 / 백제성 서쪽에 지나는 비의 흔적"이라고 시작해 전란의 상황을 묘사해 시의 배경이 된 바이티청(白帝城)은 강을 굽어보는 위치에서 지나는 배들을 굽어보고 있다. 하지만 이런 여유도 머잖아 없어진다.

산샤(三峽)댐이 건설되면 지금은 연결된 골짜기까지 물이 차고 바이티청의 중반부 이상까지 물이 차서 어떤 곳은 배를 타야만 갈 수 있기 때문이다. 물론 바이티청(白帝城)의 변화와 더불어 초나라 양왕(襄王)의 아름다운 로맨스도 그 깊이를 잃을 것이다.

양왕은 꿈속에 미녀를 만나 사랑을 나누었다. 그녀는 "나는 아침에 구름, 저녁에는 비"라는 말을 남기고 떠났다. 다음날 아

산샤(三峽)댐의 건설로 상당 부분이 잠길 샤오산샤(小三峽)의 입구.

침 양왕은 우산(巫山)을 돌아보는데, 우산의 산마루에 구름이 감돌아 그녀가 산의 정령임을 알았다. 바이티청(白帝城) 아래 창지앙(長江)과 접안하는 곳에서 호객하는 배든, 여객선이든 아무 배나 잡아타면 1시간 반여 만에 양왕이 들렀다는 우산에 닿는다. 그 가는 길에 양옆에 거대하게 펼쳐진 이곳이 산샤(三峽)의 북쪽 관문인 취탕샤(瞿塘峽)이다.

우산(巫山)은 역시 산샤(三峽)댐의 건설로 인해 머잖아 그 아름다움이 반감될 샤오산샤(小三峽)의 입구 마을이다. 이곳은 양왕의 전설뿐만 아니라 굴원의 '구가(九歌)', '산귀(山鬼)'에도 잘 나타나 있다. 산귀(山鬼)에는 깊고 험준하기 그지없는 우산(巫山)이 다정다감한 아가씨로 인격화되어 나타난다.

산샤(三峽) 여행의 중심지였던 우산(巫山)은 댐의 건설로 인해 도시를 지금보다 200m 가량 높은 산 정상 부근으로 옮겼다. 안쪽 작은 마을 사람들은 후난(湖南)이나 광둥(廣東), 안후이(安徽) 등지로 뿔뿔이 이주했다.

두보는 쿠이저우(夔州)의 생활을 접고 2년간 후베이(湖北), 후난(湖南)의 수상(水上)에서 생활을 계속하다가 배에서 병을 얻어 둥띵후(洞庭湖)에서 59세의 일기로 병사하였다.

시성(詩聖) 불리는 두보는 인간의 고뇌에 깊이 침잠하여 시대적 아픔과 세심한 자연묘사에 심혈을 기울였다. 특히 장편의 고체시(古體詩)는 주로 사회성을 표현해서 시사(詩史)라고 불린다.

한잔의 술과 한편의 시 그리고 끝없는 방랑… 詩仙 이백

두보와 함께 시대를 풍미했던 시인을 꼽으라면 당연히 시선(詩仙) 이백(李白)을 꼽는다. 두보의 삶의 궤적(軌跡)이 장안(長安)에서 쓰촨(四川)을 거쳐서 창지앙(長江)의 중류까지 내려왔다면, 이백의 삶은 창지앙(長江)을 따라서 지앙난(江南), 산둥(山東), 산시(山西) 등지를 편력하며 중국 전역이라고 할 만큼 많은 지역에 머물렀다. 그 중에서도 창지앙(長江)의 중하류는 두보의 중요한 문학적 소재가 되어 그의 작품세계에 잘 나타나 있다.

창지앙(長江) 중류의 중심도시인 우한(武漢)은 이백이 격찬한

최호(崔顥) 의 시(詩)와 이백 등으로 유명한 우한(武漢) 황학루(黃鶴樓).

최호(崔顥)의 시 '황학루(黃鶴樓)'의 무대가 된 곳이다.

"옛 사람 황학 타고 이미 가버려 / 땅에는 쓸쓸히 황학루만 남았네 / 한번 간 황학은 다시 오지 않고 / 흰 구름 천 년을 유유히 떠 있네"('황학루' 중에서)라는 시구에 이백이 동의한 것은 그가 추구하는 이상과 가까웠기 때문일 것이다.

이백의 생애는 방랑으로 시작하여 방랑으로 끝났다. 그는 도가(道家)에 깊은 관심이 있었다. 두보가 언제나 인간으로서 성실하게 살고 인간 속에 침잠하는 방향을 취한 데 비해, 이백은 오히려 인간을 초월하고 인간의 자유를 비상하는 방향을 취하였다.

그는 인생의 고통이나 비수(悲愁)까지도 혼돈화(混沌化)하여, 그 곳으로부터 비상하려 하였다. 술이 그 혼돈화(混沌化)와 비상의 실천수단이었던 것은 말할 것도 없다. 그래서 많은 이들이 이백의 시 밑바닥에서 지탱하고 있는 것은 협기(俠氣)와 신선(神仙)과 술이라고 보고 있다. 젊은 시절에는 협기가 많았고, 만년에는 신선이 보다 많은 관심의 대상이었으나, 술은 생애 전반을 통하여 그의 문학과 철학의 원천이었다.

우한(武漢)에서 이제는 밋밋한 강줄기 밖에 보이지 않는 창지앙(長江) 물길을 타고 한참 가면, 지우지앙(九江)에 닿는다. 이곳은 이백이 정치적인 이유로 가장 큰 위기를 맞았던 곳이다. 정치적 입신의 기대가 컸을 때, 적극적이었던 그는 안록산의 난 이후 벌어진 왕자들 간의 쟁투에서 영왕의 쪽에 섰다가 패배하여 지우지앙(九江)의 옥중에 갇히기도 한다. 이렇듯 이곳은 고난의 땅이기도 하지만 천하의 절경을 흠모한 이백에게는 여산(廬山)이 있어서 즐거운 곳이기도 했다.

그는 여산에서 '망여산폭포(望廬山瀑布)' 등의 걸작을 남긴다. "날듯이 흘러 수직으로 삼천 척을 떨어지니 / 이는 아마도 은하수가 구천에서 떨어지는 듯하구나"(飛流直下三千尺 疑是銀河落九天 '망여신폭포' 중에서)리고 읊었던 그의 호방한 기상을 대표하는 詩이기도 하다.

마저 길을 재촉해 창지앙(長江)의 하류에 도착하면 곳곳에서 이백의 유산과 만날 수 있다. 난징(南京)에 약간 못 미쳐 있는 형지앙(橫江)은 물론이고 저지앙성(浙江省) 샤오싱(紹興) 곳곳에

흔적을 남겨두었다. 방랑의 삶속에 이백은 향수를 달래며 오늘날까지 애송되는 시중 하나인 '정야사(靜夜思)'를 짓는다. "침상 앞에 비치는 달빛을 보고 / 땅 위에 내린 서리인가 의심한다 / 머리를 들어 산의 달을 바라보고 / 머리를 숙여 고향을 생각하네"(牀前明月光 疑是地上霜 擧頭望明月 低頭思故鄉).

도인(道人)을 꿈꾸고 때로는 권력에 욕심도 내어보지만 그의 마음에는 언제나 고향이 있었다. 물론 그의 고향은 다섯살까지 살았던 구소련 키르키즈 공화국 토크마크시일 수도 있고, 이후에 산 쓰촨성(四川省) 지앙요(江油)일 수도 있다.

이백은 물론이고 많은 문인들이 작품을 남긴 여산(廬山).

누가 당시(唐詩)에 오직 낭만(浪漫)만이 있었다고 말하리

당시(唐詩)는 이백이나 두보가 걸출하게 활약했던 성당(盛唐 대략 8세기 전반)시기만 꽃피운 것이 아니라 초당(初唐 거의 7세기), 중당(中唐 8세기 후반에서 9세기 전반), 만당(晩唐 9세기 후반에서 10세기 초기)에 이르는 오랜 시간속에서 형성된 문학적 성취였다.

물론 이 시기의 성취도 이전에 만들어진 신화나 굴원의 작품 등이 있었기에 가능할 수 있었다. 또 중국문학을 바라봄에 있어서 지나치게 당대를 높게 평가하는 것도 바람직하지 않다.

당 태종 이후 현종 등의 시기에 국가의 기반이 강해지고, 창조적 역량에 도움을 주는 도가(道家)가 넓게 퍼지면서 고급문화가 형성될 수 있는 기반이 만들어졌다. 또 빙신(氷心)이 저술한 『중국문학사』에서는 정치적으로 북방의 당(唐)왕조가 남방의 수(隋)왕조를 통일했지만, 문화적으로는 남방의 문풍이 북방의 시단에 스며들면서 화려하고 아름다운 문풍이 형성됐다고 본다. 이런 기반에 안록산의 난과 그 이후 벌어진 토호들 간의 전쟁은 일반인들의 생활을 궁핍하게 했고, 오랫동안 문학적 감상에 빠져들었던 문인들을 각성시키면서 다양한 문학적 기반이 형성됐다. 전쟁이 그들에게는 진수를 만들 수 있는 바탕이 된 것이다.

사실 빼어난 문학적 성취의 대부분은 태평성대에 이루어진 것이 아니라 정치적 혼란과 이로 인한 정신적 혼돈 속에서 탄생했다는 점이다. 그런 점에서 중국 문학의 거봉으로 우뚝 솟은

당시(唐詩)는 단순한 낭만의 산물이 아닌 시대와 그 속에서 치
열하게 살았던 이들이 만들어준 유산이다.

제3장 『三國志』, 『水滸傳』 영웅들의 행진은 계속되고

변혁의 물결 속에 일어나는 문예열풍(文藝熱風)

당대(唐代)에는 이백(李白)과 두보(杜甫)라는 중국 시사(詩史)의 두 거장이 같이 공존했다. 그러나 세상에 완전한 우연이란 없는 법. 이렇게 동시대에 태어난 두 사람이 거봉으로 함께 공존할 수 있었던 것은 유·불·선 사상이 혼융되면서 문화적 성숙기에 이르렀고 사회적, 정치적 혼란의 가중은 문인들에게 기폭제 역할을 했다.

중국 시사(詩史)가 당대(唐代)를 통해 활짝 피었다면 중국 산문(散文)의 역사는 원(元), 명(明) 교체기부터 그 싹을 틔웠다. 아시이는 물론이고 유럽까지 세력을 넓힌 원(元) 제국의 영향을 받았다. 원(元) 제국의 말기에는 혼란과 더불어 방탕한 문화가 싹텄기 때문이다. 이런 문화는 결국 표현이 자유로운 산문문학의 부흥을 가져왔다.

명나라에 들어서면서 매월당 김시습의 『금오신화』에 영향을

준 『전등신화(剪燈神話)』가 태어났다. 『전등신화』도 귀신과의 사랑과 같은 파격적인 표현으로 문제가 됐지만 더 심한 표현들이 속속 등장했다. 각종 방법으로 여성을 납치하고 강간하는 장면이 묘사된 『국색천향(國色天香)』을 비롯해 당시로서는 지나친 묘사가 많아 금서가 되는 책이 적지 않을 만큼 산문은 활기를 띠기 시작했다.

물론 거기에는 인쇄술의 발달도 큰 영향을 주었다. 덕분에 중국 산문역사에서 가장 빼어난 걸작들은 원(元), 명(明) 교체기에 탄생한다. 이 때 만들어진 『삼국지』, 『수호지』, 『서유기』, 『금병매』를 비롯해 청(淸)나라 때 조설근(曹雪芹)이 지은 『홍루몽(紅樓夢)』과 더불어 산문문학의 진수로 꼽히고 있다. 여기서 『삼국지』, 『수호지』, 『서유기』, 『홍루몽』은 중국 4대 고전 소설로 불

『삼국지』의 영웅 유비가 죽은 바이티청(白帝城). 산샤(山峽)댐의 건설로 섬으로 바뀐다.

린다.

역사와 문학이 어우러진 『삼국지』와 『수호지』

중국을 여행 다니면서 끊임없이 뇌리에 떠나지 않는 것이 있다면 바로 『삼국연의』(三國演義 우리는 흔히 『삼국지』라고 호칭)이다. 난징(南京), 쑤저우(蘇州), 지우지앙(九江), 창사(長沙), 허저(荷澤), 징저우(荊州), 이저우(翼州), 웨양(岳陽), 청두(成都) 등 중국 중남부에 위치한 대부분의 도시는 『삼국지』에서 수시로 등장하는 지명들이다. 상당수는 지명이 바뀌었지만 몇 개의 도시는 이름도 같아서 그런 느낌을 더욱 깊게 한다.

제갈량의 호를 딴 청두(成都)의 무후스(武候祠), 유비가 숨을 거둔 산샤(山峽) 바이티청(白帝城), 헤게모니 쟁탈의 판도를 바꾼 '적벽대전(赤壁大戰)'의 현장인 치비(赤碧) 등은 그 자체로도 중요한 여행지로 꼽힌다.

우리가 흔히 알고 있는 "젊어서는 『삼국지』를 읽고, 늙어서는 『삼국지』를 읽지 마라. 『삼국지』를 세 번 이상 읽지 않은 사람과는 더불어 세상을 논하지 마라" 라는 말이 있다. 즉 『삼국지』가 야망을 키우고, 세상을 보는 지략을 키우는 역할을 하는 것으로 보고 있는 것이다. 이는 중국도 마찬가지여서 『삼국지』는 텔레비전 드라마로 자주 만들어진다. 거대한 스케일로 인해 최근에 촬영된 적은 없지만 중국 드라마를 VCD/DVD로 판매하는 가게에 가면 다양한 삼국지 드라마를 만날 수 있다.

『삼국지』의 인물 가운데 가장 사랑받는 인물은 당연히 제갈량이다. 조조를 섬기다가 배반하고 진(晉)을 세운 사마의와 달리 유비의 아들 유선을 끝까지 모신 제갈량을 충신으로 생각한다. 반면에 종교적으로 가장 숭앙받는 인물을 꼽으라면 관우이다. 관우에 대한 중국인들의 관심은 좀 특수한 데가 있다.

관우는 유비가 익주(益州)를 공략할 때 징저우(荊州)에 머물면서 동쪽에 있는 위와 오의 침입을 막다가 조조와 손권의 협격(挾擊)을 받아 죽음을 당하였다. 그러나 관우는 죽은 후 강한 혼령의 힘으로 조조군을 괴롭히는 등 사후에도 염력(念力)이 인정되어 중국인들의 숭앙을 받기 시작했다. 특히 송나라 이후엔 그를 황제의 반열로 모셔서 관제묘(關帝廟)를 세우는 문화가 퍼졌다. 그 후 더욱 특이한 것은 그가 초기에 무신(武神)에서 재신(財神)으로 점차 바뀌어가고 있다는 것이다. 중국의 음식점에는 대부분 계산대의 뒤쪽이나 입구에 관우를 재신으로 모시고 있다.

『삼국지』에서 헤게모니 쟁탈의 분수령이 된 치비(赤壁).

『삼국지』가 거대한 스케일과 기묘한 이야기로 독자를 유혹한다면 『수호지』는 108 영웅들이 하나하나 살아서 움직이는 듯한 느낌으로 다가와서 독특한 느낌을 준다. 수령인 송강(宋江)을 중심으로 양산박(梁山泊)을 만들어, 조정의 부패를 비판하고, 관료의 비행에 대항해 민중의 갈채를 받는 이야기다.

원말(元末)명초(明初)의 인물인 시내암(施耐庵)이 쓰고, 나관중이 손질한 것으로 알려진 이 소설은 중앙정부의 부패에 대항

『수호지』의 영웅 노지심(魯智深)을 소재로 한 조각상.

하는 민초들의 삶을 박진감 있게 다룬 만큼 민중의 사랑을 받았지만 아래로부터의 혁명을 두려워하는 황실에서는 약간은 금기시하는 풍조가 있었다. 하지만 공산화 이후에는 갑작스레 중국의 최대 고전으로 추앙 받는다.

노지심(魯智深)이나 이규(李逵), 무송(武松)처럼 낮은 신분의 호걸과 임충(林忠), 양지(楊志), 송강(宋江)처럼 지주 출신이나 선비 등이 어울리는 만큼 다양한 계층의 통합을 원하고 사회혁명을 추동하는 데는 『수호지』만한 것이 없었다. 특히 고전을 탐독하기 좋아한 마오쩌둥(毛澤東)은 게릴라 전술 등 상당 부분의 전술을 『수호지』를 통해 개발하고, 주변사람들에게도 『수호지』를 권했다.

『수호지』의 전반에 깔려있는 동고동락(同苦同樂)의 정신은 미래를 알 수 없는 어려운 상황에서 진행한 소비에트 운동과 대장정(大長征)은 물론이고 문화대혁명(文化大革命) 때까지도 주요한 사상적(思想的), 문학적(文學的) 자산으로 자리했다. 특히 마오쩌둥(毛澤東)은 무차별한 사상 폭력이 자행된 문화대혁명(文化大革命)기에 『수호지』에 나온 '조반유리'(造反有理 모든 항거

에는 무릇 정당한 이유가 있다)라는 말로 홍위병들의 행동에 동
의를 표했다. 하지만 공산혁명이 완성된 후에도 『수호지』를 계
속해서 내세우기는 좀 껄끄러운 면이 있다. 이미 공산당 역시
서서히 권력의 기본적인 속성에 젖어들고, 이런 타성을 비판하
는 민중들의 힘도 서서히 커가고 있기 때문이다.

『서유기』 『금병매』를 넘어서면서 본격적인 창작소설 탄생

원명의 교체기에 탄생한 『삼국지』
와 『수호지』가 역사 속에서 영웅호걸
의 이야기를 빌려와서 만들어졌다면
명대에 만들어진 『서유기』와 『금병
매』는 역사보다는 문학적 감수성이
산문에 본격적으로 투영된 소설들이

저우싱치(周星馳)가 주연한
영화 〈대화서유(大話西
游)〉. 중국 영화계의 고전
으로 자리했다.

다. 『서유기』는 여전히 중국 대중문화계에서 가장 사랑받는 소
재다.

올해도 대만에서 씨에팅펑(謝霆鋒), 쩡수이웬(鄭秀文), 위안용
이(袁詠儀), 장웨이지엔(張衛健) 등 중화권 스타들이 총 출동해
『서유기』에 바탕을 둔 〈제천대성 손오공(齊天大聖 孫悟空)〉을
만들었는데, 중국 시청자들의 반응도 좋은 편이다. 또 1995년
홍콩에서 만든 저우싱치(周星馳) 주연의 〈대화서유(大話西游)〉
는 중국인들에게 소설 『서유기』에 못지않은 영화판 고전으로
자리하고 있다.

한 인간이 과거와 현재를 넘나들면서 자신이 손오공인 것을

손오공이 파초선으로 불을
껐다는 훼옌산(火焰山).

인식하는데 주력한 이 영화는 텔레비전 쇼 프로그램에서도 이 영화의 한 부분, 한 부분을 재현하는 출연자를 쉽게 볼 수 있을 정도로 인기를 구가했다. 『서유기』는 629년 30세의 젊은 승려 현장이 혼자 타클라마칸 사막을 지나 천축(인도)으로 불경을 구하러 갔다가 17년 만에 범문으로 된 불경 657부를 가지고 돌아와 중국 불교사에 획을 그은 사건을 바탕으로 만들어졌다.

신비한 문화가 남아있는 신지앙(新疆)을 시작으로 해서 인도까지 펼쳐진 그 길에 대한 환상은 다양한 이야기를 만들어냈고, 이 이야기는 확대 재생산되다가 명나라 중엽 오승은(1500년~1582년)에 의해 정리된 것이다. 풍부한 상상과 허구, 그리고 천재적인 창조성을 가미해 깊이 있는 사회주제를 표현해낸 이 걸작으로 인해 중국 소설사에서 문학이 역사보다 약간의 우위를 점하게 된다. 특히 환상세계를 즐기는 중국인들에게 신(神)과 마귀 등을 통해 인간사회의 여러 모습을 담은 이 소설은 큰 즐거움을 주었다.

우리에게도 익숙한 3대 소설이 여전히 역사와 문학이 결합하는 과도기적인 성격을 띠었다면 명대 후기 소소생(笑笑生)이 지은 것으로 알려진 『금병매』는 『수호지』의 한 부분인 반금련과 서문경의 간통이야기에서 따왔지만 대부분은 작가의 창작 성과물이라는 점에서 중국 소설사의 한 획을 그은 작품이다.

이 소설은 가정생활, 풍류, 방종에 가까운 정사(情事)를 소재로 해서 세태의 냉정함과 인간성의 추악함을 잘 표현했다는 평가를 받고 있다. 소설에는 조정의 간악한 세태는 물론이고 중간 관료층의 부패, 또 한량 등 하층민들의 악마적인 세계까지 잘 갈파하고 있기도 하다. 또 『금병매』는 소설의 대상을 개인까지 미세화 시키는데도 큰 영향을 미쳤다.

이 시대 이후 중국 소설사에는 '인정소설(人情小說)'이 본격적으로 등장하게 됐고, 현재까지도 가장 사랑받는 『홍루몽』이 탄생할 수 있는 바탕을 마련했다.

제4장 근·현대 중국을 이끈 지성인 루쉰(魯迅)

샤오싱(紹興)으로 가는 길

중국 공산당이 당장(堂場)에서 '공산당 선언'을 빼고, 자본가의 입당을 허용한 2002년 겨울의 초입, 루쉰(魯迅)의 고향 샤오싱(紹興)에서는 루쉰(魯迅)의 상표 논쟁이 있었다.

이곳에서 새롭게 설립된 샤오싱주(紹興酒) 회사가 '루쉰(魯迅)'의 이름을 딴 술을 내놓자 중국 근대 최고의 지성을 술 이름으로 만들어서야 되겠느냐는 것이다. 하지만 장사를 위해서라면 물불 안가리는 만큼 일단은 루쉰(魯迅)의 입상(立像)까지 들어간 술이 시장에 나왔다. 사회주의 국가에서 상상하기 어려웠던 상전벽해(桑田碧海)의 일이지만 이미 뽕나무밭은 바다 속에 잠긴 것을 따로 논할 필요가 있을까.

국문학도였던 필자에게 루쉰(魯迅)은 그다지 인상적인 작가는 아니었다. 『아Q정전』이나 『광인일기』 등의 그의 저술이 쉽사리 다가오지 않았기 때문이다. 하지만 중국에서 생활하면서

중국이 만들어지는 과정에 관심을 가지면서 루쉰(魯迅) 만큼 부각되는 인물이 없었다는 걸 알았다. 그래서 루쉰(魯迅)의 고향 샤오싱(紹興)에 가는 길도 그 만큼 가슴 떨리는 일이었다.

항저우(杭州)에서 한 시간 반 거리에 있는 샤오싱(紹興)으로 가는 길은 남방 특유의 호수 도시의 풍경을 느낄 수 있다. 어디가 길인지, 어디가 호수인지 구분되지 않을 만큼 들과 호수가 교차되면서 펼쳐지고 있다. 그리고 뒤에 마이산홍(梅山紅)이라는 이쁜 이름의 커다란 호수를 끼고 있는 샤오싱(紹興)역에 내려서 도시로 들어갈 때 물의 내음을 만끽할 수 있다. 하지만 물의 내음에 못지않은 것이 학문의 내음이다. 사실 20세기 중국 최고의 사상가이자 문인인 루쉰(魯迅)을 비롯해, 마오쩌둥(毛澤

샤오싱(紹興)이나 조우주왕(周庄) 등 강남의 촌락은 물과 땅의 경계 없이 만들어져 독특한 느낌을 준다.

싼웨이슈우(三味書屋)앞. 작은 배들은 이제 여행자를 위한 상품의 기능도 한다.

東), 그가 없으면 공산혁명을 이루지 못했을 거라는 칭송을 받는 저우언라이(周恩來), 베이징대학의 총장을 지내며 현대 지성 양성에 절대적인 공헌을 한 차이위앤페이(蔡元培), 여성 혁명가 추진(秋瑾)의 옛집과 옛 놀이터가 걸어서 얼마 크지도 않는 이 소도시에 붙어 있다는 것이 그저 신기할 뿐이다.

魯迅 사상의 모태가 된 샤오싱(紹興), 베이징 그리고 상하이

루쉰(魯迅)의 옛집과 그가 공부하던 샨웨이슈우(三味書屋)는 셴헝(咸亨)주점, 창칭스(長慶寺), 투쿠스(土谷祠) 등 그의 소설에도 자주 등장하는 곳들이 아직도 그곳에 붙어 있어서 남다른 감흥을 준다.

그는 난징(南京)의 지앙난수이스쉐탕(江南水師學堂)으로 공부하러 갔던 18살 세 까지 이곳에서 공부했고, 1910년 서른의 나이로 이곳 중학교 교감으로 부임한 후 다시 2년을 살다가 난징을 거쳐서 베이징으로 갔다. 루쉰은 일본 유학 시절 러일전쟁 슬라이드를 보다가 화면 속에 나타난 우매한 중국인들을 보고 중국인들의 정신을 개조해야 한다고 결심한다. 그후 1909년 '몸의 병' 이 아닌 중국인들의 '마음의 병' 을 고치기 위해 의학

전문학교를 포기하고 들어와 잠시 생활한 그의 고향이니 만큼 그의 사상과 낭만의 모태가 된 샤오싱(紹興)이다. 그리고 그의 작품에서 등장하는 풍부한 고전과 지명도 대부분은 샤오싱(紹興)에서 부여받았다.

싼웨이슈우(三味書屋). 魯迅은 이곳에서 중국 전통 사상을 두루 섭렵할 수 있었다.

루쉰(魯迅)은 31살인 1911년 10월 신해혁명(辛亥革命)으로 청나라가 멸망하고, 중화민국이 세워진 다음해 쑨원(孫文)이 이끄는 정부의 교육부 직원으로 들어가 1912년에는 베이징에 안착한다.

베이징 샤오싱(紹興)회관에서 진로를 잡지 못해 갈팡질팡하는 중국의 모습을 보면서 회의에 빠진다. 그 후 38살인 1918년 5월 진보잡지인 『신청년』에 『광인일기』를 연재함으로써 중국인이 가진 정신의 병을 치유하기 위한 작업에 들어가는 한편 베이징대학, 베이징사범대학에 출강하면서 교육운동에도 적극적으로 참여한다.

1921년 12월에는 『아Q정전』의 연재를 시작해 다음해 2월 마침으로써 20세기 중국 문학 사상 최대의 문제작을 탄생시킨다. 베이징에서 루쉰은 근대사상을 받아 들이고 다양한 경험을 얻는다. 베이징대학이나 베이징사범대학 등에서 그는 량치차오(梁啓超) 등의 사상을 수혈 받고, 궈모루(郭沫若) 등과 교류하면

잘 정비된 루쉰기념관의 모습.

서 고민하고 그 상흔을 소설이나 시(詩), 잡문(雜文)으로 담아낸 곳이다. 그런 그의 흔적인 푸청먼(阜成門) 시싼티아오(西三條)에 있는 옛집, 루쉰(魯迅)박물관, 또 그가 고향의 향수를 달래던 샤오싱후이관(紹興會館) 등에 남아있다.

베이징의 정치적 혼란(混亂)과 혼돈(混沌) 속에서 갈등하던 루쉰은 1926년(46세) 샤먼(廈門)대학에 교수로 취임하면서 베이징을 띠난다. 다음해에는 샤먼(廈門)을 떠나, 잠깐 광저우중산대학(廣州中山大學校)을 거친 후 1927년 10월에는 상하이에 도착한다. 이곳에서 그는 창작보다는 사회주의문학운동을 펼치고, 러시아 문학작품이나 서구문학이론을 편역 출판하는데 노력한다.

루쉰(魯迅)은 지병인 폐병으로 사망한 1936년 10월 19일까지 상하이에 머문다. 이런 연유로 상하이인들은 루쉰(魯迅)에 대해서 깊은 애정을 갖고 홍커우공원(虹口公園)을 루쉰(魯迅)공원으로 개명하기도 했다.

홍커우공원은 윤봉길 의사가 1932년에 상하이사변(上海事變)의 전승기념 행사를 하는 일본군 장성들에게 폭탄을 던진 의거가 있었던 곳이다. 이렇듯 이곳은 일본인들과 적잖은 인연이 있는 곳이다. 루쉰(魯迅)은 젊은 날에 일본에서 공부한 적도 있었고, 그와 교류하던 일본 지인들도 많아서 자연스럽게 일본 문화의 영향을 받았다. 그리고 그의 작품이 일본에서 큰 반향을 일으켰기 때문에 루쉰공원(魯迅公園)에 건립된 루쉰박물관(魯迅博物館)의 건설과정에도 일본의 도움을 많이 받았다.

마오쩌둥(毛澤東)의 절대적인 찬사(讚辭)

그럼 현대 중국에서 루쉰(魯迅)을 바라보는 시각은 어떨까. 현대 중국에서 루쉰(魯迅)의 위상은 마오쩌둥(毛澤東)이 '신민주주의론'에서 "魯迅은 중국 문화 혁명의 주장(主將)이다. 그는 위대한 문학가일 뿐 아니라 또한 위대한 사상가이자 위대한 혁명가이기도 하다. 문화전선에 있어서 루쉰은 전민족의 대다수를 대표하여 적을 향해 맹렬히 진격해간 정확하며 가장 용감하고 가장 굳세고 가장 충실하고 가장 열렬한 공전의 민족영웅이었다. 魯迅의 방향은 곧 중국 민족 신문화의 방향이다"(전형준 『현대 중국문학의 이해』 중)라고 극찬했다.

베이징 시절 魯迅의 집. 이
곳과 샤오싱(紹興)회관을
오가며, 주된 창작시절을
보냈다.

마오쩌둥(毛澤東)은
옌안(延安)시절에 루쉰
(魯迅)의 책을 밤새도록
읽어서 '마오쩌둥(毛澤
東)의 성서'라고까지 표
현할 정도다. 마오쩌둥
의 절대적인 찬사는 사
회주의 중국에서 그의
텍스트가 가장 숭앙(崇
仰)받는 존재가 됐다.
때문에 그는 문화대혁명(文化大革命) 때 에도 크게 손길이 뻗히
지 않았던 드문 사상가로 대우받았다.

실제로 그는 "소설가요, 『문화편지론 (文化偏至論)』이나 『마
라시역설 (摩羅詩力說)』 등을 발표한 문화 문학이론가요, 고전
시, 현대시, 산문시 등을 쓴 시인이요, 〈어사사(語絲社)〉, 〈 미명
사(未明社)〉, 〈망원사(莽原社)〉 등의 문학동인(文學同人)을 조직
했던 문학운동가요, 『미명총간』, 『오합총서』등을 편찬 출간한
출판가요, 하문대학과 중산대학 등에서 강의한 교수요, 1930년
중국좌익작가연맹을 비롯 중국자유운동대동맹, 중국민권보장
동맹 등을 조직했던 민족운동 정치 운동가"(허세욱, 『중국현대문
학사』에서) 였다.

그는 때로 좌절하기도 했지만 중국인의 마음을 고치는 '정신
의 의사' 가 되기에 충분한 자질을 타고 났었다. 그는 어려서 부
터 산웨이슈우(三味書屋)와 같은 전통 교육방식은 물론 막 눈을

뜨기 시작한 서구문화를 함께 받아들였다.

　열세 살인 1893년 관직에 있던 조부가 과거시험 부정사건에 연루되어 투옥되고 1894년 겨울에는 부친이 중병에 걸려 2년 가량 투병하다가 사망함으로써 샤오싱(紹興)에서 내노라 했던 그의 집안은 완전히 몰락했다. 그는 외가를 오가면서 가난한 농민들과 가난한 도시 지식인들의 삶을 직간접적으로 체험할 수 있었다. 또한 일본 유학을 통해 서구의 과학은 물론이고 철학 등을 받아들였다는 점이다. 물론 그런 시점도 중요했지만 영웅을 만드는 가장 중요한 난세라는 요인도 그에게는 적절했다. 그가 성장한 시점은 청조가 서구 열강에 무너지고, 서구민주주의(西歐民主主義), 공산주의(共産主義) 등 수많은 사상이 앞 다투어 동양에 들어오는 한편 일본도 서서히 제국주의(帝國主義)

서재의 **魯迅**. 그가 창작활동을 하던 시기는 신해혁명, 5·4운동 등 격변의 시기였다.

魯迅의 가족사진. 1931년 상하이에서 찍은 사진이다.

로서의 마각을 드러내는 시기였다. 때문에 그가 표출해야할 문학적 사상적 소재는 너무나 풍부했다. 루쉰(魯迅)은 "스스로를 중국 사회 변혁기의 '중간물(中間物)'이라 여기고는 깜깜한 갑문을 어깨로 떠받치듯 인습의 무게를 감내하면서, 스스로 '중국의 마지막 지식인'이 되길 희망했다."(빙신(冰心)『중국문학사』중에서) 하지만 사상가로 부각된 자신 때문에 문인으로 평가받을 수 있는 기회를 잃었다.

그러나 1980년대 후반부터는 중국에서 문인 루쉰(魯迅)으로 평가하자는 움직임이 활발해지기 시작했다. "먼저 루쉰(魯迅)이 있는 그 자리로 돌아가자"라는 기치 아래 소설의 창작에 큰 영향을 주었던 그의 내적 모순과 다양한 갈등을 분석하기 위한 작업을 시작했다.

아Q의 눈으로 희망을 담아

루쉰의 가장 대표적인 소설은 그런 그의 모습을 잘 보여준다. 첫 작품 『광인일기』에서 그는 아큐를 통해 중국역사 4천년의 표어인 '인의도덕(仁義道德)'이라는 글자가 결국인 '식인(食

人'이었다며, 인민을 압박하는 식민의 역사를 통렬하게 비판
한다. 그는 "사천년 동안 늘 사람을 잡아먹어온 곳, 나도 오랫
동안 그 속에 섞여 살아왔다는 것을 오늘에야 깨달았다"고 말
한다. 『쿵이지(孔乙己)』에서는 몰락한 전통 지식인의 삶을 그리
고 있다. 또 『약』에서는 처형된 혁명가의 피를 적신 만두를 사
다가 폐병에 걸린 아들에 주는 우매한 민중의 모습을 담는다.

1921년 12월 『천바오(晨報)』에 연재하기 시작한 그의 대표작
『아Q정전』에서 루쉰(魯迅)은 현실과 다르게 생각해서 자신을
위로하는 정신 승리법을 가진 아큐의 삶을 통해 중국인들의 사
상을 통렬히 비판하는 한편 "정신 승리법이라 명명된 농민 계
급의 병든 의식 상태로부터 그 사회적 존재에 의해 본래적으로
주어진 혁명적 에네르기로의 전화 가능성을 포착"(전형준 『魯迅
소설과 5·4운동』 중에서)한다. 그리고 이 소설은 중국뿐만 아
니라 한국, 일본, 러시아 등 서구에까지 많은 영향을 준다.

제5장 딩링(丁玲)으로 읽는 中문학 '순수와 참여'

옌안(延安)문예좌담회와 공산화를 기점으로 참여문학의 독주

순수문학과 참여문학의 논쟁을 말하면 우리는 대부분 '카프 문학'을 떠올릴 것이다. 카프(KAPF)는 1925년에 결성된 '조선 프롤레타리아 예술가 동맹(Korea Artist Proletarian Federation)'의 약칭이다. 김기진(金基鎭), 박영희(朴英熙) 등이 주동이 된 이 흐름은 프롤레타리아 문학에 관계하는 작가들의 전위적 역할을 강조하는 한편 조직적인 창작 활동까지 확대됐다. 10년가량 활동했고, 이런 흐름에 반대하는 이들이 순수문학 단체인 '구인회'을 조직했다.

이 흐름은 우리 근대 문단에서 거의 처음 태동한 참여문학 논쟁이자, 지금까지는 다시 태동되지 않던 문학 흐름으로 고등학교 시절 공부했던 기억이 새로울 것이다. 그럼 거의 같은 시기에 사회주의가 밀려든 중국은 어떨까. 또 우리와 달리 자유주의

가 아닌 사회주의가 국가 중심 이데올로기가 된 중국에서 그런 흐름은 어떻게 바뀌었을까.

사실 나는 중국 근현대사 전환기를 전체적으로 조망할 수 있을 만큼 많은 텍스트를 둘러보지 못했다. 다만 읽어본 몇 권의 중국문학 개론서와 소수의 텍스트 등을 통해 그 흐름을 점검해 갈 수 밖에 없다. 그런 과정에서 하나의 키워드로 잡은 인물이 딩링(丁玲)이다.

딩링은 1904년에 태어나 1986년 3월에 사망할 때 까지 중국 근·현대 문학의 연결고리 역할을 했다. 그녀는 창작뿐만 아니라 문예이론 논쟁에서도 정점에 서 있었다. 물론 그녀와 비슷한 시대를 관류했던 인물로 라오셔(老舍), 후스(胡適), 꿔모뤄(郭沫若), 빠진(巴金) 등 우리에게 익숙한 인물들도 있었지만 사상의 변화, 정치적 역정이 딩링(丁玲) 만큼 흥미롭지는 않다. 이 장에서는 이런 딩링을 통해 중국 순수문학과 참여문학의 변모를 엿

옌안(延安)문예좌담회의 기념촬영. 이 좌담회는 문학뿐만 아니라 예술전반에 큰 영향을 주었다.

보기로 한다.

성적(性的) 탐미(耽美)추구와 방황

소녀 시절의 丁玲. 南京, 上海, 北京 등을 오가던 그 시절의 丁玲은 아름다운 여인이었다.

딩링(丁玲)의 삶은 그녀와 마오둔(茅盾) 전문 연구가인 쭝청(宗誠)의 전기 『딩링(丁玲)』(다섯수레 간)을 통해 잘 소개되어 있는데, 젊은 날의 그녀를 보는 중심축은 미모의 그녀가 방종할 만큼 탐미했던 성(性)과 중국 문단을 놀라게 한 창작세계일 것이다.

먼저 1936년 난징(南京)에서 대장정군이 머물던 바오안(保安)으로 향할 때까지의 삶의 대강을 소개한다. 그녀는 1904년 후난성(湖南省) 창더(常德)의 비교적 부유한 가문에서 태어나지만 1908년 아버지가 병사하면서 집안이 몰락한다. 그 후 아버지 가문에 맞서 성을 성메이(勝眉 수염난 남자보다 낫다는 뜻)로 이름을 무탕(慕唐 당나라 측천무후를 흠모한다는 뜻)로 바꾸는 등 독립의지를 키우고 소학교에서 교편을 잡은 어머니의 후원으로 딩링(丁玲)은 공부를 지속한다.

1918년에는 타오위안(挑源) 제 2여자사범학교 예과에 입학했다가 1919년에 창사(長沙)여자중학교로 전학한다. 당시 5·4운동 이후 불기 시작한 변화의 바람에 자신의 마음을 맡기기 시작하고, 1922년부터는 상하이(上海), 난징(南京), 베이징(北京) 등을 다니며 취추바이(瞿秋白) 등 문인과 교류를 시작한다. 또 이 시기에 루쉰(魯迅)에게 도움을 부탁하는 편지를 보내, 그와 적지 않은 관계를 갖기도 한다.

1925년 딩링(丁玲)은 어머니를 만나 근공검학(勤工儉學 중국 유학생들이 프랑스 등지에서 일을 하면서 공부하는 형태)으로 프랑스에 가는 것을 상의하기 위해서 고향 창더(常德)에 갔지만 어머니는 허락하지 않았다. 그러다 그녀를 보고 반해서 창더(常德)까지 따라온 후예핀(胡也頻)과 사랑하고, 1925년 가을에는 베이징에서 동거에 들어간다. 후예핀(胡也頻) 이전에도 선충원(沈從文) 등과 교제했고, 연애나 결혼으로 자신을 구속하고 싶지 않았던 그녀에게 불쑥 찾아온 사랑을 맞이하는 방식으로 후예핀(胡也頻)과의 동거는 적절했다. 그러면서 1927년 겨울, 그녀의 양대 문제작 중 하나인 『소피의 일기』를 쓴다.

곰팡내 나는 하숙집에서 살아가는 소피를 통해 자신을 투사한다. 종잡을 수 없는 사고 속에서 번민하다가 자조와 자기 연민으로 결말을 보여주는 이 소설은 방황하는 당시의 신지식인과 문인들의 삶을 잘 표출해 그녀를 문단의 중심에 끌어다 놓는다. 1928년부터 그녀는 자유연애보다는 후예핀(胡也頻)을 평생의 반려자로 생각하기 시작한다. 그러나 그런 생각을 고정하기에 운명은 너무 거칠었다.

1931년 1월 후예핀(胡也頻)이 국민당의 검속에 체포되어, 2월 7일 처형되기 때문이다. 이후 그녀는 전해 태어난 아들 쟝주린(蔣祖林)을 어머니에게 보내고, 좌익 문학 활동을 본격화하는 한편 11월에는 공산당원 딩슈(丁休)와 동거에 들어간다. 1933년 5월에는 딩슈(丁休)가 근거지를 누설해 판자이녠(潘梓年)등과 체포되지만 구명운동으로 목숨을 건지고, 난징 등지에서 구금되어 있다가 1936년 9월에는 당조직의 도움으로 대장정군이 종착지로 머물고 있는 샨베이(陝北)로 향한다.

사회주의(社會主義) 충실한 혁명 전사로

1936년 11월 10일 당시 홍군이 있던 바오안(保安)에 도착하여 마오쩌둥(毛澤東), 저우언라이(周恩來), 장원톈(張聞天) 등의 환영을 받는다. 제법 지명도가 있는 문단의 작가가 홍군에게 들어간 것은 처음이었기 때문에 그녀에 대한 환대는 남달랐다. 또 홍군과 함께 전선으로 움직이면서 창작과 문예활동을 해야 했기 때문에 본격적인 사회주의 문학을 시작한 시기가 이때이기도 하다.

그녀는 홍군을 따라 전선을 다니면서 『전선으로 가다』, 『펑더화이(彭德懷) 스케치』 등을 저술한다. 이후에 다양한 출신의 문인들이 옌안(延安)에 합류했고, 시인이자 혁명가였던 마오쩌둥(毛澤東)이 이 문예활동에 본격적으로 참여했기 때문에 옌안(延安)시절은 중국현대문학사에서 가장 중요한 곳 가운데 하나이다.

물론 1949년 공산화전까지 중국 대부분을 장악하고 있던 국민당 지역에서도 다양한 문학창작은 지속됐기 때문에 이때부터 중국 문학은 두 가지 축으로 흘러가기 시작했다. 1949년 공산화와 이어서 진행된 각종 사상검열과 문화대혁명(文化大革命)을 기점으로 중국 문학은 사실상 참여문학의 한 축으로만 진행됐다고 볼 수 있다. 이런 참여문학은 1942년 옌안(延安)에서 열린 옌안문예좌담회(延安文藝座談會)가 그 시작점이라고 볼 만큼 중요하다.

마오쩌둥(毛澤東)은 공산주의자와 문인들에게 지식인은 환골탈퇴해 지식인으로서가 아닌 노동자, 농민, 병사의 입장에서 창작을 하고, 그 창작물은 "혁명이라는 전체를 구성하는 톱니와 나사가 되게 하고 이로써 지식인의 입장전환을 실현해야 한다"고 역설했다. 더 나아가 마오는 "문예가 혁명이라는 전체 메커니즘에 잘 맞아 들어가는 한 부분이 되기 위해서는 인민을 단결 교육시키고, 적들을 타격 소멸시키는 강력한 무기가 되어야 한다"고 강조했다.

1946년의 딩링(丁玲). 샨시(陝西)는 물론이고 광시(廣西), 후난(湖南) 등을 다니면서 혁명에 열중했다.

마오쩌둥은 『모순론』이나 『신민주주의론』 등의 저술과 연설을 통해 중국 문화의 완벽한 새문화의 창조를 말했고, 이는 문학과 예술을 이데올로기의 '상부구조'로 보았기 때문이다. 이런 입장은 문인 역시 월급을 받는 지위로 만들었다. 창작은 절대적으로 당의 지도와 감독 하에 놓여져야 했고, 문학을 생산과 소비라는 경제활동의 한 축에 집어넣었다. 그렇지 않은 이는 인민의 밥버러지로 전락되었다. 그때부터 자유로운 창작은 사실상 금기가 됐다.

딩링(丁玲) 역시 예외는 아니었다. 그녀에게는 상하이나 베이징 시절 다양한 삶의 편력과 더불어 국민당에 체포되었다가 살아난 경력이 있었다. 그녀는 저명작가로서 처음 옌안에 들어왔다는 이니셔티브(initiative) 보다는 끌고 갈 짐이 더 많았다. 초반기 샨시(山西)성과 시안(西安) 등을 오가며 선전활동을 벌였고, 마르크스, 레닌학원 등에서 사상학습을 받기도 했다.

1936년 12월 마오쩌둥은 홍군에 와서 열심히 참여하는 딩링

(丁玲)에게 "가느다란 붓을 무엇에 비할까 / … 어제의 문학소녀가 / 오늘의 전사라오"라는 문구를 넣은 사(詞)를 그녀에게 보낼 정도였다. 한때 그녀는 국민당 치하의 난징(南京)에서 연금생활을 했던 시간이 문제가 돼 공격을 받기도 하지만 1941년 1월에 당과 혁명에 충실한 공산당원으로 인정된다는 통보를 받았다. 이후 『해방일보(解放日報)』에서 일하다가 1942년 2월에는 천밍(陳明)과 결혼한다. 그해 5월부터 열린 옌안문예좌담회(延安文藝座談會)에도 참석한다.

공산당의 변화에 따라 그녀도 여러 지역으로 움직이며, 조직활동과 문예활동을 벌인다. 이런 활동과 문학관은 1946년부터 쓰기 시작해 1948년 6월에 끝마친 『태양은 쌍간허(桑干河)에 비추고』에 잘 담겨져 있다. 이 소설은 쌍간허(桑干河)라는 곳에 토지개혁사업이 진행되려하자 기대에 부푼 농민들과 지주들의 대립을 소재로 하고 있다.

지주들의 중상모략과 당 간부들의 분열을 이기고 토지개혁을 완성한다는 이 소설은 사회주의 문학창작론에 충실한 결과물이었다. 그녀는 이 소설로 1951년에는 스탈린 문예공모전에서 2등상을 수상해 국제적인 지명도를 높이기도 한다.

1949년 공산화 후 중국은 안정에 접어들고 그녀도 안정을 찾는다. 1955년 후펑(胡風) 비판운동으로부터 시작된 반혁명집단 타도는 그녀에게도 불똥이 튀어 곤란에 빠지지만 1957년 초여름 사실 무근의 처분을 받는다. 1958년부터 불기 시작한 중국 정치권의 회오리는 그녀에게 정면으로 다가왔고, 6월 하순에는 백두산 근처의 베이따황(北大荒)으로 사실상 유배에 해당하는 하방처분을 받는다.

1966년 문화대혁명(文化大革命)중에는 반동분자로 투옥되었다가 1979년 복권되었고 중국작가협회 부주석을 지냈다.

공산화로 한축이 완전히 붕괴된 중국문학

1949년 10월 중국 공산화는 기존에 사회주의 문학과 자유주의 문학으로 대별되던 중국 문학의 공산화를 말하기도 했다. 일단 이때의 중국 문학은 완전히 암흑기에 접어들었다.

1942년 이전에 주목할 만한 작품을 발표한 꿔뭐뤄(郭沫若), 예성타오(葉聖陶), 마오둔(茅盾) 등 노작가는 물론이고 아이칭(艾靑), 차오위(曹禺) 등 대부분 작가의 창작활동은 거의 중지됐다. 1950년대 반동 작가로 낙인 된 중국 현대 사상의 거장 후스(胡適), 『생활의 발견』으로 유명한 린위탕(林語堂), 루쉰(魯迅)의 지인으로 유명한 저우쭤런(周作人) 등의 창작활동은 말할 나위도 없다.

라오서(老舍)의 모습. 젊은 날의 그는 미국 등지에서 문인으로 명성을 높였다.

『중국당대문학사』의 저자 홍즈청(洪子誠)은 "많은 작가들의 예술 생명은 1950년대 이후 사실상 끝이 났다"며 그 근거로 마오쩌둥의 문학관과 배치된다는 이유로 배척된 것, 자기의 문학관과 생활의 체험, 예술형식이 현실의 문학 규범과 조화를 이루기 어려운 점, 1950년대 초반부터 불기 시작한 정치와 문학의 비판운동 가운데 직접적으로 화를 입었다는 점을 이유로 꼽았다.

라오서(老舍)기념관. 베이징 왕푸징(王府井)에서 멀지 않은 후통(胡同)에 있다.

이들 작가의 운명은 비극의 연속이었다. 물론 이 가운데는 문혁의 시작점인 1966년 베이징의 타이핑후(太平湖)에서 시체로 발견된 라오서(老舍)같은 비극적인 인물도 있다. 1937년 발표한 『뤄투오샹쯔(駱駝祥子)』가 1945년 미국에서 베스트셀러가 되면서 그는 세계적인 명성을 얻는다. 1947년 미국으로 건너가 『사세동당(四世同堂)』의 3부작 『기황(飢荒)』을 탈고하고, 1949년 귀국하여 문예계의 여러 요직을 거치면서 인문예술가라는 칭호도 받았지만 그가 죽던 해인 1966년 문혁의 초반기 홍위병들에게 반동분자로 비판을 받았다. 이런 그의 운명처럼 사실상 문혁(文革)은 노작가나 순수 창작가들 대부분에게 시련기 였다.

딩링(丁玲)은 문혁의 초기에 그 풍파에서 벗어나 안전하다가 1970년 베이징으로 비밀리에 압송되어 수감됐다가 1975년에는 다시 샨시성(山西省) 창즈(長治) 보내진다. 1976년 문혁이 마무리되고 그녀도 누명을 벗는다. 그리고 1979년에 베이징으로 돌아온 후 정치적 복권이 이루어지고, 1984년 8월에는 중앙서기처가 '딩링 동지의 명예 회복에 대한 통보'를 발표해 완전한 복권이 이루어진다. 하지만 그녀의 몸과 마음은 지쳐 있었고, 1985년 7월 입원한다. 그녀는 병원에서 문학격월간지 『중국』의 일을 계속하면서 마지막 열정을 불태우다가 1986년 3월 4일 영면한다. 그녀의 삶, 혹은 그 시대를 관류했던 문인들의 삶을 문

학 이데올로기가 완전히 다르고, 시대도 다른 이
들이 쉽게 평가할 수는 없다. 또 문학의 순수와
참여를 놓고, 무엇이 옳고 그르다하는 논의도 바
람직하지는 않을 것 같다.

인연이 되어 문학좌담회의 장소가 된 샨시성
(陝西省)의 도시 옌안(延安)의 한켠에 자리한 양
지아링(楊家嶺)을 두 번이나 둘러볼 기회가 있었
다. 회의 장 앞에는 당시 회의에 참석했던 마오
쩌둥(毛澤東)과 딩링(丁玲)을 포함한 중국 사회주
의문학 초기 작가들의 기념사진이 전시되어 있

노년의 딩링(丁玲). 그녀
의 삶은 고난의 연속이
었다.

었다. 다른 것을 제쳐두고 가슴 아팠던 것은 아무런 보장을 할
수 없었던 그 당시 꿈꾸던 사회주의 문학의 초발심을 누군가부
터 서서히 잃어가기 시작했다는 것이다.

제6장 열린 창작의 문 너머로 돈의 족쇄가

소설가 '위화(余華)'로 읽기

옌안문예좌담(延安文藝座談)과 이후 지속적으로 표출된 사상 논쟁으로 인해 중국 문학은 만신창이가 됐다. 거기에 문혁(文革)은 막 링 위에 쓰러지는 선수에게 강력한 주먹을 가 하는 것과 같은 영향을 나타냈다. 문혁(文革)이 끝난 후 중국 문학도 오랜 동면(冬眠)에서 눈을 뜨기 시작한다.

여기에는 공산화 이전에 활동하다가 우파로 몰려 창작을 억압받거나 펜을 놓아야 했던 작가와 문학을 이데올로기의 시녀로 생각하다가 작가로서의 새로운 갈증에 목말라했던 이들도 있었다. 그러나 이들에게 30여 년(1949-1978년 전후)의 시간은 너무나 긴 시간이었다. 이런 동토에 불어온 개혁개방의 봄바람은 중국 문학의 새로운 싹을 띄우기 시작한다. 또한 상처가 아름다운 결실을 만드는 진주(珍珠)와 같은 문학의 특성이 중국에서도 없을 리 없었다.

1960년 태생으로 문혁의 시기에 문학적 토대를 쌓은 후 1983년 첫 소설을 발표하기 시작한 작가 위화(余華)를 통해 문혁(文革)이후 변화하는 중국문단의 모습을 살펴본다.

위화(余華). 이미 중견작가의 대열에 끼어든 그는 한국에도 적지 않은 팬을 갖고 있다.

80년대 일기 시작한 문학계의 봄바람

1980년대에 들어서야 문혁(文革)의 상흔은 조금씩 씻기기 시작한다. 문혁이 실(失)만 있었던 것은 아니었다. 사회주의 중국에서 문혁은 "사회적 신앙의 훼멸(毀滅)과 권위의 붕괴(崩壞)는 저지할 수 없는 조류가 되었으니, 많은 중국인들은 각기 정도는 다르지만 정신적으로 각성하게 되었고, 기존에 설정된 사상의 성역과 계율에 대해 의문을 제기하고 회의하고 재고해보려는 강렬한 충동"(홍즈청(洪子誠) 『중국 당대 문학사』가운데서)이라는 소득(?)을 얻게 됐다. 그리고 그 충동과 더불어 문학 본연의 모습은 작가의 생각뿐만 아니라 제도적인 면에서도 풀리기 시작했다.

1979년 5월 공산당 중앙위원회는 공문서를 통해 문인에게 직접적인 정치임무에 종속시키지 않는다는 지시를 내리고, 1984년 12월부터 열린 중국 작가협회 4차 대표대회에서는 '창작의 자유'라는 구호까지 나온다. 당연히 그간에 금기가 됐던 서구의 문학작품이나 문학이론이 밀려오기 시작했다.

문학작품뿐만 아니라 문학의 토대인 철학(哲學), 미학(美學), 문화학(文化學), 심리학(心理學) 등의 책도 쏟아져 나오기 시작한다. 이런 개방의 바람에도 불구하고 이미 경직될 대로 경직된

왕슈오(王朔). 고아한척만 하던 문학을 세상속으로 끌어들이는 역할을 했다.

노작가들의 펜을 움직이는데 한계가 있었다. 대신에 '지식청년 작가' 로 불리는 작가군(群)이 등장했다.

문혁(文革) 당시 군대나 인민공사 등으로 내려가 삶의 굴곡을 느꼈던 이들이 고향으로 돌아와 문학으로 그 경험이나 변화를 형상화할 수 있게 된 것이다. 한사오꿍(韓少功), 스톄성(史鐵生), 장청즈(張承志), 베이다오(北島) 등이 그런 지식청년 작가들이다. 이들의 작품세계도 서서히 본 궤도를 찾아가고 1980년대 후반부터 시따와(西達娃), 마위엔(馬原), 거페이(格非), 위화(余華), 예자오옌(葉兆言), 왕슈오(王朔) 등 작가들이 나오기 시작했다. 이들은 막 밀려들어온 모더니즘(modernism)은 물론이고, 그들이 겪어야 했던 시대적 우울, 또 여전히 혈액에 녹아있을 수 밖에 없는 사회주의 문학정신이 혼돈되면서 표출되었다.

80년대 중반 일어난 '신사실주의'

1979년부터 1984년까지를 신시기 문학 1단계로 보는데, 이 시기는 주로 문혁(文革)기간 동안을 탐색하는 '상흔문학(傷痕文學)', '반성소설(反省小說)'이 소설에서는 주류를 이뤘고, 시에서는 '몽롱시운동(朦朧詩運動)'이 벌어지기도 했다.

1980년대 후반에는 '누보로망(nouveau roman)'* 등의 경향과 가르시아 마르께스의 영향을 받은 작가들 사이에서 만들어진 '선봉문학(先鋒文學)'과 현실을 소재로 차용하는 '신사실주의' 문학이 만들어지는데, 위화(余華)는 선봉문학의 선도자 중하나이다.

위화(余華)는 1983년 단편소설 『첫번째 기숙사』를 발표하면서 소설가로 나섰고, 곧바로 『18세에 집을 나서 먼 길을 나서다(十八歲出門遠行)』, 『세상사는 연기와 같다(世事如烟)』등 실험성이 강한 중·단편을 내놓았다.

폭력, 피, 죽음이 직접적으로 서술되는 이 작품들을 통해 망각의 늪에 빠진 중국 현대사 및 개인의 기억을 환기시킨다는 평가를 받는 이 소설을 나는 중국에 들어와서야 접할 수 있었다. 그가 살았던 베이징으로 가는 기차에서 즐거운 마음으로 소설을 읽기 시작했는데, 그 즐기움은 곳 불편함으로 바뀐다. 글로만 느껴도 구역질이 나올 것 같은 죽음의 파노라마와 소설이 담고 있는 잔혹함이 독자를 힘들게 한다.

첫 번째 소설 『어떤 현실』이 담고 있는 것은 평범하던 두 형제가 어린 소년 피피의 실수로 벌어지게 되는 살육전에 관한 것이다.

이런 잔인한 이야기는 두 번째 소설 『강가에서 일어난 일』 역시 마찬가지다. 미친 사람이 자신을 돌보아주던 할머니를 강가에서 손도끼로 목을 쳐서 살해하고, 경

위화(余華)의 소설 『세상사는 연기와 같다』의 표지

누보로망(nouveau roman): 앙티로망(anti-roman)이라고도 한다. 전통적인 소설의 형식이나 관습을 부정하고 새로운 수법을 시도한 소설. 1950년대에 프랑스에서 시작한 것으로, 특별한 줄거리나 뚜렷한 인물이 없고 사상의 통일성이 없으며, 시점이 자유롭다. 사르트르가 사로트(Sarraute, N.)의 소설 『미지인(未知人)의 초상』의 서문에서 처음으로 사용한 말이다. 누보로망 반소설 신소설(新小說).

찰 마철은 이 사건을 수사하기 위해 그곳으로 파견 온다. 수사
가 진행되는 동안에도 계속 진행되는 살인들. 결국 여기서 마철
역시 혼돈 속에 빠져들고, 급기야는 미친 사람을 권총으로 살해
하게 된다. 그리고 그를 구해주기 위해 그를 정신병자로 몰아가
는 상사와 아내 앞에서 혼돈은 가중된다.

세 번째 소설『옛 사랑 이야기』는 기울어진 가세를 일으키기
위해 과거를 보러 가는 유생이 우연히 만난 여인과 사랑을 나누
는 이야기다. 하지만 그 사랑의 중간에는 혼란스런 상황으로 인
해 인육을 거래하는 잔인한 세상이 담겨져 있다. 표제작『세상
사는 연기와 같다』역시 자식들의 수명을 앗아서 생명을 연장
하는 점쟁이를 주축으로 죽고 죽어 가는 인간들의 허무한 과정
에 관해서 그리고 있다.

네가지 소설에서 죽어 가는 사람의 숫자가 근 백여 명에 이르
지 않을까 할 만큼 이 소설은 죽음의 향연이다. 잔인하게 도끼
로 살해당하거나 생생한 인육이 되기 위해 살아있는 상태에서
신체의 일부분을 자르고, 때로는 나무에 묶여 발을 간질이는 개
때문에 웃다가 죽기도 한다. 작가가 가장 음울하던 시절, 그리
고 원고지가 습기에 젖어 부드러워질 만큼 습한 기운 속에 썼다
는 소설이 죽음의 코드를 담고 있는 것은 그가 술회하듯 문화대
혁명(文化大革命)이라는 광기의 역사를 공유하면서 얻었던 기
억들 때문일 것이다. 그리고 그가 유년시절을 외과의사인 아버
지 밑에서 보냈을 뿐만 아니라 시체실 옆에서 지낸것도 작품 활
동에 적잖은 영향을 끼쳤을 것이다. 절망이나 그로테스크
(grotesque) 분위기는 시대가 주기보다는 작가의 내면에 존재

하는 가장 중요한 코드 중에 하나이다.

기본적으로 이런 특성은 그가 사숙했던 보르헤스나 마르께스 같은 남미의 작가에게서 따온 것이기도 하고, 선배작

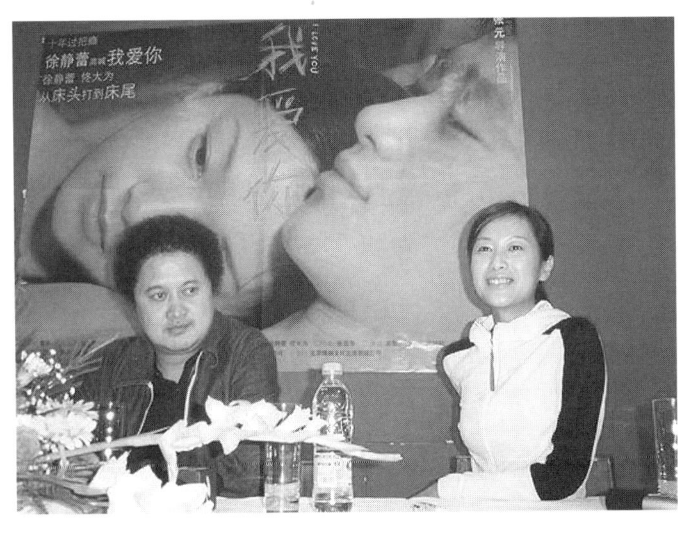

왕슈오(王朔)의 소설을 각색한 영화 〈워아이니〉. 그의 소설은 10편 넘게 영화화됐다.

가인 루쉰(魯迅)에게도 빌려 온 것일 수도 있다. 알베르 카뮈에게서 느껴지는 분위기가 그에게서도 느껴진다. 물론 더 확실한 것은 우리 작가 기형도나 최승자의 시에서 느껴지는 것 같은 그로테스크(grotesque)한 분위기가 작가 스스로의 본원적인 환경에서 왔다는 것도 부인할 수 없을 것이다.

이런 경향은 보통 3세대 작가들로 불리는 이들 모두에게 느껴지는 것은 아니다. 여전히 문학계에 가장 활발한 이슈 메이커로 활동하는 왕슈오(王朔)는 지앙원(姜文)감독에 의해 영화가 된 『햇빛 쏟아지던 날들(陽光燦爛的日子)』을 비롯해 다양한 작품을 남겼다.

최근에 〈워아이니(我愛你)〉로 영화된 『중독된 사랑(過把癮就死)〉을 비롯해 10여편이 영화화될 만큼 대중들의 인기를 받고 있다. 그는 애정은 물론이고, 해학소설 등 다양한 분야를 창작해 문예소설과 통속소설의 경계를 붕괴시키는 한편 무협작가의

대부 진용(金庸)의 작품을 혹독하게 비판하는 글을 써 새로운 경향의 문학논쟁을 일으킨 장본이기도 하다.

문학 속에 나타난 '혁명세대'의 아이러니

우리에게는 그다지 알려지지 않은 왕멍(王蒙) 역시 '선봉소설'을 이끈 작가 가운데 하나다. 그는 『봄의 소리(春之聲)』, 『나부끼는 연(風箏飄帶)』, 『나비(蝴蝶)』등의 소설을 통해 의식의 흐름기법을 시험하는 한편 역사의 무게를 버리지 않았다.

젊은 작가들에게 역사는 거대한 짐이다. 위화(余華)는 이런 과정을 장이머우(張藝謀)에 의해 영화화된 〈인생(活着)〉을 통해 보여준다.

이 소설에서 참혹하고 야만적인 전란과 문화대혁명(文化大革命)을 겪는 주인공 '푸구이'(富貴)의 삶을 통해 역사 속에 나타난 개인의 삶에 진실성을 보여준다. 그는 부자가 되고, 귀하게 살아가라는 뜻에서 얻은 이름에 비해 아이러니한 삶을 살아간다. 그러나 '살아간다는 것' 자체의 귀중함을 일깨워 줌으로써 근·현대사를 건너온 중국인들에게 큰 감동을 주었다.

1980년대 후반부터 중국 작가들은 새로운 적을 만나야 했다. 바로 돈과 상품이 모든 것을 결정하는 중국인들의 본성 가운데 하나를 상기시킨 것이다. 홍즈청(洪子誠)은 이 결과 정치권력이 문학에 갖는 통제력은 약화시키는 한편 신문의 부간(副刊) 등을 통해서 작가에게 발표공간을 주었다는 것이다. 반면 문학예술의 지위는 돈과 상품에 밀렸고, 문학의 상품적 속성이 문학예술에 적지 않은 영향을 준 것으로 본다. 위화(余華)에게도 마찬가지였다.

위화는 이런 상황 속에서 1996년 『허삼관 매혈기』를 발표한다. 페니니의 영화 〈인생은 아름다워〉를 생각하게 하는 이 작품은 페니니가 그린 시간들이 유대인에게 형악과도 같은 홀로코스트의 시간이었다면, 소설 속의 주인공 허삼관이 지내는 시간은 중국 근대사의 중심이다. 소설 속의 시대배경은 1949년 공산화, 1970년대 전후의 문화대혁명(文化大革命), 톈안먼(天安門) 사태 등을 보여준다. 페니니의 영화를 생각한 것은 비극의 역사를 차분하고 유머러스하게 그려낼 수 있다는 것. 역사치고 개인에게 세차지 않은 시간과 장소가 어디 있을까만 그것을 여유롭고, 유머러스하게 관조할 수 있는 넓은 '품'을 가진 이들을 허삼관으로 보여준다.

생사공장에 다니는 허삼관이 어느날 방씨와 근룡이를 만나면서 피를 팔면 일년 동안 열심히 일해서 얻은 수익과 맞먹는 돈을 벌 수 있다는 것을 안 이후 인생의 고비나 전환점마다 피를 팔아서 그 위기를 넘겨가는 것이다. 소설을 이끄는 가장 큰 힘은 독자들의 슬픈 웃음을 자아내게 하는 것들이다. 홍수로 흉년이 들었을 때 자린고비를 능가하는 기지로 배고픔을 견디는 것이나, 문혁(文革) 때 아내 허옥란이 자기비판회(自己批判會)를 여는 모습은 역사와 한 개인의 삶과 그 아이러니를 잘 보여준다.

위화(余華)의 소설 『허삼관 매혈기』 표지.

89년 톈안먼(天安門)의 상흔을 딛고

1980년대 중기 이후에는 시의 전성시대가 왔다. 보통 '후기 신시풍(後新詩潮)'으로 불리는데, 앞서 개방이후 생겨난 신시풍을 변화시킨 경우였다.

빙신(氷心)은 후기 신시풍(新詩風)을 시속에 반문화(反文化)와 반숭고(反崇古)라는 두 측면을 대체로 체현하고 있는 어떤 의미에서 다소 극단적인 경향을 표현하고 있다고 본다. 이들은 각자의 독특한 성향을 갖고 있으면서도 상호보완성을 갖고 있다고 봤다.

현대인의 도시적 감성심리를 파헤치고자 하면서도 신화와 전설로부터 소재를 찾아냈었다. 이런 낭만의 중간에 1989년 톈안먼(天安門)의 비극이 일어나 다시 심리적 공항상태에 빠져들기도 했다. 더러는 시인 베이다오(北島)처럼 외국에서 그 안타까움을 표출한 이도 있었다. 우리나라에도 소개된 꾸청(顧城)은 1993년 10월 뉴질랜드에서 자살하는 데 그런 분열적 상태가 소설『잉얼(英兒)』에 잘 나타나 있다. 그의 소설을 읽으면 어쩔 수 없이 '미래는 오래 지속된다'의 알튀세르를 떠올린다.

꾸청(顧城)이 아내 레이의 머리를 도끼로 내리칠 때 감각이 알튀세르에게는 아내의 목을 조르는 손으로 나타날 뿐이다. 그런 분열이 개인에게 파생된 것보다는 시대가 준 유산이다.

위화(余華)는 이제 중년 작가가 되었다. 어느 인터뷰에서 그는 다른 사람의 소설을 읽을 때 "궁극적으로 기대하는 것은 그 작품들이 나의 감수성을 움직이는가의 여부이지 재미있다거나

어렵다거나 하는 것들이 아니다"라는 말했다. 그는 "훌륭한 작
가라면 정치나 사회적 가치에 대해 응당 관심을 가져야 한다.
대중적인 조류도 마찬가지지만 중요한 것은 작가가 진정으로
사람에 관심을 기울이는가 하는 것이다"라고 말했다. 『허삼관
매혈기』이후 장편소설을 쓰지 않았던 그는 2002년 11월 한 신
문과의 인터뷰에서 중국사를 건너온 여성의 삶을 소설화하겠다
고 밝혔다. 남녀평등이 거의 실현되었고, 사회참여가 활발한 중
국인만큼 작가로서 한번 관심을 가져볼 만한 일이다.

제7장 현대 중국문학의 산실(産室)
'사이버 문학'

또 다른 변혁, 문학 공간의 확대

5년 전쯤 사이버 커뮤니케이션의 주류를 차지하던 PC통신 상에서 비교적 활발한 토론이 열렸다. 온라인상의 문학을 어떻게 부를까하는 논쟁이 중심이었고, 이런 종류의 문학에 대한 다양한 해석도 곁들여 졌었다.

PC통신 등 사이버 공간에 오가던 문학의 정의를 놓고, 『사이버문학』(이용욱 등)이라고 해야 한다는 쪽과 『통신문학』(김홍년 등)으로 불러야한다는 쪽이 온라인 문학의 범위와 정의를 놓고 치열한 논쟁을 벌이다 그다지 큰 성과를 얻지 못하고 끝났었다. 그런 결말을 맺게 된 가장 큰 원인은 두 쪽 모두 사이버 공간이 문학 확장이나 문학작품 전파 등에 상당한 역할을 할 것을 전제로 했음에 반해 실제로 사이버 공간이 문학의 터전으로 가는데는 적지 않은 한계가 있음이 증명되었기 때문이다.

물론 이런 흐름은 이후 활자가 아닌 모니터 상으로 책을 보는 전자책이나 독서를 위해서만 만들어진 단말기를 사용하는 데이터북 등 다양한 형태로 변주되어 왔으나 아직까지 확실한 것은 사이버공간이나 전자

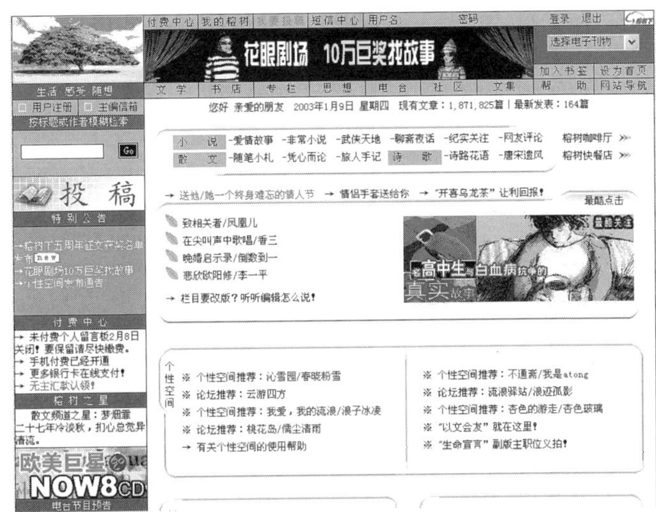

중국 최대의 사이버문학 사이트인 롱수샤(榕樹下). 이곳에만 170만 편의 소설이 투고됐다고 밝히고 있다.

책이 우리 독서문화의 저변에 별다른 변화를 가져오지 못했다는 것에 대부분의 사람들이 동의할 것이다.

책의 유통이나 홍보 등에 있어서는 독서쪽에 비해서 다양한 작용을 했지만, 혁명적인 기술의 변화가 없는 한 온라인이 직접적인 독서 공간으로 작용하기에는 적지 않은 문제가 있다는 것을 확인했다. 이런 상황과 맞물려 사이버공간을 통해서 소설 등이 연재되면서 온라인 문학이 싹트는가에 관심이 모아졌다.

하이텔, 천리안 등에서 자신의 문학작품을 연재하는 이들이 늘어났고, 더러는 책으로 만들어지는 경우도 종종 있었다. 이런 작품 가운데 대중의 관심을 갖거나, 문학계에서 영향력을 가질 만한 작품은 아직 탄생하지 못했다. 분명한 것은 이젠 생활의 모든 것이 인터넷과 연관되는 현시점에서 '사이버 문학' 도 그 태동을 주시해야 한다는 것이다.

사이버 문학이 급증하는 이유

그럼 중국은 어떨까. 중국에는 이미 통용된 사이버 문학에 대한 정의가 있다. 바로 '사이버(網絡) 문학'인데, 쉽게 이런 단어가 생긴 것은 중국 온라인의 보급 상황에서 한국의 PC통신과 같은 형태가 없이 곧바로 인터넷이 온라인의 중심에 떠올랐기 때문이다. 또 중국 사이버 문학은 한국 사이버 문학과 달리 빠른 속도로 자신의 위상을 찾아가면서 문단의 중요한 한 부분을 차지하게 됐다.

지금 중국 문단에서 사이버 문학이 차지하는 위상은 상상이상이다. 한 예로 우리 검색사이트의 문학 안에는 온라인 문학의 카테고리가 거의 없지만, 중국 검색사이트(야후 중국) '문학 종류별' 아래에 '사이버 발표문학(網上發表文學)' 카테고리가 있는데, 하부에 관련 포탈 사이트만도 수백 개가 링크되어 있다. 인터넷이 사이버 문학작품을 감상하는 수단일 뿐만 아니라 문학계에 등단하는 중요한 수단임을 말해준다.

중국에서 사이버 문학이 위상이 높은 데는 몇 가지 원인이 있다. 첫째, 중국 문학이 문화대혁명(文化大革命)의 긴 공백기간과 이후에 다가온 상업 문학으로 인해 순수문학보다는 상대적으로 사이버 문학이 빠르게 자리할 수 있었던 것이다. 둘째, 거대한

쓰즈차이(蔡智恒). 『친숙한 첫 번째 만남』을 인터넷에 올리면서 일약 스타가 된 소설가.

중국 시장을 포괄하는 출판사는 극히 소수이기 때문에 빠르고, 쉽게 자신의 글을 발표하고, 인기에 따라 오프라인 출판사들이 출판을 하는 형태가 빠르게 정착하고 있다는 것이다.

중국판 접속인 〈친숙한 첫 번째 만남〉의 영화장면. 슈치(舒淇)와 천샤오춘(陳小春)이 출연했다.

중국 사이버 문학의 초기 대표작은 1999년 대만에서 발표되어 중국에도 급속하게 영향을 미친 『친숙한 첫 번째 만남(第一次的親密接觸)』이다. 우리나라의 영화 〈접속〉의 중국판인 이 소설은 잔잔한 내용으로 인터넷을 통해 순식간에 인기를 끌었고, 이후 책으로 나오는 한편 영화와 드라마로도 만들어졌다. 이 결과 인터넷이 상당히 효과적인 등단 공간이라는 인식이 확산됐다.

사이버 문학의 가장 큰 힘은 급속히 늘어나는 중국 인터넷 인구다. 신화사의 집계에 따르면 2년 전 890만 명 수준이던 인터넷 인구는 지금은 4600만 명 수준이다. 이런 하부구조의 발전에 힘입어 인터넷 문학의 공간인 롱수(榕樹)에는 2002년 10월까지 170만 편 가량의 소설이 투고됐다.

이런 사이버 문학의 범람 속에서 당연히 인기를 얻는 작품도 끊임없이 나오고 있다. 사이버 상에서 인기를 끌어 신문에 연재되는 『킬러 왕샤오산(黑心殺手王小山)』, 인터넷만큼은 인기를 끌지 못하지만 소설로 출간된 『태감(太監)』, 『서유기』를 패러디

사이버 문학은 이제 그 범위를 넓혀 고전의 패러디도 시도되고 있다. 『서유기』를 패러디한 『오공전』의 인터넷 사이트.

한 『오공전(悟空傳)』 등은 큰 인기를 끈 사이버 문학의 결실이다. 이 가운데 가장 큰 성과는 2002년 10월 닝컨(寧肯)의 장편 사이버 소설 『멍미엔의 성(蒙面之城)』이 제2회 '라오서(老舍)문학상'을 수상한 것이다. 17세의 소년 마거(馬格)가 소수민족의 고향인 티벳에서 가장 번화하고, 부(富)의 상징적인 도시인 선전(深圳)을 여행하는 도정을 그린 이 소설은 신랑왕(新郎網)에 연재 된지 한 달 만에 50만 명이 다운받은 여행자 소설이다.

대두 되고 있는 사이버 문학의 문제점

중국에서 사이버 소설이 맹위를 떨칠 수 있는 몇 가지 조건 중에 하나는 지불의 단계가 없고, 현대 들어 문학작품의 전반적인 수준이 하향 평준화 되었다는 것에도 그 이유가 있다. 이런 이유 등으로 인해 사이버 문학에 부정적인 여론도 서서히 강도가 높아져 가는 상황이다.

사이버 문학의 궁극적인 목표가 인쇄 출판이기를 바라는데, 이런 사이버 문학이 어떤 의의가 있는가를 묻는 이들이 많아지고 있다. 사이버 문학이 비판받는 근거는 2001년 11월 '신랑문화'(新浪文化)에 발표된 〈사이버 문학의 8가지 죄〉를 보면 대강을 알 수 있다. 아리(阿力)라는 필명으로 발표된 이 글에서 아리는 사이버 문학의 문제를 꼼꼼히 지적하고 있다.

우선 긴 작품의 내부에 제대로 된 이야기가 없다는 것이다. 체계적인 문학 수업을 받지 않은 이들이 푸념식으로 작품을 올리다보니, 문학 쓰레기들이 범람한다는 것이다. 또 인터넷이라는 공간에 맞는 새로운 문학이 등장하기 보다는 '헌 술을 새 부대'에 담는 이상한 형국으로 본다.

두 번째로는 사이버 문학의 음란성을 든다. 책임의 소재가 불투명하다 보니 문학작품을 가장한 음란물들이 소설이라는 이름으로 버젓하게 유통된다는 것이다.

세 번째로는 인터넷에서 쓰이는 언어가 일반인들이 이해하기 쉽지가 않은 은어나 속어가 되는 등 문학의 기본을 갖추지 못했다는 것이다.

우리나라에서도 우려됐던 이런 경향은 중국에서도 비슷하게 나타나고 있다고 보면 맞다. 이밖에도 사이버 문학에는 언어가 풍부하지 못하고, 주체가 뚜렷하지 않아 상대를 음해하는 글이 많고, 인기에 영합하는 글들이 많아서 문학 발전을 방해한다는 등의 내용을 담고 있다. 이런 문제를 이유로 저명한 현대 작가 천춘(陳村)은 2001년 11월 『사이버 문학의 봄날은 갔는가』라는 글을 통해 사이버 문학의 가장 중요한 요소인 공리(公利)의 부분에서 아무런 역할을 하지 못하고, 수준이 낮다는 이유로 인해 곧 퇴조기에 접어들 것으로 봤다.

그러나 이에 대한 반론도 만만치 않다. 사이버 문학의 긍정론자들은 우선 사이버 문학이 생활의 문학이라는 점을 든다. 'E세상'은 기본이고, 이제 실생활이 문학의 소재가 되어야하는데, 사이버 문학이 이에 가장 충실한 문학이라는 것이다. 또 사이버 문학은 상호성을 갖고 있어서 상대적으로 일반 대중이 문학에 친숙할 수 있는 기회를 준다는 것이다. 그리고 사이버 문학과 오프라인 문학의 경계도 사실상 미약하다.

중국 주요 문학작품이나 글의 대다수는 인터넷을 통해 내려받을 수 있고, 모니터 환경에서 읽을 수 있다. 앞에서 다루었던 위화(余華)의 소설도 전부 인터넷상에서 무료로 다운 받거나 텍스트 환경에서 읽을 수 있는 등 대부분 작품을 인터넷에서 읽을 수 있다. 사실 우리나라에서 온라인 문학의 실패를 예정했던 것 가운데 하나는 온라인을 통해 움직이는 작품의 수준이 오프라인에 비해 낮았다는 데 있다. 하지만 중국은 한국과 상황이 다르다. 공산화 이후 문혁(文革)을 거치면서 중국 문학은 사실상 전통과 오랜 단절을 경험했다.

문학 작품의 수준도 낮았을 뿐만 아니라 문학의 하부 자체가 와해(瓦解)됐다고 해도 과언이 아니다. 우선 문학 수요층의 붕괴다. 문혁은 당시에 교육을 받아야할 세대뿐만 아니라 전 중국인에게 문학을 향유할 수 있는 여유를 잃게 했다. 창작뿐만 아니라 독자층이 상대적으로 작아지고, 그 수준도 낮아진 것이다.

2000년 여름 중국 문단에 최대 이슈는 17세의 소년작가 한한(韓寒)이었다. 그는 그해 5월 작가출판사에서 소설 『싼충먼(三重門)』을 출간해 6월에 5판을 찍는 등 큰 반향을 일으켰다. 그는 작가 이전에 한명의 엔터테인먼트가 됐다. 적지 않은 사회 문제에 칼날을 들이대며, 반항적인 젊은이의 대명사가 되었고, 가는 곳마다 여학생들의 꽃다발에 파묻혔다. 하지만 그의 글은 주된 흐름이 없어 산만하고, 중심사상이 제대로 나타나 있지 않다는 등 비평도 만만치 않다.

이런 이상 현상은 2002년 17세의 소녀 춘수(春樹)의 『베이징미녀(北京娃娃)』로 이어졌다. 어린 소녀의 일탈을 그린 이 소설은 5월에 출간한 후 끊임없는 인기몰이를 해 2003년 벽두의 신화서점 인터넷 베스트셀러 2위를 달리는 등 이상 돌풍을 일으켰다.

한국의 문단에 비해 조금 늦게 자본의 물결을 받은 세대인 1970년대 이후 여성작가들의 부상은 당연한 현상인지 모른다. 그들은 '미녀작가' 나 '사이버작가' 혹은 '신비 작가' 라 불리면서 기성시대를 당혹하게 만들 정도로 자유분방한 남녀의 사랑을 작품 소재로 다루고 있다.

경제성장과 더불어 급속히 변하고 있는 사회현상을 소설에 반영하는데, 대표적인 작가로는 『아이스크림 사랑』을 발표한 자오보(趙波) 외에 인리추안(尹麗川), 따이라이(戴來)등이 있다. 반면에 문학성을 인정받는 쟈핑아우(賈平凹), 쉬쿤(徐坤), 한사우궁(韓少功), 海岩(하이옌) 등 유명작가의 소설은 부진을 면치 못했다.

제8장 중국의 출판시장과 그 가능성

문학 출판 하향화 뚜렷, 통속문화의 범람

한국에서 만난 상당수의 사람들이 중국 출판시장에 관해서 많은 관심을 갖고 있었다. 또 2002년 9월 베이징에서 열린 도서박람회에는 적지 않은 출판 관계자들이 몰려 중국 출판시장에 관심을 보여줬다. 13억의 독자가 있는 중국 출판시장에 과연 황금알을 낳는 거위가 살 수 있을까. 가장 확실한 것 가운데 하나는 분명히 중국에는 황금알을 낳는 거위들이 있다는 것이다. 그 거위를 발견하는 것도 어렵고 다가가서 자신의 것으로 만드는 것은 훨씬 더 어렵다. 또 출판업은 중국이 쉽사리 개방하지 않는 분야여서 그 만큼 어려움이 더한다. 이런 중국 출판시장에 접근하기 위해서는 많은 난관을 뚫어야만 한다.

중국 대중출판시장은 현재 몇 가지로 황금분할이 되어 있다. 우선 가벼운 읽을거리 중심의 통속소설이다. 이런 소설은 주로 사이버 문학이나 소년, 소녀 작가 혹은 여성 작가들에 의해 구축되어 왔다. 사이버 문학의 인기를 말해주는 한 예가 바로 우리나라에서 영화로 큰 인기를 끈 〈엽기적인 그녀〉이다. 〈엽기적인 그녀〉는 극장에서 공식적으로 개봉하지 못했지만, 2001년 최고의 인기를 누린 〈소림축구〉에 버금가는 인기를 얻었다. 〈엽기적인 그녀〉는 중국에서 『我的野蠻女友』으로 정식 출간 했는데, 정확한 집계는 없지만 불법복제판까지 합치면 2백만 권 이상의 매출을 올렸을 만큼 인기를 끌었다. 또 2002년 11월에는 만화판으로 새롭게 나와

2003년 벽두 신화서점 종합 베스트 4위에 오를 만큼 인기를 끌고 있다. 한국 드라마인 〈가을연가〉, 〈겨울동화〉나 김하인의 『국화꽃 향기』 등이 책으로 나와 비교적 좋은 반응을 얻고 있는 것도 그런 이유다.

소년 문사의 글로써 인기를 끈 소설은 17세 소년작가 한한(韓寒)의 『싼충먼(三重門)』있다. 이 소설은 이후 유사한 제목의 다양한 소설이 쏟아질 만큼 인기를 누렸고, 최근에는 영화로도 만들어질 준비를 하고 있다. 『싼충먼』은 린위(林雨)라는 소년이 권위주의적인 아버지와 학교성적에 모든 기대를 걸고 있는 어머니 밑에서 세상을 보는 참담한 시선으로 쓰여진 소설이다. 거만하고, 반항적인 소년을 묘사한 이 소설에는 『예기(禮記)』, 『중용(中庸)』을 인용하는 등 다양한 사유세계를 펼쳐지고 있기도 하다. 불과 15세의 소년시절에 쓴 소설이지만 이 소설은 평자들에 의해 사회나 인생 등 모든 것에 대해 예리한 시각을 가진 작

『엽기적인 그녀』의 중국어판 표지. 베스트셀러가 됐을 뿐 아니라 만화로까지 만들어지면서 최고의 인기를 구가하고 있다.

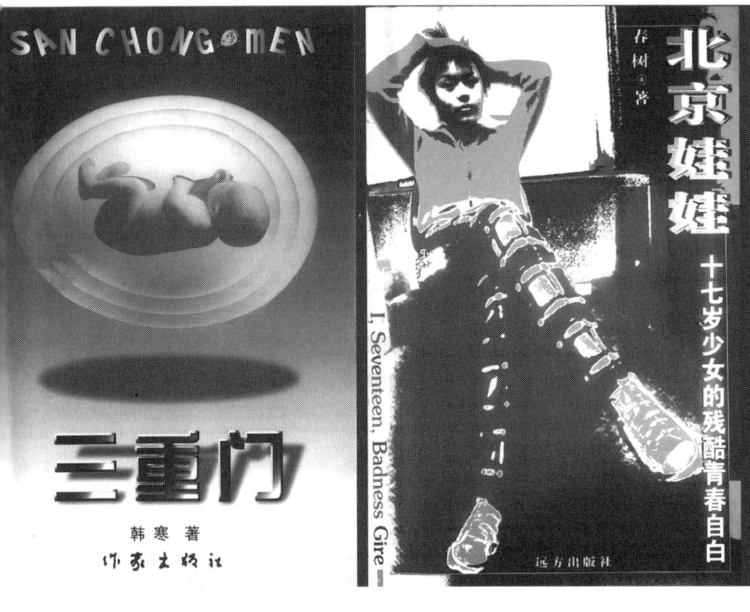

한한의 『싼충먼』과 춘수의 『베이징 미녀』.17세문학. 1999년 한한에 이어, 2002년에는 춘수라는 17살 소녀가 문단을 뒤집었다.

품으로 평가 받았다. 이런 소설의 인기는 이전 세대와 완전히 다른 새로운 세대의 기운이 담겨졌다는 데 있다. 이런 반항적인 기운의 소설로 2003년 벽두 베스트셀러 3위에 있는 『베이징 소녀(北京娃娃)』이다. 〈열일곱 소녀의 잔혹한 청춘 자유(十七歲少女的殘酷靑春自白)〉라는 부제가 붙은 이 소설은 한 소녀의 14살부터 17살까지의 역정을 담은 소설로 방황하는 청소년의 현주소를 보여준다. 이 때문에 문학계 전체에 대한 비난과 더불어 진솔한 작품이라는 다양한 평가를 받는다.

이런 파격적인 소설의 인기는 여성소설계도 마찬가지다. 우야(烏鴉)를 비롯해 『여자의 침대(女人床)』의 지우단(九丹)은 가장 대중적인 여성작가다. 그녀의 작품은 문학성 논쟁 이전에 지나치게 선정적(煽情的)이라는 점 때문에 문제로 지적되고 있다. 이런 소설은 특정한 소설뿐만 아니라 중국 출판계 전반의 문제다.

2003년 1월 중국의 베스트셀러를 보면 이런 독서경향을 쉽게 알 수 있다. 2003년이 시작되는 1월 '신화서점'에서 베스트셀러의 수위를 차지하는 책은 대부분 수준 낮은 대중 출판서적들이다. 우선 수위는 대만 사이버 소설인 『먀오콩의 사랑이야기(猫空愛情故事)』이다. 타이뻬이 먀오콩대학의 학생인 소녀를 주인공으로 하는 이 소설은 정처 없이 방황하는 청년들의 심정을 담은 통속소설이다. 이밖에도 20위권 베스트셀러에 들어있는 소설의 대부분은 통속소설이다. 본격문학이라고 할 수 있는 문학작품은 무롱쉐춘(慕容雪村)의 『청두, 오늘밤의 사랑을 잊지 말자(成都, 今夜請我遺忘)』 정도이다. 하지만 이 역시 인터넷을 통해 소개된 후 책으로 만들어진 비교적 가벼운 문학작품이다.

중국 대중 출판계를 이끌어가는 여성문인의 대표인 지우단(九丹)의 『여자의 침대』.

판타지나 무협소설도 시장 한 축을 이뤄

중국 출판시장의 또 다른 축은 무협소설이나 판타지 문학이다. 무협소설은 중국 문단에서 오랫동안 생명력을 가져온 장르이다. 하지만 진용(金庸)의 절필 이후 특기할 만한 소설이 나오지 않는다는 점이 가장 큰 문제다. 상대적으로 『해리포터』나 『반지의 제왕』 등 판타지 소설이 인기를 끌고 있는 상황이다. 이런 판타지에 대한 관심과 더불어 불법 복제나 무단 첨작이 가능한 중국이기에 현재까지 4편까지만 출간된 『해리포터 시리즈』가 중국에서는 7편까지 나오는 기현상이 벌어져 세계적 화제가 되기도 했다. 실제로 출간되지 않았지만 시장성을 본 중국 3류 작가들이 해리포터 인기에 영합해 롤링의 이름을 빌려 출간한 해적판들이 쏟아졌기 때문이다.

이밖에도 중국 출판시장에서 비교적 좋은 성적을 내는 책으로는 과학서적, 경영관련 서적 등이 있다. 신화서적의 베스트셀러 20에는 스티븐 호킹의 『시간의 역사』가 5위에 랭크되어 있고 로버트 기요사키의 『부자아빠 가난한 아빠』와 같은 특히 돈벌이 관련 서적 등은 돈에 민감한 중국인들에게 가장 빠르게 호소할 수 있는 서적이다.

식을 줄 모르는 영어열기, 아동서적 수요의 증대

중국인들의 영어 열풍은 리양의 『크레이지 잉글리쉬』 등으로 우리에게도 잘 알려져 있다. 20위권 베스트셀러 중에서 영어 관련 서적 2위는 한국에도 번역된 잭 캔필드의 『영혼을 위한 닭고기 수프』, 9위는 『변태 영어』 등이 올라와 있다. 이러한 식을 줄 모르는 영어열기는 베스트셀러의 상당수를 차지한다.

우리나라에서도 큰 인기를 끈 정찬용의 『영어공부 절대로 하지 마라(중국명 千万別學英語-英語學習的革命)』도 영어부분 12

위에 랭크되어 있을 만큼 인기가 높다. 이밖에도
토플이나 GRE 시험을 대비한 서적들이 비교적 인
기를 끌고 있다. 『영어공부 절대로 하지 마라』의
성공은 중국 출판시장에서 한국 콘텐츠들의 생존
가능성을 말해준다. 드라마, 음악, 영화 등 대중문
화 중심으로 분 '한류(韓流)'가 출판시장에도 예외
가 아니라는 것을 보여주기 때문이다.

중국 출판의 총괄하는 중
국출판집단의 현판식.

중국에서 아직 불모지와 같은 곳은 유아 및 어린
이 서적이다. 독생자녀 제도로 인해 '소황제'로 불
리는 아이들이 시장에서 차지하는 비중은 상당히 높다. 6명(부
모 및 친가외가 조부모)의 어른이 한 아이를 바라보는 구조가 당
연히 아이에 대한 투자는 아낄 줄 모르게 한다. 특히 상하이(上
海), 베이징(北京), 광저우(廣州)등 대도시를 중심으로 고급문화
나 교육에 대한 향수가 짙어지기 때문에 유아서적은 중국 출판
시장에 보고와도 같은 곳이다. 또 주택문화나 컴퓨터 등 한국이
중국에 비해 앞서 있는 분야는 진출가능성이 큰 부분이다.

물론 이런 전문서적 분야와 더불어 『엽기적인 그녀』와 같이
중국 '사이버 문학' 수준의 통속성을 갖춘 읽을거리나, 『국화꽃
향기』와 같은 감성소설은 계속해서 중국시장에서 좋은 반응을
보일 가능성이 많다.

해적판 문제 등은 점차 개선 추세

급변하는 환경의 변화에 따라 중국 출판시장의 구조 자체도

2002년 가장 큰 이슈중 하나는 중국의 WTO 가입이었다. 추세에 맞추어 출간된 책의 수가 수백종이다.

적지 않은 변화를 겪고 있다. 중국 출판시장의 가장 큰 문제는 해적판 이다. 저명한 중국 문화전문가 위치우위(余秋雨)는 자신도 구분할 수 없을 정도로 정교하게 만들어지는 해적판이 범람하는 환경에서 더 이상 글을 쓰고 싶지 않다고 절필했을 정도다. 그러나 2002년 말 『나그네는 그칠 것이 없다(行者無疆)』를 출간해 절필선언은 깼지만 중국에서 해적판 문제를 상기시키는 계기가 됐다.

물론 이런 해적판 문제는 지금도 있다. 하지만 생활수준의 향상과 대형서점 및 온라인서점의 등장으로 이런 해적판의 문제는 서서히 해결답안을 찾아가고 있다.

최근 중국에는 대형서점 바람이 불어 일반적으로 성도급(省都級) 도시에는 한국의 초대형 서점에 버금가는 대형서점이 속속 등장하고 있다. 베이징에는 '밍주도서슈퍼마켓(明珠圖書超市)'과 '왕푸징 서점(王府井 書店)' 등 이미 수천평 이상의 매장을 가진 대형서점이 5개 가량 있고, 상하이(上海), 광저우(廣州), 톈진(天津) 등의 대도시도 마찬가지다. 물론 이런 흐름은 스좌좡(石家庄), 지난(濟南) 등 성도급(省都級) 도시로 속속 번져가고 있다. 톈진(天津)의 경우 2002년 10월 지하 1층, 지상 20층의

초대형 서점이 만들어져 주목을 받기도
했다. 이런 대형서점의 등장은 한국과 마
찬가지로 음반 등 문화상품을 포괄적으
로 판매하는데, 영세서점에 비해 상대적
으로 불법 출판물의 관리감독이 철저해
해적판 범람을 막는 역할을 하고 있다.

아직까지 초보단계에 있는 인터넷 서점
의 증가도 궁극적으로 해적판 범람을 막
는 계기로 작용할 전망이다. 중국 출판시
장은 시장 자체가 워낙 거대해 성(省)을
타깃으로 한 출판의 경우 5천부 정도의
수준으로 초판을 찍지만, 전국을 상대로

불법복제에 항의해 절필
을 선언했던 위치우위가
내놓은 새책 『나그네는
그칠 것이 없다(行者無
疆)』.

한 책이라면 초판에 최소한 5만부 정도를 찍어야 하므로 투자
규모 면에서 한국과는 상당한 차이가 있다.

인기작가의 책이나 인기 있는 작품의 후속작은 초판을 10만
부에서 20만부를 찍어야 한다. 소설의 경우 판매가가 15~20위
안(우리돈 2300원에서 3000원 가량) 정도로 인쇄비용이 작다
는 점을 감안하더라도 적지 않은 투자가 필요한 구조를 갖고 있
다. 또 현재 전국적인 배포망을 갖고 있는 대형도매상은 5개
정도이고, 경영상태도 비교적 건전한 상태인데, 이런 도매상들
은 검증되지 않은 책의 유통을 꺼리고 있다.

제5부 역사_{歷史}로 읽기

　　중국은 4대 문명의 발상지 가운데 하나인 황허(黃河)문명을 포함해 수많은 문명이 태동한 곳이다. 중국학자들은 작게는 2500년에서 많게는 6000년가량을 역사시대에 넣고 있다. 이미 상당 부분 모습을 드러낸 진(秦)대는 물론이고, 은허시대의 유적도 체계가 잡혀지고 있어 중국 역사는 은(殷)나라가 시작된 기원전 1600년 전으로 소급될 수 있다. 이 긴 시간 동안 중국사의 가장 큰 흐름 중에 하나는 한족(漢族)과 이민족들 간의 권력 투쟁사라고 볼 수 있다. 또 『삼국지연의(三國志演義)』나 『초한지(楚漢志)』 등 고전소설에서 나타나듯이 무궁무진한 이야기꺼리를 담고 있는 땅이기도 하다. 이런 중국 역사에 있어서 가장 큰 변화요소는 서양의 세력이 중국에 밀려든 것이었다. 합리성이나 이성을 중시하는 철학이 부족했던 중국을 포함한 동양은 산업혁명을 기반으로 한 서구 제국주의에 호되게 당하면서 자본주의와 민주주의를 배웠다. 그리고 서서히 중국 역시 자본주의와 민주주의라는 기반에 적응하고 있다. 중국에는 열강으로 부터 '맞는 것(打)'을 마오쩌둥(毛澤東)이 해결했고, '굶는 문제'를 덩샤오핑(鄧小平)이 해결했다는 말이 있다. 이 두 문제가 해결된 지금의 중국은 앞으로 어떻게 역사를 써나갈지 모른다. 역사로 중국 읽기는 중국인들의 내면에 있으나 우리가 간과하기 쉬웠던 점들과 역사의 전환점에서 보여준 특성을 살펴 중국이해에 도움을 주기 위함이다. 이 부분에서는 주로 어떤 쟁점이나 사안, 유적을 두고 중국 역사를 통시적으로 살피는 게 그 목적이다.

제1장 중국인은 순박하다!?

농경문화에서 오는 중국의 소극적인 민족성

어릴 적 기억에서 중국인에 대한 것은 거의 없다. 필자가 국가를 인식할 나이쯤에 박정희의 화교에 대한 배타적인 정책으로 시장의 노른자위인 비단장사와 중국집을 장악하던 화교들의 대부분은 한국을 떠났기 때문이다.

중국인에 대한 인상은 대부분 역사 교육에서 얻어졌다. 그 가운데 가장 인상적인 것은 한국전쟁에 개입한 중국의 인해전술(人海戰術)에 관한 것이었다. 물론 인해전술(人海戰術)이 주는 이미지는 어린이들에게 거의 비슷했을 것이다. 무식하고, 용감하다는 것. 거기에 마오쩌둥(毛澤東)이 도끼든 도적쯤으로 인식됐다. 이런 인식이 중국인은 용감하고, 호전적(好戰的)이라는 인식을 갖게 했다. 거기에 공산화 이후 티벳이나 신장(新疆)에서 벌어진 소수민족과의 무력 충돌이 중국인들의 이런 인상을 강하게 했다. 하지만 중국에 건너온 후 시시때때로 중국인과 부

할아버지와 손녀. 자식 부부가 바빠지면서 노인들에게 손녀 보는 일이 넘어왔다.

딧히면서 내가 적잖은 편견에 사로잡혔다는 것을 인식해야 했다. 그리고 역사를 다시 한번 살피면서 중국인들에 대한 인상을 바꾸어야 했다.

중국인들이 생각보다 호전적(好戰的)이도 잔인하지도 않고 비교적 순박하다는 것으로 말이다. 이렇게 말하면 중국에 대해서 좀 아는 이들은 웃을 것이다. 어떻게 중국인에 대해서 그렇게 말할 수 있냐고. 여기에서 필자가 말한 것은 대부분은 주위에서 쉽게 접할 수 있는 한족(漢族)에 대한 느낌임을 밝혀둔다.

중국은 한족을 포함해 56개 소수민족으로 구성된 민족이다. 현재 13억 중국인구에서 소수민족이 차지하는 비율은 8%로 정도로 극히 소수다. 주로 변방에 거주하던 소수민족은 한족(漢族)과 더불어 중원을 갈라서 통치했을 만큼 강하고 호전적(好戰

的)인 민족성을 갖고 있다. 이에 비한다면 현재 중국을 이끄는 한족(漢族)은 결코 호전적이라고 말할 수 없다. 이러한 특성은 중국 역사를 보면 쉽게 찾아낼 수 있다.

서기 1000년 전후로 실크로드의 헤게모니 쟁탈전을 재미있게 풀어낸 수잔 휫필드의 『실크로드 이야기』(이산)를 보면 이런 상황을 좀더 쉽게 이해할 수 있다. 여기서 티벳의 장족이나 투르크(돌궐) 등 강인한 소수민족에게 중국이 화번공주(和蕃公主)를 보내고, 비단 한필의 말을 10필 까지 주면서 사는 등 소수민족에 대해 소극적인 한족의 정책을 쉽게 느낄 수 있다. 이런 역사는 결코 한족 정권이 약할 때만이 아니다.

서한(西漢)시대에서 청나라 초기까지 중원 지배자의 인구는 적게는 2천만 명에서 많게는 6천만 명으로 추정된다. 주(周 BC 1027년~740년)나라가 이민족에 멸망한 것은 물론이고, 춘추전국시대를 넘어서 처음 중원을 통일한 시황제의 진국(秦國)도 엄밀히 말하면 한족이라기보다는 실크로드 민족의 피를 받은 민족이다. 이후 역사는 한족(漢族)과 변방 민족간의 주도권 쟁탈전이다.

사실 한족(漢族)이 지배한 왕조들은 대부분 변방민족이 중원을 장악한 이후 자기 민족의 정체성을 찾지 못하고, 서서히 내부갈등이 심해져 자멸하는 경우가 대부분이었지, 한족(漢族) 스스로가 무력으로 오랑캐를 물리친 적은 거의 없다. 또 송(宋), 명(明) 등 한족(漢族)이 주도권을 잡은 시대는 영토의 면적도 적고, 기간이 그다지 길지 못했다. 또 해외에 정복운동을 벌이기는커녕 이전 국가의 영토를 회복하는데 급급했다. 우리나라 역

딸과 오랜만에 외출한 한 노인.

사를 비춰볼 때 지금 소위 말하는 소수민족이 집권했던 원(元)이나 청(淸)이 우리를 위협했을 때 굴복할 수밖에 없었던 것은 우연의 일치였을까.

실제로 몽고족이 세운 원(元)이나 만주족이 세운 청(淸)은 워낙 강성해 중국뿐만 아니라 세계적으로 위세를 떨쳐 지금 중국 영토의 대부분을 당시에 확립했다.

그럼 한족(漢族)이 몽고족이나 만주족에 비해 소극적 민족성을 가진 이유는 어디서 기인하는 것일까. 중국전통문화를 연구하는 왕옌징(王燕京) 교수는 한족(漢族)이 이런 민족성을 가진 것은 농경문화를 가졌기 때문이라고 지적한다. 중국은 황허(黃河)를 젖줄로 하는 농경문화가 기반이 됐다. 일반적으로 농업을 중심으로 한 민족은 유목민족(遊牧民族)에 비해 호전(好戰)성이 떨어질 수밖에 없다.

정착한 토지위에 씨를 뿌려 식량을 얻을 수 있는 농경민족과 식량을 찾아 무언가를 정복해야 만하는 유목민족(遊牧民族)과는 생활수단의 환경적 차이에서 오는 그들의 특성을 엿볼 수 있다.

유목생활에 비해 농경생활은 '정착(定着)' 생활을 가능하게 했으며 이는 모든 문화의 발생 근거지이자 그 꽃을 피울 수 있는 모태가 되었다. 이런 그들에게 있어 '변화(變化)'라는 것은 다분히 두려운 존재일 수밖에 없는 것이다. 이 때문에 현 중국의 대부분을 이루고 있는 한족(漢族)은 유목민족(遊牧民族)에 비해 호전적이지 않은 농경민족이었고, 해양민족에 비해 호전적이지 않은 대륙민족이어서 상대적으로 공격적인 기질은 더욱 적었다.

중국인들은 화약, 종이, 나침반, 인쇄술을 발명해냈지만, 중국에서 화약은 춘지에(春節 설날)나 각종 경사 때 터뜨리는 것이 용도인 반면에 서양에서는 무기로 활용했고, 중국에서 나침반은 풍수를 보는 지관들이 쓰임에 비해 서양에서는 항해술의 기초 자료로 사용한 것만 봐도 중국인 내부에 공격적이거나 모험적인 기질이 떨어진다는 것을 알 수 있다. 또한 변화(變化)를 기피하는 중국인을 현대에서도 다른 모습으로 만날 수 있다.

중국에 있는 외국인 고용주가 가장 당혹스러워 하는 것은 중국인들의 외지파견근무로, 베이징(北京), 톈진(天津)인 등 북방인을 상하이(上海), 광저우(廣州) 등 남방으로 파견하려고 하면 대부분의 직원들은 회사를 그만두는 일이 많다고 한다. 심지어는 이 지역으로 출장을 보내려면 다음날 사표를 내는 일도 있다고 하니 우리의 사고방식과는 사뭇 다르다는 것을 알 수 있다.

이러한 이유에는 넓은 나라이기 때문에 북방인이 남방으로 간다는 것 혹은 남방인이 북방에 와서 새롭게 적응한다는 것은 그들로서는 쉬운 일이 아닐 수도 있다. 이러한 현상은 근본적으로 농경문화의 특징과도 연관지을 수 있으며, 공산화 이후 호구

제도가 확립되면서 이런 경향은 더 굳어졌다고 할 수 있다.

호구본(戶口本)은 물론이고 식량을 탈 수 있는 양식본(糧食本)과 땔감을 탈 수 있는 매본(煤本), 담배 등을 탈 수 있는 부식본(副食本)이 일괄적으로 관리되어 집을 떠나서는 살 수 없는 구조를 만들었다. 그래서 "집에 있으면 만사가 순조롭고, 집밖에 나가면 만사가 어렵다"는 말이 나돌 정도로 현실안일주의(現實安逸主義) 사고를 자연스럽게 형성해 놓은 것도 하나의 중요한 요인이라고 볼 수 있다.

우리가 익히 알고 있는 만리장성(萬里長城)에서도 한족(漢族)의 소극적 정치관을 엿볼 수 있다. 만리장성은 동쪽 산하이관(山海關)에서 서쪽 지아위관(嘉峪關)에 이르며, 지도상의 총연장은 약 2,700km이나 실제는 5,000km에 달한다. 진·한 시대의 장성은 현재의 장성보다 훨씬 북쪽에 뻗어 있었는데, 그것이 현재의 위치로 남하한 것은 거란(契丹)·돌궐(突厥) 등의 침입에 대비하기 위해서였다. 이렇듯 한족(漢族)은 공격(攻擊)보다는 방어(防禦)하고 대비(對備)하는데 온갖 노력을 기울였다.

이런 민족성을 가진 중국의 미래가 여전히 과거와 같을 것이라고 생각하는 것은 문제가 있다. 젊은 지식인을 바탕으로 과거의 정태적(情態的)인 중국인의 민족성을 자본주의 시대에 맞는 동태적(動態的)인 자세로 바꾸어가야 한다는 논의도 많다. 실제로 그런 변화도 곳곳에서 느껴진다. 하지만 한 나라의 민족성은 결코 짧은 시대에 이루어지지 않는다.

세계의 한 축에 설 수 있을 것으로 전망되는 중국은 21세기에도 결코 호전적이거나 공격적인 민족으로 바뀌지는 않을 것이

다. 이런 특성이 우리에게
어떻게 작용할지는 모른
다. 다만 이런 중국인들의
특성을 염두에 두고 중국
에 접근해야 한다는 것은
당연하다. 역사가 미래를
말해주지는 못하지만, 미
래에 접근할 수 있는 몇 가
지 중요한 키워드는 제시
해주기 때문이다.

공원에서 태극권을 하는
중국노인. 자신과 이야기
할 수 있는 시간이다.

제2장 현대 중국을 위해 부활한 위대한 폭군(暴君) 진시황(秦始皇)

진시황제(秦始皇帝)로 읽는 중국의 통일이데올로기

진시황제를 말하면 먼저 무엇이 떠오를까. 분서갱유(焚書坑儒), 만리장성(萬里長城), 아방궁(阿房宮)과 같은 폭군의 면모를 먼저 생각해 낼 것이다. 그럼 현대 중국인들은 어떠할까? 아마 모두 비슷하게 생각할 것이다. 유교(儒敎)가 국가의 중심이념이 되어온 지 2000년이 흘렀고, 유교(儒敎) 문화에서 분서갱유(焚書坑儒)를 단행한 진시황이야말로 '천하의 악인'이 아닐 수 없다. 하지만 이런 생각은 또 다른 편견일 뿐이다. 가령 중국대학 시험에 진시황에 관해 논하라는 문제가 나왔을 때, 폭군의 면모로만 진시황을 묘사하면 그 사람은 낙제점을 면하기 어렵다. 바로 진시황이 중국 사회에 미친 다양한 면모 때문이다.

그는 분명히 잔인한 폭군이지만 그 폭력성 너머로 정치적 역정을 이기고, 중국 최초로 통일국가를 이룩하고 다양한 제도를 정비한 '명군(名君)'의 위상을 가지고 있기 때문이다.

돈으로 아들을 황제로 만든 여불위(呂不韋)의 상술

진시황을 이해하는 대표적인 '텍스트'로는 사마천의 『사기』 중 〈시황본기〉나 〈여불위 열전〉 등이 있다. 거기에는 최근 우리나라에도 번역된 중국의 소장 사학자 천징(陳靜)의 『진시황 평전』도 그 가치를 인정받을 수 있을 것이다. 『사기』는 이야기 중심으로 논해 비교적 흥미로운 부분이 많다. 물론 『사기』로 인해 진시황의 폭군 위상은 더욱 빛나게 됐다. 역사기술에 있어서 기술자의 주관이야 걸러내야 하지만 진시황의 진면목을 봐주기에는 유교중심의 사회가 워낙 길었다. 반면에 천징(陳靜)의 글은 과거에 생각하던 시각에서 벗어나 다른 관점을 제시한다는 점에서 좋은 책이라 할 수 있다.

빙마용(兵馬俑). 진시황의 사후(死後)를 지키기 위한 병사들이다.

진시황을 접근하는 또 다른 방법은 진시황이 아닌 거상 여불위(呂不韋)를 주인공으로 하는 글들이나 진시황을 죽이려했던 암살자 가운데 대표적인 인물인 형가(荊軻)를 주인공으로 하는 텍스트들이다. 이것은 진시황을 쉽게 이해하면서도 당시의 역사를 더불어 이해하는 다양한 분석의 틀을 제공한다는 점에서 의미가 있다. 징시앙밍(曾祥明)이 쓴 『거상 여불위(呂不韋)』는 자신의 피를 물려받은 정(政)을 중국의 황제로 만들었다가, 그 자식에 의해 제거 당하는 여불위(呂不韋)의 비정한 삶을 잘 그리고 있는 소설이다. 반면에 자객 형가를 중심으로 한 글은 『사기』의 〈자객열전〉도 있지만 최근 영화에서도 쉽게 볼 수 있다. 중국 5세대 감독의 거장 첸카이거(陳凱歌)가 일본 자본을 들여와 만든 후 흥행에 참패한 〈형가자진왕(荊軻刺秦王)〉이나 최근에 장이머우(張藝謀)가 만든 〈영웅〉 등이 자객 형가의 모습을 중심으로 진시황을 투영한 것이다.

그럼 진시황의 어떤 삶이 2200년이 지난 지금에도 흥미로운 이야기거리를 제공하고 있을까. 여기서 그의 드라마틱한 삶을 엿보기로 한다.

진시황의 이름은 정(政)이다. 그의 아버지는 장양왕(莊襄王) 자초(子楚)지만 그의 출생도 재미있는 이야기거리다. 바로 그의 생부가 당시의 거상 여불위(呂不韋)일지도 모른다는 것 때문이다. 『사기』역시 정(政)이 여불위(呂不韋)의 자식이라고 쓸 만큼 이야기는 흥미롭다. 이 이야기의 생성과정은 이렇다.

당대의 거상 여불위(政)는 볼모로 조(趙)나라에 온 자초(子楚)를 보고, 그에게 엄청난 자금을 투자한다. 그 투자에는 그의 아이를 임신한 하희(夏姬)를 자초의 여자로 준 것도 포함한다. 바로 그 아이가 훗날 자초의 뒤를 이어 왕위에 오르며 중원을 통일한 진시황 정(政)이다. 여불위(呂不韋)의 투자는 한 치의 오차도 없어 태자 정(政)은 13세에 왕위에 오르고, 과거 그와 정을 나누던 하희와 합작으로 여불위(呂不韋)는 권력을 쌓는 한편 다양한 국가 정비사업을 벌이고, 잘못된 글자 하나를 천금에 산다고 교만을 부렸던 『여씨춘추(呂氏春秋)』도 만들어낸다. 하지만 아버지만한 자식도 나올 수 있는 법. 진시황은 서서히 권력에 눈을 떠가면서 가장 거슬리는 생부 여불위(呂不韋)를 자살하게 하는 한편 이사(李斯) 등을 등용하여 부국강병책을 편다. 그 후 국가 정복 사업을 벌이는 그는 BC 230년~221년까지 한(韓), 조(趙), 연(燕), 위(魏), 초(楚), 제(齊)나라를 차례로 멸망시키고 천하통일의 위업을 이룬 후 스스로를 시황제(始皇帝)라고 부른다.

진시황와 그를 죽이려는 형가(荊軻)의 대결. 영화 〈형가자진왕(荊軻刺秦王)〉 중.

　물론 이 통일 위업은 선대(先代) 장양왕(莊襄王)을 비롯한 많은 이가 국가의 체제를 잘 정비한 결과였다는 것이 『진시황 평전』의 저자 천징(陳靜)의 주장이다. 이 과정에서 또 하나의 소설적인 인물이 등장하는 데 바로 그가 중국 자객사의 비조(鼻祖)인 형가다. 어릴 적 진시황 정(政)과 친하게 지내던 연나라의 태자 단(丹)은 훗날 진시황이 왕위에 오른 후 자기를 섭섭하게 대하는 데다 진시황의 호전적인 기질이 언젠가는 연나라에 위협을 끼칠까봐 그를 암살하기 위해 백방으로 알아보고 찾아낸 이가 바로 형가(荊軻)이다. 형가(荊軻)는 진나라를 배반한 후 연나라로 도망간 장수 번어기(樊於期)의 머리와 지도를 들고 진시황에게 접근하는데 성공한다. 하지만 최후의 순간에 실수로 형가(荊軻)는 실패하고, 연나라는 가장 먼저 멸망하는 비극을 겪는다.

진시황이 불사약을 구하기 위해 사신을 보낸 친황다오(秦皇島).

진시황이 통일 후 행했던 가장 큰 업적은 국가의 체제를 정비한 일이었다. 그는 법령의 정비는 물론이고, 전국적인 군현제 실시, 문자·도량형·화폐의 통일, 전국적인 도로망의 건설, 구 6국의 성곽 요새의 파괴 등을 강행했다. 그리고 그 과정에서 행한 것 가운데 하나가 사상을 통일하여 봉건전제주의 통치를 강화하기 위해 단행한 분서갱유(焚書坑儒)이다. 또 만리장성(萬里長城)의 축조를 본격적으로 추진하고, 사후(死後)의 안녕(安寧)을 위해 아방궁(阿房宮)을 건설한다. 또 한편으로는 영원불멸을 위해 불사약(不死藥)을 구하러 신하를 온 천하에 보내기도 한다.

진시황을 통해 본 현대 중국인

그러나 이와 같은 백방의 노력에도 불구하고 그의 왕조는 자기로써 만족해야 했다. BC 210년 그는 막내아들 호해(胡亥)를 데리고 순행하던 중 산둥성(山東省) 평원진에서 병으로 사망했다. 그가 죽자 많은 자식들 간의 권력다툼은 계속되었고, BC 206년 함양에 진격한 유방(劉邦 훗날 漢高祖)에게 그의 왕조는 멸망했고, 그가 영원히 자신을 지켜줄 거라 믿었던 아방궁(阿房宮)은 항우(項羽)에게 짓밟혔다. 이후 진시황은 중국 역사에서 잔악한 군주의 표상 중 하나가 되었다. 왜 냐하면 그에 의해 짓 밟혔지만 되살아난 유가(儒家)가 정치적, 사상적 헤게모니를 장악했기 때문에 당 연한 일이었다.

빙마용(兵馬俑) 2호갱에서 발굴된 청동 마차.

진시황이 현대 중 국에서 새로운 면모를 들어 낸 것은 죽은 지 약 2100여년이 지 난 1974년이다. 한 농부가 우물을 파던 중 우연히 발견한 빙마 용(兵馬俑)은 그가 더 이상 전설상의 왕이 아닌 실제의 왕이었 다는 것을 보여줬다. 거기에 문화대혁명(文化大革命) 당시 중국 에는 공자(孔子)를 비판하는 대신 진시황에 대한 예찬이 줄을 이었고, 중국을 처음으로 통일했다는 그의 치적(治績)과 그가 이뤄낸 국가건설의 면모를 인정받아 진시황은 2000년 만에 중 국사에서 빛을 볼 수 있었다.

마오(毛澤東)나 문혁(文革)의 주역들에게 진시황은 좋은 전범 (典範)이었다. 국가의 안정과 복리를 주창하며 소수민족을 통합 하면서 중국을 만든 마오는 대약진(大躍進)운동의 실패로 굶어 죽는 이들이 속출하고, 분열의 조짐까지 보이자 진시황을 부활 시켜 통일중국의 이데올로기를 형성하려 했다. 그래서 현재 중 국 학교에서 채택되는 역사 교과서에서 진시황의 부분은 부정 적인 면보다는 그의 긍정적인 면이 많다.

중국이 이런 방식으로 역사를 기술하는 것은 충분히 추측할 수 있다. 한족(漢族)이 세운 국가와 다른 소수민족이 세운 국가가 교차하는 역사를 이제는 끝맺고 싶다는 생각 때문일 것이다. 또 통일국가로서의 위상을 계속 유지하고 싶다는 이유일 것이다. 때로는 갑작스럽게 드러난 거대한 유물로, 때로는 정치 이념 속에서의 부활로, 때로는 영화나 드라마에서의 재해석으로 진시황은 중국인의 복잡한 심사를 드러낸다. 또 진시황의 부활은 중국이 세력을 넓히는데 중요한 철학을 제공한다는 점에서 중국인들에게는 특별한 의미가 있다.

제3장 파룬궁(法輪功)은 과연 망국(亡國)의 종교인가?

파룬궁(法輪功)에 대한 부담 가중(加重)과 위정자들의 역사 상기

요즘 중국에서 가장 피곤한 직업 가운데 하나는 방송의 전파를 관리하는 사람들이다. 위성은 물론이고, 유선 텔레비전도 마찬가지다. 바로 파룬궁(法輪功)의 교도들이 전파에 침입해 자신들의 입장을 변호하거나 파룬궁(法輪功)에 관한 홍보물을 심심지 않게 보여주고 있기 때문이다.

2002년 9월 24일 오전 10시에는 신뤄웨이싱(鑫諾衛星 SINOSAT)의 전파망이 대만 쪽에서 쏘아올린 파룬궁(法輪功)측 전파에 뚫려 중국 최대의 방송사인 중앙텔레비전(CCTV)과 교육텔레비전(CETV)의 프로그램에 파룬궁(法輪功)의 홍보물이 들어가는 사태가 벌어졌다. 이후에도 수차례에 걸쳐서 파룬궁(法輪功)측의 위성 파고들기가 계속됐고, 이 문제는 양안(兩岸 중국과 대만 간) 관계에 작게나마 영향을 미치기도 했다.

텐진(天津)역에서 있었던 파룬궁(法輪功)의 부정성을 홍보하는 전시회. 중국 곳곳에서 쉽게 볼 수 있다.

물론 이번 일은 처음 일어난 일이 아니다. 올해민 해도 벌써 수차례 신뤄웨이싱(鑫諾衛星 SINOSAT)을 비롯한 위성이 뚫렸고, 헤이롱지앙(黑龍江)에서는 케이블망을 절단하고 파룬궁 관련 방송을 집어넣는 일도 벌어졌다. 결국 텔레비전을 좋아하는 중국인들은 자의든 타의든 파룬궁(法輪功)의 저항을 목격해야만 했다.

이쯤되면 도대체 '파룬궁(法輪功)이 뭐 길래' 라는 말이 나온다. 파룬궁(法輪功)은 사실 중국에 널리 퍼진 기공(氣功)운동의 한 종류일 뿐이다. 불교(佛敎)와 도교(道敎) 원리에 기공을 결합시켜 창시한 수련법 또는 수련집단으로써 1992년 5월 13일 중국의 리홍즈(李洪志)가 창시한 것으로 알려졌다. 그들의 수행법인 법륜대법(法倫大法)은 불가(佛家)의 상승(上乘)수련대법으로서 우주의 가장 큰 특성인 진(眞), 선(善), 인(忍)을 근본으로 우주의 연화(演化)원리에 따라 수련하여 인간의 심성(心性)을 닦는데 그 목적이 있다.

불가수련(佛家修煉)의 법문(法門)이면서도 불교(佛敎)는 아니라고 주장한다. 마음을 닦는 것 외에도 인간의 명(命)을 연마할 필요성이 있으며, 법륜(法輪)을 하나의 영성(靈性)이 있는 유기체(有機體)로 보고 있다. 호흡법을 통해 기(氣)를 생성하고, 일정한 수련방법에 따라 공력이 쌓이면 이 공력이 자동적으로 내공을 지속시켜 주는 법륜(法輪)으로 전화된다는 논리이다. 기능상에는 불가(佛家)가, 정신상에는 도교(道敎)가 많이 함유됐지만, 파룬궁(法輪功)은 두 가지 종교와는 다른 수련법이라고 밝히고 있다.

그들은 내공의 수련을 통해 모든 몸의 불균형을 고칠 수 있고, 사회적으로는 사회책임감을 높여주어 사회 안정을 촉진하는데 공헌하는 등의 사회적 효과가 있음을 강조하고 있다. 즉 파룬궁(法輪功) 수련은 모든 사회의 물질문명(物質文明)과 정신문명(情神文明) 발전에 적극적, 긍정적으로 작용한다고 주장한다. 이점이 도교(道敎)와 유사한 부분이다.

이전에 있었던 어떤 기공보다도 빠른 효과와 카리스마가 있는 리훙즈(李洪志)의 지도로 인해 파룬궁(法輪功)은 이념에서 사회주의와 자본주의 사이, 현실에서 문화대혁명(文化大革命)과 개혁개방의 공백을 채우기 시작했다. 1990년대 중반 중국에만 수행자가 7000만 명을 넘으면서 중국 정부는 급속히 파룬궁(法輪功)에 대한 경각심을 키우기 시작했고, 후반에 들어가면서 파룬궁(法輪功) 관련자에 대한 검거열풍이 불었다.

우선 파룬궁(法輪功)의 수련법이 널리 보급된 군대를 시작으로 대대적인 숙청에 들어갔다. 1999년 4월 25일에는 파룬궁(法輪功) 수련자들이 이 탄압에 항의해 중국 지도자들이 머무는 중난하이(中南海)를 둘러싸고 시위하는 일까지 벌어졌다. 장쩌민(江澤民)의 파룬궁(法輪功) 탄압은 공산당내 원로그룹과 그 자식들인 태자당(太子黨)의 힘을 저지하는 방편이기도 하다는 설이

중앙텔레비전에 방송된 파룬궁(法輪功) 분신자 첸궈(陳果). 19살인 소녀가 리훙즈(李洪志)의 사주를 받아서 분신(焚身)한 것으로 보도해서 많은 반향이 일었다.

유력하지만 중국의 지도자들은 파룬궁(法輪功)을 놓고, 중국 역사의 오랜 교훈을 상기하고 있음이 틀림없다.

바로 파룬궁(法輪功)이 황건적(黃巾賊)이나 태평천국(太平天國)과 같은 국가 붕괴의 철학적 기반이 되지 않을까 하는 우려이다. 때문에 지난해부터는 각 성별로 대대적인 파룬궁(法輪功)에 대한 경각심을 키우는 교육에 들어갔다. 중국당국은 기차역과 같은 공공장소에서 분신(焚身)하거나 딸을 살해한 자들을 파룬궁(法輪功) 신도라고 주장하면서 이들의 사진을 전시하는 행사를 벌이고 있다. 하지만 파룬궁(法輪功)에 대한 반박 논리는 상당히 부박(浮薄)하기 그지없다. 위성방송을 비판하는 논리도 그 시간에 본래 방송을 볼 권리를 없앤다는 인터뷰를 내보내는 게 전부일 정도다.

중국이 파룬궁(法輪功)을 이토록 경계하는 이유는 무엇일까. 왕조의 말기에 자주 등장했던 도교 계열의 민중종교에 대한 두려움 때문일까. 그럼 과연 도교(道敎) 사상을 바탕으로 한 종교가 망국의 지름길이었을까.

도교(道敎)는 민중의 마음을 담고 있어

사회주의로 인한 종교적 공백기를 지난 현재 중국에 가장 강

력한 종교가 무엇이냐고 물으면 대부분은 도교(道敎)를 꼽을 것
이다. 베이징의 톈단(天檀)에서부터 중국 대도시의 곳곳에 산재
한 톈후궁(天后宮), 청황당(城隍堂) 등 도교 사원은 물론이고 중
국산의 대부분에는 도교 유산이 산재해 있다. 이런 도교사원에
는 공휴일은 물론이고 평일에도 수많은 이들이 몰려 향을 사르
고, 화약을 터트리는 공양을 올리고, 도교 명산에 오르는 이들
의 머리나 손에는 부적의 역할을 하는 붉은 띠들이 둘러져 있
다. 물론 그들이 모두 도교의 신자는 아니다. 하지만 그들의 내
면에 도교의 피가 흐르고 있다는 것은 누구도 부인하기 어렵다.
바로 중국사상의 총 집합이 도교에 들어있기 때문이다.

　도교는 불교나 기독교와 달리 어떤 창조주가 있기보다는 중
국 민족의 고유한 생활문화와 종교적 신앙을 기초로 형성된 중
국의 대표적인 민족종교이다. 한(漢)시대 이전의 무속신앙과 신

타이산(泰山)의 정상. 가장 위에 있는 위황딩(玉皇頂)을 비롯해 아래에 있는 피하스(碧霞祠) 등도 모두 도교사원이다.

선사상, 민중의식을 기반으로 하여, 한대에 황로신앙(黃老信仰)
이 가미되어 대체적으로 후한 말부터 육조(六朝)시대에 걸쳐서
형성되었고, 현재는 중국 뿐만 아니라 대만이나 홍콩 등지에서
도 믿어지고 있다.

사실 도교의 모습을 한마디로 정의한다는 것 자체가 불가능
하다. 물론 노자(老子)나 장자(莊子) 같은 사상가들이 있지만 이
들은 학문적 흐름으로서 도가(道家)의 주맥일 뿐 민간신앙으로
서 도교의 주맥으로 보기는 어렵다. 도교에서 노자(老子)나 장
자(莊子)는 선지자 가운데 하나일 뿐이지, 결코 절대적으로 신
봉되지 않는다.

널리 알려진 진시황의 불사약이나 삼신산(三神山 봉래, 방장,
영주)에 관한 사상들도 도가적 색채가 짙다. 역시 도가(道家) 문
화인 5악(岳) 문화 가운데 가장 중시되는 동악 타이산(泰山)은
그 때문에 도가적 색채가 산 전체에 깊이 뿌리박혀 있다.

정상에 있는 위황딩(玉皇頂)을 비롯해 중톈먼(中天門), 난톈먼
(南天門), 톈지에(天街)와 같은 지명이 모두 그렇다. 즉 종교를
각기 분리하기보다는 하나의 사상적 융합으로 보는 중국인들의
사고방식을 총집합한 것으로 보면 된다. 실제로 일부 도교 사당
에 가보면 공자나 석가모니의 상이 한켠에 자리한 것을 쉽게 볼
수 있다. 물론 동한(東漢 BC 25년~BC 220년) 시대부터 노자(老
子)는 태상노군(太上老君)으로 불리워졌다. 뤄양(洛陽)에서 멀지
않은 링바오(靈寶)시에서 30분쯤 차를 타고 가면 한구관(函谷
關)이 있다. 이곳은 노자(老子)가 『도덕경(道德經)』을 쓴 곳으로
그와 관련된 유적이 많다. 이제 이곳은 점차 불옹성(不壅城)의

모습보다는 도교의 탄생지로서의 빛을 띠기 시작한다. 거대한 도교사원이 지어지고 있으며, 성안에는 노자(老子)의 『도덕경(道德經)』 5천자를 써놓은 벽에서부터 조악하기 그지없는 인형으로 만들어진 노자(老子) 전시관도 있다. 그렇다고 노자(老子)나 장자(莊子)가 도교(道敎)의 중심에 서지는 않았다.

민중들은 사상을 기초로 하는 도가(道家) 보다는 그들의 생활과 직접 관련있는 도가(道家)를 원했다. 결국 이 과정에서 자리를 잡은 것이 민중도교(民衆道敎)이다. 중국 위정자들의 신경을 곤두서게 한 민중도교(民衆道敎)는 후한(後漢) 말에 태동해 유교(儒敎)와 불교(佛敎)의 사상을 보충하면서 정치적 혼란으로 상처만 받던 민중들에게 파고들었다.

추엔저우(泉州) 천후궁(天后宮). 이곳에서 대만은 물론이고 동남아로 천후궁(天后宮) 문화가 퍼져갔다.

베이징 톈단(天壇)의 지니엔뎬(祈年殿). 도교적 예에 따라 황제가 하늘에 제사 지내던 곳이다.

후한(後漢) 말에 장릉(張陵)이 쓰촨(四川)지방에서 창시한 오두미교(五斗米道)나 2세기 전반 우길(于吉)이 창시하고, 장각(張角)이 본격적으로 계승한 태평도(太平道)는 후한(後漢)을 무너뜨린 단초가 된 황건적(黃巾賊)의 난을 만들었다. 하지만 갈홍(葛洪 283년~341년)은 반란군들의 사상으로 쓰이는 도교에 염증을 느끼고, 노장(老莊)사상을 기초로 하여 신선사상을 도교의 중심에 놓고, 누구나 선인(仙人 신선)이 될 수 있음을 강조하는 『포박자(抱朴子)』와 『신선전(神仙傳)』을 썼다. 우리가 흔히 도교를 개인의 종교로 귀속시키는 것도 갈홍의 역할이 크다. 갈홍(葛洪)이 한때 머물렀고, 『포박자』를 쓰기 시작했던 곳은 광저우(廣州)의 싼위앤궁(三元宮)이다. 상하이와 더불어 중국에서 가장 부유한 광저우인(廣州)들은 지금도 싼위앤궁(三元宮)을 여전히 신봉한다. 평일에도 사람이 밟힐 만큼 많은 인파가 몰리는 이곳에서 사람들은 신선이 되기보다는 부자가 되기를 원하며 끝없는 기원을 올린다.

도교의 가장 현대적인 모습은 천후궁(天后宮)이다. 마고(麻姑)를 섬기는 이 천후궁(天后宮)은 중국 도시뿐만 아니라 대만이나 홍콩, 동남아의 중국민족에게 가장 강력한 힘을 갖고 있는 명실상부한 종교다. 중국인들은 대만으로 건너가는 길목인 샤먼(廈門), 추엔저우(泉州), 닝보(寧波) 등에 거대한 규모의 위용을 자랑하는 천후궁(天后宮)들을 세웠다. 이곳 뿐만 아니라 중국 곳곳에 자리한 도교사원에서 중국인들이 기원하는 것은 개인의 복과 재부이다. 이제 누구도 그 흐름을 막을 수 없다.

종교적 문제보다는 농민의 궁핍이 멸망 불러

사실 중국 역사에서 망국을 만들어내는 종교는 없다. 후한(後漢)이 멸망할 때 도교가 바탕이 된 황건적(黃巾賊)이 중요한 역할을 했지만, 사실은 국가의 세원이 되는 농민은 줄어들고, 자신의 세력을 키우기에만 급급한 호족(豪族)들의 세력이 커졌기 때문이다. 수(隋)는 실정으로 인한 농민반란과 무리한 고구려(高句麗) 정복운동으로 쉽게 무너졌다.

당(唐) 역시 황소(黃巢)가 일으킨 농민반란으로 무너졌다. 황소의 난은 지방 번진(藩鎭)의 세력이 늘어나 농민들에 대한 압제가 강해지고, 중앙관리의 당쟁(黨爭)이 빈발하고, 환관(宦官)의 횡포가 극에 달해 민중의 불만을 일으킨데 기인한 것이다.

원(元)은 미륵신앙을 신봉하는 백련(白蓮)교도가 일으킨 홍건적(紅巾賊)에 의해 무너졌지만 이 역시 원(元)나라의 실정으로 인한 영향이 컸고, 명(明)나라도 수탈 받는 농민을 대변한 이자성(李自成)의 난으로 멸망했다. 또 청(淸)나라가 무너지는데 역할을 한 태평천국(太平天國)의 난(亂)은 전통사상에 기독교의 영향을 받았지만 소수의 만주족 정권이 가진 열세와 급변하는 국제정세에 잘 대처하지 못한 영향이 크다. 즉 중국 역사는 나라를 망하게 하는 것은 종교나 어떤 사교가 아니라 민중의 뜻을 거스르는 정권과 국제정세에 유연하게 대처하지 못하는 경직된 정치라는 것을 말해준다. 또 그런 혼란기에 도교(道敎) 등 특정한 종교가 출현하기보다는 민중의 정신 속에 비어있는 무엇인가를 채워줄 사상적 근거가 필요했다는 것을 증명한다. 결국 어떤 특정한 종교는 충분조건으로만 작용했다는 것을 말해준다.

중국 정부는 지금 많은 힘을 동원해 파룬궁(法輪功)의 부정적인 역할을 홍보하고 있다. 하지만 부정적인 내용을 아무리 강조하더라도 사람들의 사고는 궁극적으로 '왜' 라는 의문을 갖는 것이 사실이다. 또 그 홍보를 위해 동원하는 수단에 무리가 있다보면 반발 또한 만만치 않다.

역사가 말해주듯 파룬궁(法輪功)도 분명히 중국이 위기를 맞게 하는데 충분조건이 될 뿐이지 그 이상은 아니라는 것이다. 그것보다 더 중요한 필요조건은 WTO 가입이후 농업개방을 앞두고 위기감이 가속되는 5억의 농민, 호구제도를 통해 철저히 도시로의 유입을 막는 현대판 신분제인 호구제도, 부패하기 쉬운 최상층의 속성들일 것이다.

제4장 중국을 뒤흔든 경국지색(傾國之色)의 여인들

'英雄難過 美人關' 영웅도 미인계를 벗어나지 못 한다

필자가 중국을 많이 여행한 것을 아는 이들은 가끔 중국의 어느 지방 여자가 가장 예쁘냐는 질문을 하곤 한다. 꾸미기에 따라 여성의 외양이 큰 차이가 있는 이 시대에 이런 우문(愚問)을 받고 장난스럽게 내 자신에게도 물어본다. 중국 어느 지역 여성들이 가장 아름다웠을까.

현재 중국에서 여성들이 아름답다고 알려진 곳은 대강 세군데다. 하나는 북방의 패션도시 따리엔(大連)이다. 따리엔(大連)은 소비산업이 발달하고, 여성들의 키가 크고, 북방계의 영향을 받아 동양적인 미녀들이 많은 곳으로 알려졌다. 중국미인대회에서 따리엔(大連)은 우리나라 대구에 못지않은 좋은 성적을 내는 곳이다.

다음은 항저우다. 항저우(杭州)는 경국지색(傾國之色) 서시(西施)로 인해 미녀의 고향으로 이름나기 시작했다. 항저우(杭州)

텐진(天津) 공원에서 누군
가를 기다리는 여인.

는 이 역사를 바탕으로 유흥업을 도시의 가장 중요한 여행상품으로 만들었다. 사실 항저우(杭州)에서 여행자들이 시후(西湖)에 쏟아 붓는 돈보다는 여자에 쏟아 붓는 돈이 많다고 할 정도다. 물론 그 만큼 다양한 함정이 도사리고 있는 곳이 항저우이다. 항저우는 시(市)에서 내보내는 여행 홍보 광고에서 조차 백인 남성과 항저우 여성의 로맨스를 담은 내용을 내보내 이목을 끌만큼 여성을 이용하는 도시이다.

다른 한 곳은 청두(成都)나 충칭(重慶) 등 쓰촨(四川)지역이다. 쓰촨역시 전통적으로 미녀를 많이 배출한 곳이다. 하지만 꾸미기에 따라 여성의 외모가 크게 달라지는 한편, 아름다운 여성들이 대도시로 몰리는 상황 때문인지, 베이징(北京)이나, 상하이(上海), 광저우(廣州), 선전(深圳) 등 대단위의 소비도시에서는 눈에 띄는 미모를 가진 여성을 쉽게 만날 수 있다. 광저우나 선전 등 남방 도시의 여성들은 전통적으로 미인과 거리가 먼 도시임에도 불구하고, 미인들을 만날 수 있는 것은 산업화와 더불어 도시로 몰려든 현상을 말해준다.

경국지색(傾國之色)의 본향, 샨시(陝西)

그러나 이런 필자에게도 여성들이 아름답다고 느껴진 곳 중 하나는 옌안(延安)이었다. 샨시(陝西)의 중심도시 시안에서 북북동으로 한참이나 떨어진 옌안(延安)은 대장정을 마친 홍군이 10년가량 머물면서 공산 중국의 기반을 만든 혁명의 도시다. 혁명의 도시라지만 주변과 연결되기 어려운 지형 때문에 여전히 궁벽한 모습을 하고 있다. 하지만 이 도시에서 만난 여성들은 궁벽한 시골에 어울리지 않은 아름다움을 가지고 있었다. 사실 중국 역사를 살펴봤을 때, 이쪽 여성들의 미모가 출중한 것은 이상한 것이 아니다.

중국 4대 미인 가운데 하나인 양귀비(楊貴妃)의 고향이 샨시(陝西)성 화인(華陰)이고, 역시 4대 미인 가운데 하나인 초선(貂蟬)의 고향도 성은 다르지만 거리상 그다지 멀지 않은 산시(山西)성 이라는 점을 생각하면 이곳의 여성들이 아름다운 것은 역사적 근원이 있다. 하지만 '가인박명(佳人薄命)' 이라는 성어를 증명하듯 이곳 출신의 미녀들도 항상 슬픈 운명을 품고 있었다. 또 이 성어와 더불어 같이 따라다니는 경국지색(傾國之色 나라를 기울이게 하는 여자)도 그다지 그른 말이 아니라고 중국 역사는 증명한다.

중국 역사에서 경국지색(傾國之色)으로 악명을 높인 첫 여인은 아마도 은(殷 BC 1600년~BC 1046년)나라를 멸망시키는데 결정적인 공헌을 한 '달기' 일 것이다. 그녀는 자신의 미모에 빠진 주왕(紂王)을 휘둘러 주지육림(酒池肉林)의 향락을 즐기는 한

초선(貂蟬). 왕윤(王允)의 연환계에 이용되어 동탁(董卓)과 여포(呂布)가 무너지는데 결정적인 역할을 했다.

편 비간(比干)을 주살시키게 해 은나라가 주(周) 무왕에게 무너지게 하는데 결정적인 공헌을 했다. 하지만 은나라의 교훈에도 불구하고 서주(西周)가 무너진 것은 달기(妲己)와 같은 경국지색(傾國之色) 포사(褒似)가 있었기 때문이다. 서주(西周)의 마지막 왕인 유왕(幽王)은 은 주왕과 마찬가지로 포사(褒似)의 마음을 사로잡기 위해 온갖 일을 다 했는데, 그녀의 일화 가운데 하나가 '중국판 양치기 소년' 이야기인 봉화에 관한 것이다.

포사(褒似)는 태어난 후 한 번도 웃는 일이 없었고, 유왕의 비(妃)가 된 후도 마찬가지다. 그래서 유왕은 그녀를 웃기려고 온갖 꾀를 쓰다가 가짜로 봉화를 올려 제후들이 허탕 치는 걸 보여줬는데, 포사가 그 모습을 보고 웃었다. 유왕은 포사가 웃는 아름다운 모습을 보기 위해 수시로 봉화를 올렸고, 제후들은 서서히 반감을 갖기 시작했다. BC 771년 유왕은 신후(申后)와 태자를 폐하고, 포사를 왕비로 하고 포사의 아들 백복을 태자로 삼았다. 이에 신후의 아버지는 격분하여 견융(犬戎)등을 이끌고 유왕을 공격 하였다. 유왕은 다시 봉화를 올렸으나 아무도 오지 않아서 결국 주는 멸망하게 된다. 역시 경국지색(傾國之色)으로 인해 멸망하는 대표적인 사례가 됐다. 이 역사의 주인공 포사 역시 샨시(陝西) 바오청(褒城) 태생이라는 점은 생각하면 샨시(陝西)와 산시(山西)는 경국지색의 본향이라고 하기에 그르지 않다.

중국 4대 미인 가운데 하나로 삼국지의 중간에 있는 초선(貂蟬) 역시 산시(山西) 신저우(忻州)가 고향이다. 역사에는 등장하지 않지만 소설에는 계속해서 등장하는 그녀는 15살에 궁궐로 들어가 초선(貂蟬)이라는 이름을

양귀비(楊貴妃). 현종과의 로맨스로 당의 붕괴에 절대적인 역할을 했다.

얻는다. 처음에는 왕윤(王允)의 의녀로 있는데, 왕윤은 동탁을 죽이기 위해 연환계로 그녀를 동탁에게 보낸다. 결국 왕윤은 초선(貂蟬)을 이용해 당대의 맹장인 여포(呂布)의 질투심을 유발케해서 동탁을 죽인다. 이후 초선은 여포의 첩이 됐다가 훗날 여포가 조조(曹操)에게 붙잡혀 죽을 때 같이 처형된다. 그녀는 경국지색(傾國之色)은 아니었지만 당대를 호령하던 동탁(董卓)과 당대 최고의 호걸인 여포를 쥐락펴락했다는 점에서 경국지색에 버금간다고 할 수 있다.

4대 미인* 가운데 가장 드라마틱한 모습으로 역사의 한 장을 장식한 경국지색(傾國之色)의 대표는 양귀비(楊貴妃)(719년 ~756년)일 것이다. 5악 가운데 하나인 화산(華山)의 중앙부에 위치한 화인(華陰)현 태생인 그녀는 원래 궁에 당(唐) 현종의 아들의 비로 들

중국 4대 미인은 침어(沈魚) 서시, 낙안(落雁) 왕소군, 폐월(閉月) 초선, 수화(羞花) 양귀비가 있다. 4대 미인을 나타내는 용어는 〈물고기는 물속으로 가라앉고(沈魚), 기러기는 땅밑으로 떨어지며(落雁) 달은 구름뒤로 얼굴을 가리고(閉月), 꽃은 스스로 부끄러워 하노라(羞花)〉이다.

어갔다가 그녀에게 한눈에 반한 현종의 사랑을 독차지했다. 하지만 결국 그녀 일족이 정권을 독점하면서 당나라는 혼란에 빠지고, 결국 '안록산의 난(안사의 난)' 이 일어난다.

이족소녀. 윈난(雲南) 산간의 여인은 남방계와 달리 북방계의 모습을 가진 민족이 종종 있다.

현종과 더불어 서쪽으로 피신을 떠났던 양귀비는 주변에서 현종에게 양귀비를 죽이지 않으면 보위가 어렵다는 권고로 당시의 도읍인 셴양(咸陽)에서 그리 멀지 않은 우꽁(武功)부근에서 죽음을 당한다. 그밖에도 산시성(山西省)은 서한무제(西漢武帝)의 후궁인 된 위자부(衛子夫), 중국 역사상 최초의 여제(女帝)로 등극한 무측천(武則天)등 수많은 미녀의 고향이기도 하다.

돈에 몸을 바치는 왕소군(王昭君)의 후예

샨시(山西)에서 한참 남으로 내려와 창지앙(長江)이 지나는 지점에는 창지앙(長江) 산샤(三峽)가 있다. 중국 최고의 명소로 꼽히는 산샤(三峽)댐이 건설되면서 잠기는 곳 중에 중국 4대 미녀 중 하나인 왕소군(王昭君)의 고향마을도 있다. 강 쪽으로는 굴원(屈原)의 고향 즈구이(秭歸)가 있고, 북쪽으로는 중국의 숨어 있는 비경 선농지아(神農架)가 있는 이곳은 또 다른 중국 미녀

의 고향 쓰촨(四川)과
그다지 멀지 않은 곳
이다.

왕소군(王昭君)은
전한(前漢) 말 원제
(元帝 재위 BC 49년
~BC 33년)의 궁녀로
다양한 이야기 속에
주인공으로 자리하고
있다. 그녀는 흉노(匈奴)와의 친화를 위해 보내던 화번공주(和蕃
公主)로 호한야선우(呼韓邪單于)에게 시집갔는데, 그녀가 화번공
주(和蕃公主) 로 떠나는 과정에서 다양한 이야기를 남겼다.

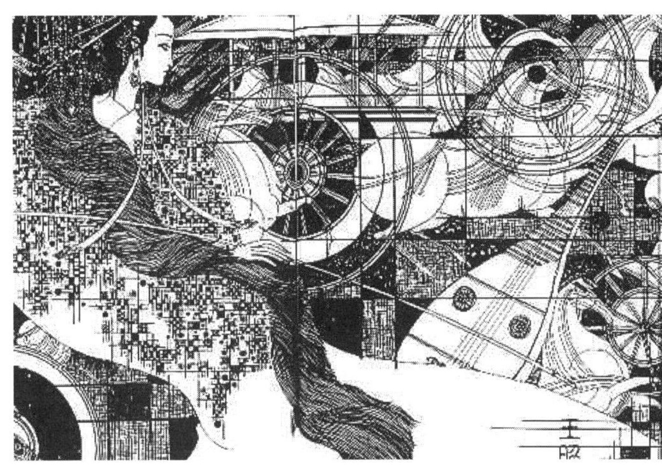

왕소군(王昭君). 흉노에게
화번공주(和蕃公主)로 간
비련의 미인.

빼어난 미모를 가진 그녀는 다른 후궁들과 달리 초상화를 그
리는 화공에게 뇌물을 바치지 않았고, 때문에 화공이 그녀를 추
하게 그려서 그녀가 화번공주(和蕃公主)로 뽑혔는데, 떠나는 날
그녀의 미모를 본 왕이 크게 후회하고, 그림을 그린 화공을 처
형했다는 고사의 주인공이다.

사실 필자에게 여성들의 미모로 가장 인상적인 곳이 바로 왕
소군(王昭君)의 고향과 그 주변도시였다. 샤오산샤(小三峽)의 출
발지인 우산(巫山), 파둥(巴東) 등 왕소군(王昭君)고향과 부근 도
시의 여성들은 발달되지 못한 주변 환경으로 인해 꾸밀 기회가
드문데도 불구하고 미모에 있어서는 어느 도시의 여성들 못지
않게 아름다움을 갖고 있었다.

시장에서 허드렛일을 하는 아낙에서부터, 어린 소녀들에 이

우산((巫山)의 소녀. 왕소군(王昭君)과 달리 이제 이곳의 여인들은 돈에 끌려 다니는 처지가 됐다.

르기까지 왕소군(王昭君)의 후손이라는 것을 증명하려는 듯 미모가 뛰어났다. 하지만 이런 곳 역시 중국에서 급속히 번지고 있는 매춘 문화를 피할 수 없었다. 일주일 코스에 수천불하는 호화여객선은 물론이고, 여행자들이 쉬어가는 작은 도시의 호텔에도 여성 매매춘은 극성을 부리고 있었다.

샤오산샤(小三峽)의 출발지여서 여행자가 가장 많이 몰리는 우산(巫山)의 비교적 깨끗한 호텔들에서는 2백위안이면 몸을 파는 여성이 넘쳐나고, 이주를 앞둔 구시가지의 퇴락한 거리에는 20위안이면 몸을 던지는 여성들이 지나는 이들을 붙잡고 있었다. 그녀들의 선조인 왕소군(王昭君)은 전한의 황실에 의해 군사적으로 강한 흉노에게 화번공주(和蕃公主)로 보내질 수밖에 없는 운명이었다면, 지금의 여인들은 돈의 볼모가 되어 살아가고 있었다.

시선(詩仙) 이백(李白)은 왕소군(王昭君)의 운명을 두고 "살아선 황금이 없어 초상화를 잘못 그리게 하더니, 죽어선 청총을 남겨 사람들을 탄식케 한다. (生乏黃金枉圖畫 死留靑塚使人嗟)" 라고 말했는데, 지금 이백이 살았다면 어떻게 읊었을까 자못 궁금해지기까지 한다. 비단 이들 뿐만 아니라 중국에는 미녀에 관한 고사가 많다.

천하의 영웅 항우(項羽)의 마음을 사로잡았던 우미인(虞美人),

월(越)나라와 오(吳)나라의 고사에 등장하는 서시(西施)를 비롯해 근대 중국사를 뒤집은 서태후도 경국지색(傾國之色)으로 분리될 수 있다. 가깝게는 문화대혁명(文化大革命)을 주동해 이미 쇠약한 마오쩌둥(毛澤東)을 대신해 정권을 잡으려 했던 지앙칭(江靑)도

서시(西施). 오월동주(吳越同舟), 와신상담(臥薪嘗膽) 등 고사성어를 만든 여성이다.

그런 여인 가운데 하나다. 1960년대 들어 정신이 쇠약해 그녀를 바로 볼 수 없었던 마오쩌둥(毛澤東)에게 다가가는 한편 자신과 뜻을 같이한 4인방 등을 앞세워 그녀는 문화대혁명(文化大革命)을 주도하고, 마오의 죽음에 맞추어 권력 장악을 꿈꾼다. 하지만 마오가 점찍은 후계자 화궈펑(華國鋒)의 동의 하에 예젠잉(葉劍英) 등 원로파들이 대대적인 반격을 시도해 그녀의 꿈은 물거품이 된다. 그녀의 포부는 실패했지만 그녀는 중국의 역사를 뒤집기에 충분한 여걸이었다. 서태후나 지앙칭(江靑)의 사례에서 알 수 있듯이 시간과 체제는 바뀌지만 경국지색(傾國之色)의 출현가능성은 배제되지 않는다는 것을 역사는 말해주고 있다.

제5장 만리장성(萬里長城)으로 읽는 중국사

장성을 경계로 벌어진 한족(漢族)과 북방(北方) 민족(民族) 쟁탈사

만리장성(萬里長城)은 중국 최고의 여행지다. 외국인뿐만 아니라 중국인들에게 물어봐도 가장 가보고 싶은 곳으로 만리장성을 꼽는다. 도대체 왜 만리장성에 그토록 가보고 싶은 곳이 됐을까. 암스트롱이 달에서 만리장성의 모습을 봤다고 해서일까, 아니면 마오쩌뚱(毛澤東)이 "장성에 올라보지 못한 이는 사나이가 아니다(不到長城非好漢)"라고 말해 그토록 집착하는 것일까. 그도 아니면 장성에 직접 가서 민초들이 고통 받았던 현장을 직접 느껴보고 싶어서 일까.

중국을 돌아다니는 것이 일이라 만리장성도 벌써 수차례 갔다 왔다. 만리장성의 동쪽 끝 중에 하나인 라오롱토우(老龍頭)에서 새해를 맞아보기도 했고, 명대(明代)에 왜구를 물리친 명장이자 중국 무술의 비조(鼻祖)중에 하나인 척계광(戚繼光)의 흔

맑은 날의 빠다링(八達嶺).

적이 살아있는 황야관(黃崖關)의 언덕을 헤매기도 했고, 날씨가 어떨까 마음 졸이며 어머니나 친구를 동행해 빠다링(八達嶺)으로 가기도 했다. 또 장성 모습을 담기 위해 쓰마타이(司馬臺)나 구베이코우(古北口) 등은 물론이고 멀리 산시(山西)나 샨시(陝西) 등에서 무너져 가는 장성을 만나기도 했다.

이런 장성과의 만남 속에서 가장 많이 느낀 것은 장성만큼 모순이 많은 곳이 있을까 하는 것이다. 장성을 만든 목적은 북방 유목민 등의 침입을 막기 위해 만든 것이었지만 장성의 축조는 무리한 토목공사의 전형으로 오히려 왕조의 몰락을 부추기는 계기가 됐다. 과거에 포악(暴惡)한 정치의 상징인 진시황이 정치적으로 부활하면서 만리장성(萬里長城)도 더불어 중요한 유산으로 남아있게 됐다. 때문에 봉건(封建)문화의 상징이 되어

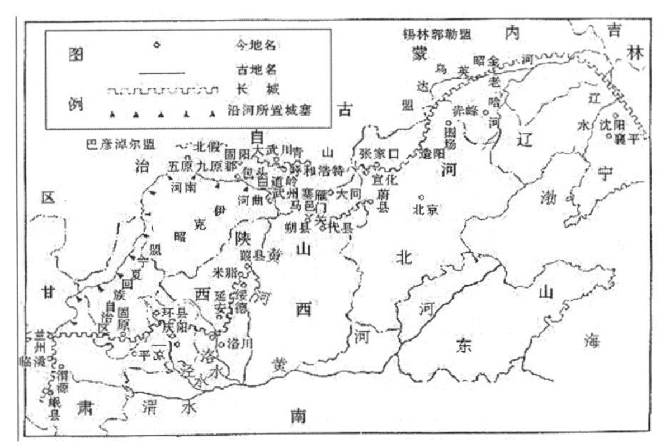

진시황이 쌓은 만리장성(萬里長城). 오른쪽 하단의 민현(岷縣)에서 동쪽 압록강까지다.

문화대혁명(文化大革命) 당시 일부가 파괴되기도 했지만 곧바로 복원되는 한편 대대적인 보수작업을 거쳐서 지금은 중국 여행 산업의 선봉(先鋒)에 서 있는 곳이 만리장성(萬里長城)이기도 하다.

사실 나와 동행했던 이들은 만리장성에 가서 그다지 큰 감흥을 받지 못했다고 했다. 그도 그럴 것이 만리장성에 가서 많이 보면 40리 장성을 보고 적게 보면 한두리 장성 밖에 못보는데, 만리장성의 감흥이 생겨날리 만무하다. 또 거대한 성벽이 주는 감흥도 크지 않다.

장성의 넓이로 가장 큰 베이징 인근 빠다링(八達嶺)의 경우 아래쪽 넓이가 8~9미터로 데이빗 커퍼필드가 마술로 통과하는 척하는 이벤트도 벌리는 곳이지만 이 역시 큰 감흥을 받기는 쉽지 않다.

그러나 만리장성을 중국 역사를 읽는 하나의 흥미로운 키워드로 보면 훨씬 재미있을 것이다. 만리장성은 시대에 따라 다양한 위치를 갖고 있기 때문에 하나로 위치를 고정할 수는 없지만 북방민족과 한족(寒族)의 권력경합 정점에 있었던 것은 확실하다. 결국 강력한 북방(北方) 유목민족(遊牧民族)과 남쪽의 한족(漢族)간의 권력 쟁탈이 중국 역사라는 점을 생각하면 만리장성은 그 역사를 지켜 본 목격자이자 주인공인 셈이다.

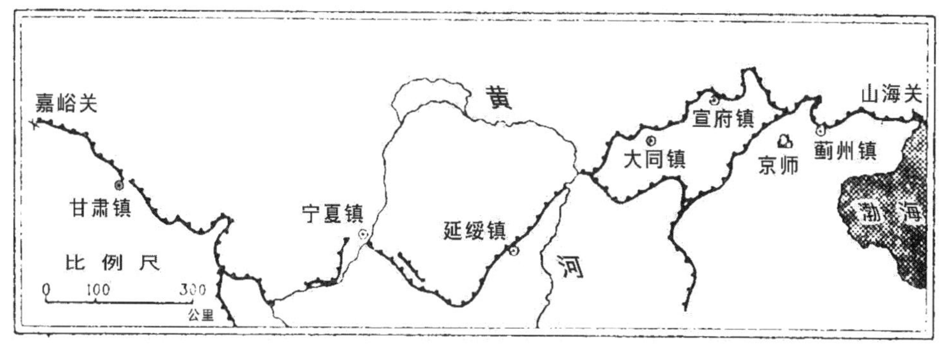

명대(明代)의 장성도. 우리가 알고 있는 산하이관(山海關)-지이위관((嘉峪關)은 명대(明代)의 중심축이다

진시황의 만리장성(萬里長城)을 한무제(漢武帝)는 2만리장성으로

만리장성(萬里長城)의 역사는 기원전 7세기에 시작해, 17세기인 명(明)나라 때 대대적인 보수 이후 방어기능으로서 장성의 기능은 끝났다고 중국장성학회(中國長城學會)는 본다. 명이 청에 무너지면서 장성 이북 역시 청나라의 통치권에 들어오면서 방어기능으로서 장성의 역할이 의미가 없어졌기 때문이다.

장성은 BC 7세기 주(周)나라가 멸하고 생긴 춘추전국시대(春秋戰國時代)에 그 역사가 시작된다. 춘추전국시대(春秋戰國時代)는 진(秦)·초(楚)·연(燕)·제(齊)·한(韓)·위(魏)·조(趙)의 이른바 전국칠웅(戰國七雄)이 성립하였다.

각국의 군주는 스스로 왕을 자칭하고 광대한 영역을 통치할 관료기구를 정비하여 각 국가간에 경계를 만들었으며, 북쪽 민족의 침입을 막기 위해 하나둘씩 성을 쌓기 시작한다. 이 과정에서 제나라 환공을 도와 패업을 이룬 관중(管仲)의 기록인 『관

장성의 가을. 허베이(河北)와 베이징 장성 주변의 자연경관은 아주 아름답다.

자(管子)』에 처음 '장성'(長城)이라는 단어가 보인다. 하지만 산둥(山東)반도에 중심세력을 둔 제나라의 북쪽 경계는 지금의 장성보다 훨씬 아래이다.

지금의 장성의 위치에 한층 가까운 곳은 연(燕)나라의 장성이다. 지금의 베이징(그래서 청나라 때 수도를 燕京이라 불렀다)을 중심으로 자리 잡아 지금의 만리장성(萬里長城)과 유사한 위치에 있다. 칠웅 중에서도 서방의 진(秦)은 상앙(商鞅)의 변법(變法) 이후 국력이 신장하여 BC 221년에 천하를 통일하는 데 성공하였다. '장성'이 '만리장성'(萬里長城)으로 바뀌고 그 이름을 얻은 것도 진시황 때부터이다. 그러나 7웅을 깨고 중원을 통일했다고 해서 북쪽마저 안전한 것은 아니었다.

중국의 북쪽은 옌산(燕山), 타이싱산(太行山), 인산(陰山), 허란산(賀蘭山), 치롄산(祁連山) 등 황량한 고산이 둘러쳐 있다. 7웅의 일부는 지금의 장성보다 훨씬 북쪽인 이 산들까지 세력을 갖고 있었다. 아무리 막강했던 진(秦)이라 해도 유목민족으로 뛰어난 전투 능력을 가진 흉노(匈奴)와 같은 북방민족의 침입을 두려워했다. 때문에 진시황은 과거의 성벽을 연결하는 한편 증·개축을 통해 간쑤성(甘肅省) 남부 민현(岷縣)에서 출발해 황허(黃河) 서쪽, 인산(陰山) 산맥을 따라 동쪽으로 뻗어 랴오둥(遼東)반도의 랴오양(遼陽)에 이르는 장성을 구축했다. 진시황의 만리장성(萬里長城)이 아니라 억리장성이 있어도 후사를 단속하지 못하고, 민심을 잃는다면 허사라는 것을 가장 확실하고 단적으로 보여줬다.

진(秦)의 멸망이후 만리장성(萬里長城)은 사실상 거의 기능을 하지 못했다. 그러다 이 와중에 진시황에 버금가는 통치자 한무제(漢武帝 재위 BC 141년~87년)가 등극한다. 그는 54년에 이르는 재위기간도 재위기간이지만 동중서(董仲舒)등을 등용하여 국가의 기반을 다지는 한편 동서로 영토를 넓혔다. 또 그는 그 힘을 이용해 흉노의 본거지를 공격하는 한편 이번에는 깐수성(甘肅省) 민현(岷縣)에서 멈추지 않고, 신지앙성(新疆省)에 이르는 2만리장성을 구축했다. 이후에 정비됐던 어느 장성보다도 거대했다.

유목민족(遊牧民族)과 한족(漢族)간 권력의 교차, 기능은 축소

한무제(漢武帝)가 만리장성이 아닌 2만리장성을 쌓았어도 내부의 분열은 어쩔 수 없었다. 한나라는 후한(後漢)을 거쳐서 황건적(黃巾賊)의 난 등으로 급속한 위기를 맞는다. 한날 이후에 『삼국연의(三國演義)』의 배경이 되는 위(魏)·촉(蜀)·오(吳) 삼

벽돌의 구멍 난 틈을 통해 본 장성의 한 면.

국이 번성한 시기이다. 창지앙(長江) 중심지대에서 이 세 나라가 싸우다가 수(隋)나라 문제(文帝)가 사마염(司馬炎)이 세운 진(晉)을 멸망시키고 새로운 왕조를 연다. 이 시기를 남북조시대(221-589)라고 하는데 북쪽에는 선비족(鮮卑族)이 세운 북위(北魏), 동위, 북제(北齊), 북주(北周) 등이 있었다. 인산산맥(陰山山脈)과 타이싱산(太行山) 남쪽에 있는 이 국가들에게 가장 위협이 되는 것은 돌궐(突厥), 유연(柔然) 등 북방 유목민족이었고, 강성한 이들 민족을 막기 위해 장성을 쌓았다. 남북조시대는 수(隋)의 통일(589년)로 막을 내린다. 수(隋) 역시 돌궐이나 거란 등을 막기 위해 장성의 보수작업에 나섰다.

태종의 힘으로 한무제 못지않은 국력의 번성을 맛본 당(唐 618년~907년)도 흉노족을 막기 위해 대대적인 보수작업을 했다. 송(宋 960년~1277년) 왕조에는 봉화대나 무기고 등을 보강하는 작업을 하기 시작한다. 반면에 여진족이 건립한 금(金 1115년~1234년)은 몽고족의 침입을 막기 위해 대대적인 장성 보수를 나섰다. 하지만 동양은 물론이고 서양까지 세력권을 넓힌 칭기즈칸에게 만리장성은 그다지 문제가 되지 않았다.

몽고에 의한 중원의 통일은 만리장성 남북간의 완전한 통일을 말했다. 원(元 1271년~1368년)에게 만리장성은 상호가 왕래하는 데, 방해만 될 뿐이었다. 원이 멸망하고 등장한 한족지배 국가인 명(明 1368년~1644년)은 다시 한번 북방 유목민족에 대한 교훈을 상기하며 대대적인 만리장성의 보수작업에 들어간다. 베이징 인근에 있는 빠다링(八達嶺)을 비롯해, 스마타이(司馬臺), 황야관(黃崖關), 산하이관 (山海關)등 주요 만리장성은 대부분 명나라 때 세워지거나 보수작업을 거친 장성들이다.

명나라는 동쪽에서는 압록강에서부터 서쪽으로는 지아위관(嘉峪關)까지 13000리에 달하는 장성을 건설했다. 하지만 거대한 보수공사를 마친 만리장성 역시 역사의 교훈을 되새기는 역할밖에 하지 못했다. 명나라 역시 만주족(滿洲族) 누르하치(奴兒哈赤)가 세운 청(淸 1636년~1912년)에게 멸망했기 때문이다.

청나라의 위정자들은 앞선 역사를 타산지석(他山之石) 삼았다. 청나라는 성을 쌓아 권위를 지키기 보다는 정복 및 교화사업을 통해 세력을 확장하는데 치중했고, 황제들은 자금성(紫禁城)이 있었지만 천하를 순행하면서 정치를 편 경우가 많았다. 사실상 만리장성의 기능은 명나라가 청나라에게 넘어오는 시점부터 끝났다고 볼 수 있다. 명나라가 멸망한지 이미 400여년이 지난 지금 만리장성은 어떤 모습을 하고 있을까.

군사적 기능을 거의 잃은 장성은 현대에 들어서 그다지 대우받지 못했다. 특히 중국인들이 빈곤에 시달릴 때는 농가나 축사를 짓는데 쓰면서 적지 않은 장성이 파괴됐다. 또 문혁(文革) 때

장성의 겨울. 설경은 장성
의 또 다른 맛이다.

는 전제왕권의 상징으
로 낙인 되면서 공격의
대상이 되기도 했다. 하
지만 1980년 들어서 만
리장성은 새로운 부흥
기를 맞았다. 군사적 기
능이 아닌 여행자원적
기능이 살아났기 때문
이다. 빠다링(八達嶺)을
비롯해 황야관(黃崖關), 산하이관(山海關) 등 도시 인근의 장성
은 상당부분 보수되어 여행자원으로 빛을 내기 시작했고, 스마
타이(司馬臺), 진산링(金山嶺), 지아위관(嘉峪關) 등은 자연미를
살리기 위해 보수되지 않은 모습으로 관광객을 맞이하기 시작
했다. 하지만 관광자원으로의 만리장성(萬里長城)은 눈에 띄는
몇 곳만이 필요할 뿐 전체가 필요한 것은 아니다. 명나라
13000리의 장성을 기준으로 했을 때 1/3은 이제 흔적을 찾아볼
수 없게 완전히 파괴되어 버렸고, 1/3은 시간 앞에 운명을 맡겨
놓고 있다. 단지 1/3만이 보호되면서 여행자원으로 활용되고
있을 뿐이다.

장성도 민초(民草)의 원망과 눈물 앞에서 무너져 내리고

많은 사람들이 만리장성에 오르고 싶어 하지만 만리장성(萬
里長城)은 민초들에게 한(恨) 많았던 역사의 상징물과도 같다.

그 흔적이 가장 잘 남아있는 곳이 산하이관(山海關)에서 멀지 않은 펑황산(鳳凰山)의 정상에 있는 맹강녀(孟姜女)묘이다. 『맹강녀의 전설』은 중국 4대 전설* 가운데 가장 드라마틱하다.

진나라 때 장성 1리를 쌓는데, 한사람이 산채로 매장되어야 한다는 이야기가 돌자, 진시황은 여지없이 이 지시를 실행하였다. 그런데, 어쩐 일인지 "소주(蘇州)에 만희량(萬喜良- 역사에서는 범기량(范杞良)으로 나온다)이 사는데, 그 사람 한 명이면 만 명의 목숨과 같네"라는 동요가 퍼져갔다. 이 동요를 들은 선량한 선비 만희량(萬喜良)은 피신을 떠났는데, 송강부(松江府)에서 관리를 피해 어느 집에 들어갔다가 후원의 연못에서 목욕을 하고 있던 맹강녀를 보고 반해 혼인을 한다. 하지만 만희량은 곧 붙잡혀갔고, 반년이 되도 돌아오지 않자, 맹강녀는 온갖 고초를 견디면서 남편이 노역하고 있다는 장성터로 간다. 하지만 그녀가 들은 말은 "심한 노동과 영양실조 등으로 이미 죽어서 장성에 묻힌 자가 1만이 넘었다"였다.

그녀는 남편뿐만 아니라 천지간에 셀 수 없이 많은 과부와 아이들이 돌아오지 못하는 남편을 그리며 살아갈 거라는 슬픔에 대성통곡을 했다. 한참 후에 40리의 장성이 무너지면서 수많은 백골이 나왔다. 그녀는 자신의 피가 스며드는 것을 보고 남편의 뼈를 찾았는데, 마침 순행 중이던 진시황이 이 사태를 듣고 달려왔다가 그녀의 미모에 반해 황후로 삼으려 하자, 맹강녀는 진시황을 꾸짖으려다 생각을 바꿔서 세 가지 소원을 말한다.

중국 4대 전설: 『맹강녀孟姜女의 전설』, 『견우와 직녀』, 『백사전 (白蛇傳)』, 『양산백과 축영태 (梁山伯與祝英台)』

첫째, 남편을 위한 비(碑)를 세울 것. 둘째, 예를 갖추어 장례를 치를 것. 셋째, 3일 동안 바다를 거닐게 할 것이었다. 그러나 그녀는 장례를 무사히 마친 후 진 시황에게 "네가 장성을 쌓는 것은 오랑캐를 막아 너의 나라를 보존하려고 하는 것이라지만 그것이 무슨 소용이 있다는 말이냐? 너 때문에 장성의 땅 속에 묻힌 영혼들의 원망과 살아있는 사람들의 원한이 결합된다면 힘 들이지 않고 나라를 빼앗을 수 있다"라고 외친 후 치마를 뒤집어쓰고 강물에 뛰어 들어 사라지고 만다.

사실 전설 속에 맹강녀의 실제여부는 의문이다. 지금 맹강녀의 사당과 묘가 있는 지역은 진(秦)대가 아닌 명(明)대에 만들어진 것이기 때문이다. 하지만 진대에 만들어진 장성이든, 명대에 만들어진 장성이든 그 장성의 돌 하나 흙 하나하나는 민초들의 피와 눈물이었고, 맹강녀 이야기는 그 역사를 대변해주는 수단일 뿐이다. 그녀의 말은 사실상 오랫동안 국가의 공사에 시달린 민초들의 말이었다. 이때문에 민초들은 맹강녀를 중요한 성녀로 섬기고 있다.

제6장 영화로 읽는 중국사

문혁(文革) 이후 나타난 5세대 역사(歷史) 형상화 성과

요즘 우리나라에서 역사를 만날 수 있는 수단으로 상한가를 달리는 것이 드라마다. 〈야인시대〉를 비롯해 고려(高麗)의 영화를 담은 드라마, 또는 역사적인 인물을 다룬 드라마 등 종류도 다양해지고 있다. 비록 드라마나 영화 등이 역사를 담고 있지만 그것은 학자들의 기록과 달리 극적 구성이 중시되기 때문에 때로는 왜곡될 수 있지만 영상물은 역사를 재구성해내는 흥미로운 수단이다. 중국도 마찬가지다.

중국의 영화 역사는 프랑스의 영화 선구자 뤼미에르 형제가 1890년대 이 발명품을 가지고, 중국의 베이징(北京), 텐진(天津), 광저우(廣州), 난징(南京), 상하이(上海) 등에 와서 촬영하거나 상영한 것으로 시작이 되었다. 슈테판 크라머의 『중국 영화사』에 따르면 1896년 뤼미에르 영화사가 촬영을 위해 상하이에 도착했고 그 때 〈아기의 식사〉, 〈종업원의 외출〉 같은 영화를

중국영화의 산실 베이징 영화학원. 문혁(文革)이후 5세대를 만들었고, 지금 까지도 중국 영화의 토대 가 되고 있다.

상영했다. 이후 중국인들은 서서히 영화에 관심을 갖기 시작했다. 이에따라 1920년대 미국의 영향을 받은 상업영화의 옹호자들로 한 1세대가 탄생했다. 2세대는 더 나가 예술성을 지향하는 자유주의 성향이나 좌익성향을 띠게 된다. 3세대는 1940년대 이후 공산주의 영화를 만든 이들을 일컫고, 4세대는 1950년대 말에서 문혁(文革)이 있었던 1960년대 전에 학업을 마친 이들을 일컫는다. 하지만 4세대는 문혁(文革)으로 인해 1970년대 말에나 비로소 자신들의 영화를 제작할 수 있었다.

중국 영화가 국제적인 주목을 받게 한 5세대는 1978년에 다시 문을 연 베이징 영화학교를 졸업한 이들을 가리킨다. 예술적인 능력으로 인해 명성을 얻는 장이머우(張藝謀)나 첸카이거(陳凱歌), 황젠신(黃建新), 우톈밍(吳天明), 톈좡좡(田壯壯) 등이 이에 속하는데, 이들은 역사와 예술세계를 예술적 감수성으로 결합시켜 중국 영화의 수준을 순식간에 업그레이드 시켰다.

6세대는 개방의 시기를 살아가면서 영화의 꿈을 키운 이들이다. 장위엔(張元), 지아장커(賈樟柯), 장밍(章明), 로우쉐창(路學長), 왕샤오수아이(王小帥), 로우예(婁燁) 등은 소재나 표현에서 한층 다른 모습을 보이고 있다. 이후에 2000년에 들어와서는 소외받는 사람들과 소외받는 문화(시, 예술) 등에 관심을 갖고 창작 활동을 벌이는 또 다른 감독군(監督群)이 형성되어가고 있는 상황이다.

역사적으로 중국 감독 가운데 역사적인 내용을 영화의 소재로 차용한 이들은 그다지 많지 않다. 2세대 가운데 좌익영화를 만든 이들과 1960년대 이후 사회주의 중심의 역사극이 일부 있었을 뿐이다. 하지만 5세대는 영화의 소재로서 역사를 삽입시키는 기능을 한 세대다. 중국 영화는 홍콩 영화에 비해 소재에서 부자유스러웠지만 역사가 그들에게 준 중압감을 생각할 때 당연한 결과였다. 홍콩 영화는 그런 점에서 역사를 소재로 사용하는데 약간 능숙했다.

이 글에서는 이런 중국의 영화사보다는 중국 영화에 소재로 등장하는 역사를 순차적으로 보면서 영화와 역사의 상관관계를 살펴 흥미를 더하는데 의의가 있다.

영화 〈진시황〉에서 〈뮬란〉까지

중국 영화에서 차용된 역사적 인물로 가장 오래된 인물이 누굴까. 전국시대의 인물인 금의위를 배경으로 한 영화가 있지만 영화사에서는 거의 다뤄지지 않는다. 일반에게 가장 알려진 영화 속 인물로는 BC 246년부터 210년까지 재위한 진시황일 것이다.

그를 다룬 첫 번째 거작(巨作)은 중국과 홍콩의 합작으로 1989년 만든 〈진용(秦俑)〉이다. 무술영화의 대가중 하나인 청샤오둥(程小東) 감독이 훗날 대감독의 반열에 오른 장이머우(張藝謨)와 우톈밍(吳天明), 그리고 여전히 중국 최고 여배우의 위

장이머우의 〈영웅〉. 진시황 영화의 기본 골격은 대부분 시황제와 자객들의 이야기이다.

치를 차지한 궁리(鞏俐)와 함께 만든 영화다. 진시황이 자객에게 위협받을 때 우연히 목숨을 구한 몽천방(張藝謨 분)과 황녀 동아(鞏俐 분)의 사랑을 중심으로 진시황은 주변적인 역할을 한다. 불노장생하는 인물로 그려지는 몽천방과 동아의 사랑을 윤회(輪回)속에 그린 이 영화는 역사적 의식보다는 로맨스가 중심이다.

반면에 1995년 저우샤오원(周曉文)이 감독한 〈진송(秦頌)〉은 진시황을 확실히 부각시킨 영화다. 이 영화는 중국에서 가장 인기 있는 배우로 꼽히는 지앙원(姜文)이 진시황제로, 거요(葛優)가 뛰어난 음악가 고점리(高漸離)로, 쉬칭(許晴)이 고점리를 사랑하는 진시황의 딸 역양(櫟陽)으로 출연한다.

앞 글 〈진시황〉을 다룬 글에서 밝혔듯 현대에 비춰진 진시황은 폭군의 면모와 더불어 중국 통일과 갖가지 제도를 정비한 위정자로서의 면모를 같이 평가받기 때문에 이 영화도 비슷한 관점을 가지고 있다. 고점리와 갈등을 겪고 잔악한 폭군의 면모를 보이지만, 스스로 하늘이 되려다가 좌절하는 그의 모습도 잘 묘사하고 있기 때문이다.

이후 5세대의 거장인 첸카이거(陳凱歌)가 1997년 〈형가자진왕 (荊軻刺秦王)〉으로 다시 진시황을 살린다. 일본과 홍콩, 중국의 거대한 자금은 물론이고 궁리(鞏俐), 장펑의(張豐毅), 리쉐지엔(李雪健) 왕즈원(王志文), 자오번산(趙本山), 저우쉰(周迅) 등 유명배우들이 참여했지만 흥행과 평가에서도 처참한 결과를 맺는다.

진시황과 그를 살해하려는 자객 가운데 하나인 형가(荊軻)를 소재로 했지만 갈등을 제대로 대비시키지 못하고, 지나치게 많은 이야기를 넣으려다가 실패한 경우다. 하지만 첸카이거(陳凱歌)로 추락된 진시황의 인기는 2002년 말 같은 5세대 감독으로 친구이자 라이벌인 장이머우(張藝謀)가 화려하게 부활시킨다.

진시황과 그를 살해하려는 자객들과 갈등, 또 자객들 간의 갈등 및 사랑을 교차시킨 이 영화는 리렌지에(李連杰), 량자오웨이(梁朝偉), 장만위(張曼玉), 천다오밍(陳道明), 장즈이(章子怡) 등 중화권 최고의 배우들을 동원해 흥행과 예술적 평가에서 두 마리 토끼를 모두 잡은 성공작이라는 평가를 받았다.

진시황 다음 시대에서 인기를 끈 역사 소재는 나관중의 소설 『삼국지연의』이다. 184년 〈황건적의 난〉부터, 280년 사마씨의 후손이 진(晉)을 세울 때까지 위·촉·오를 중심으로 벌어지는 것을 배경으로 한 『삼국지』는 영화에서도 수없이 되풀이 됐다. 1905년 중국에서 처음으로 만든 영화 〈딩쥔산 (定軍山)〉도 『삼국지연의』에서 세 장면을 뽑아서 만든 영화다.

경극으로 촬영한 이 영화는 전설적인 경극배우 탄신페이(譚鑫培)가 황충(黃忠) 역을 맡았다. 하지만 『삼국지』, 『수호지』, 『서유기』, 『홍루몽』, 『금병매』 등은 워낙 방대한 이야기여서 영

월트디즈니로 세계적 명성을 얻은 뮬란. 그녀는 북조시대 목란시의 주인공으로 1949년 중국에서도 영화화됐다.

화로 담기에 부적절했고, 더러 다루어지기는 했지만 전반적으로는 텔레비전 드라마로 가치를 더 빛냈다.

다음 시대의 인물로 인기를 끈 이는 5세기 무렵 북조(北朝)의 남장 여인 목란(木蘭)일 것이다. 북조의 악부민가(樂府民歌) 가운데 가장 유명한 〈목란시(木蘭詩)〉에 등장하는 그녀는 아버지를 대신해 남장한 채 전쟁에 나가 공을 세운 인물로 중국 고대시가 가운데 〈공작동남비(孔雀東南飛)〉와 더불어 양대 시가로 꼽히는 걸작의 주인공이다. 그녀의 삶은 1956년 류궈치엔(劉國權) 감독이 〈화목란(花木蘭)〉을 만들면서 영화화되고, 월트디즈니의 애니메이션 〈뮬란 (Mulan)〉으로 화려하게 세계무대에 데뷔하기도 했다.

주요 단골메뉴 〈소림사〉, 〈양귀비〉, 〈징기스칸〉 등

이후 중국 역사는 수(隋), 당(唐), 5대10국, 송(宋), 원(元), 명(明), 청(淸)대로 이어진다. 이시기는 아직까지 중국영화에서 그다지 인상적인 작품을 갖지 못했다. 수(隋)에서 당(唐)으로 이어지는 시대를 배경으로 한 영화로는 리롄지에(李連杰)의 데뷔작인 〈소림사 (少林寺, 1984)〉가 있다.

당 태종 이세민이 건국 전 위기에 몰렸을 때, 소림사 승려들의 도움으로 위기를 모면하는 것을 배경으로 한 이 영화는 리롄지에(李連杰)뿐만 아니라 중국 무술을 영화의 전면에 등장시킨 중요한 계기가 됐다.

당 현종의 사랑을 받았던 양귀비는 이야기 속에서는 항상 주도권을 잡았지만 막상 영화의 소재로 사용된 것은 그리 많지 않다. 중국 최초의 여제(女帝) 무측천(武則天)의 삶을 소재로 한 〈무측천〉과 〈양귀비〉를 만든 리한샹(李翰祥) 감독 징도가 이 시대의 역사에 깊은 관심을 가졌다고 할 수 있다.

이후 907년 당나라가 멸망한 뒤 중국은 5대 10국으로 분열되었다가, 송(宋)나라에 의하여 다시 통일되었다. 그리고 12세기 말에는 징기스칸이 중국을 비롯한 중앙아시아와 인도, 유럽을 정복하면서 대제국을 세웠다. 징기스칸을 소재로 한 영화는 상당히 많다. 가장 최근 영화로는 1998년 홍콩에서 제작한 〈징기스칸〉을 비롯해 〈일대천교 징기스칸 (一代天驕 成吉思汗)〉 등 적지 않은 영화가 제작됐다. 징기스칸 영화의 경우 대부분은 어려운 환경에서 자라 천하를 호령하는 그의 영웅담에 초점을 맞추고 있다. 중국이나 홍콩에서 제작한 영화의 경우 몽골인으로써 징기스칸을 다루기보다는 중국 영토를 넓히고, 훗날 중국에 문화적 교화하는 방향으로도 많이 유도하고 있다.

명대는 극적인 인물이나 사건이 그다지 많지 않아, 드라마나 영화로 그다지 각광을 받지 못했다. 명대의 마지막 인물인 정성공(鄭成功)이 비교적 환대를 받는다. 명나라 관리인 아버지와 일본인 어머니 사이에서 태어난 그는 반청복명(反淸復明)의 초기인물이다. 1636년 누루하치가 청(淸)을 세운 후에도 만주족이 세운 청나라에 굴복하지 않고, 명나라의 복원을 꿈꾸던 인물이었다. 순치제 때부터 아버지를 통해 그를 회유하는 한편 강희제가 재위한 1661년 청나라가 연안 5성(省)의 백성을 내지(內地)로 옮겨 그와의 관계를 두절시키는 천계령(遷界令)을 폈다. 그럼에도 그는 타이완(臺灣)을 공략하여 새로운 기지를 확보하고, 반청복명(反淸復明)과 대륙 반격을 기도하였으나 다음해 급사하였다. 〈정성공〉이 영화화되는 것은 한족 중심의 중국사에 자존심을 살린 경우이기 때문이다.

청 시대의 소재는 영화로 보다는 텔레비전 드라마로 많은 빛을 봤다. 청나라를 부강 시킨 강희·건륭시대(康熙·乾隆時代 1662년~1795년)를 중심으로 한 영화 및 드라마가 많이 만들어지고 있다. 강희제(康熙帝)를 소재로 만든 〈녹정기(鹿鼎記)〉, 〈강희제국(康熙帝國)〉, 〈회옥공주(懷玉公主)〉등 과 〈옹정왕조(擁正王朝)〉그리고 현재 한국에서도 인기를 얻고 있는 건륭(乾隆)을 소재로 한 드라마 〈황제의 딸(還珠格格)〉에 이르기까지 중국 텔레비전에서 빼놓을 수 없는 중국역사 사극의 중요한 인물이다.

그들은 모두 영토확장 사업을 위해 천하를 주유(周遊)했을 뿐만 아니라 예술, 학문에도 깊은 열정을 보인 황제여서 다양한 이야기를 갖고 있기 때문이다. 청나라의 마지막을 장식했던 인물 가운데 하나인 서태후(西太后)를 다룬 영화들도 몇 차례 만들어졌다. 대표적으로 중국 인물영화의 대가 리한샹(李翰祥)이 만든 〈서태후〉가 있다. 또 서구 제국주의 세력이 급속히 밀려든 청말(淸末)도 중국 영화사에 중요한 소재가 됐다.

씨에진(謝晉) 감독의 〈아편전쟁〉을 비롯해 중국과 홍콩에서 만들어진 〈황비홍〉 등이 이런 상황을 소재로 적극 채택하고 있다. 1839년부터 벌어진 청나라와 영국의 갈등으로 이 후 중국에게 굴욕적인 개항의 발판이 된 아편전쟁은 이 영화 외에도 당시 흠차(欽差:全權)대신으로 강하게 저항한 임칙서(林則徐)를 중심으로 한 〈임칙서 1959〉등 다양한 영화의 소재가 되었다. 후에 리렌지에(李連杰)를 스타로 등극시킨 〈황비홍〉의 전작인 〈황비홍전 (黃飛鴻傳)〉이 1949년 후펑(胡風) 감독의 손에 만들어지기도 했다.

1851년부터 1864까지 14년간 존속했으며, 한때는 중원을 장악했다할 만큼 큰 세력을 펼쳤던 태평천국의 난을 소재로 한 영화 와 드라마도 만들어 지고 있다.

청말중초(淸末中初)는 계속해서 영화화되고

조악하나마 1905년부터 영화가 만들어졌기 때문에 당대의 역사를 소재로 한 영화는 이 시기부터 만들어졌다. 어떤 소재도 역사를 떠날 수는 없는 만큼 역사는 영화와 문화, 예술속에서 다양한 형태로 보여지고 있다.

당대는 아니지만 20세기 초반을 소재로 한 영화도 종종 등장한다. 가장 대표적인 영화가 〈송가황조(宋家皇朝)〉와 〈마지막 황제〉 일 것이다. 〈송가황조〉는 중국 근대에서 가장 중요한 인물인 쑨원(孫文), 쿵상시(孔祥熙), 장쩨스(蔣介石)에게 시집간 송

영화 송가황조(宋家皇朝). 쑨원(孫文), 쿵샹시(孔祥熙), 장쩨스(蔣介石)와 결혼한 3자매로 중국 현대사를 풀어낸다

씨 3자매를 배경으로 한 영화로 이 가문의 굴곡을 통해 근대사를 잘 조명한 영화다. 베루톨루치 감독의 〈마지막 황제〉는 청조의 황제에서 일본이 세운 괴뢰 만주 정부의 황제를 지내다가 말년을 맞는 푸이(溥儀)의 삶을 통해 현대사를 잘 보여주는 영화다.

1920년대 후반부터 중국에 사회주의가 들어오면서 좌파영화가 서서히 태동하기 시작했다.

초기 중국영화의 걸작으로 꼽히는 〈봄누에 (春蠶 1933)〉가 태어났지만 좌익적 성격의 초기영화로 가장 명성을 얻은 작품은 비극적 배우 란링위(阮玲玉) 주연의 〈신녀 (神女 1934)〉다. 성악가 윤심덕과 닮은 비극적인 삶은 산 그녀가 주인공을 맡은 〈신녀〉는 매춘부가 벌이는 삶의 투쟁을 보여주는 영화로 대중들의 사랑을 한 몸에 받았다. 이후에는 역사기록과 홍보 영화에 가까운 〈옌안과 팔로군 (延安與八路軍 1939)〉을 비롯해 적지 않은 역사영화가 탄생한다.

물론 슈테판 크라머의 평처럼 당시의 영화는 "이데올로기와 모든 것을 정치화, 사회화하는 일방적인 설교가 되어 버렸으며 그 동안 이룩한 모든 예술적 성과는 짧은 기간 안에 하향 평준화 된" 경향이 뚜렷하다. 또 1980년 이후 만들어진 영화 가운데는 국공합작시대의 경험이나 일본과의 전쟁 등을 담은 첸카이

거 감독의 〈황토지 (黃土地 1984)〉, 펑샤
오닝(馮小寧) 감독의 〈황하절연 (黃河節
戀 1999)〉과 같은 영화가 있다. 〈황토지〉
의 경우 1939년 샨베이(陝北) 지역에서
벌어지는 전통과 공산주의의 만남을 다
루고 있고, 〈황하절연〉은 태평양 전쟁 당
시 추락한 미군 비행기 조종사와 팔로군
(八路軍) 여성의 사랑을 다루고 있다.

모옌(莫言) 의 소설을 각색한 장이머우
(張藝謀)의 〈붉은 수수밭 (紅高粱 1987)〉
도 원작에 비해 투쟁성이 덜하지만 한 농
촌에서 벌어지는 항일운동을 소재로 하
고 있다. 공산화 이후 모든 영화가 이데
올로기의 영향을 받아야했던 만큼 이런

경향은 더 짙어졌다. 좌파영화의 갈래 상 가장 뛰어난 작품으로
평가받는 왕빈 감독의 〈백모녀 (白毛女)〉가 1950년에 만들어진
다.

문학이 그러했듯 영화가 사상 검열의 수단이 되면서 감독들
은 더욱 위축될 수밖에 없었다. 인물극(劇)으로는 적지 않은 수
의 마오쩌둥(毛澤東) 영화가 만들어지고, 저우언라이(周恩來),
류사오치(劉少奇) 등에 관한 영화도 만들어진다. 이런 영화들은
1920년대부터 당대까지 이런 인물들의 삶이나 역사의 정점인
대장정(大長征)을 중심소재로 해 만들어졌다. 반면에 1962년 사
망한 레이펑(雷鋒)의 일대기를 담은 영화 〈레이펑 (雷鋒 1964)〉

도 성급하게 만들어지기도 했다.

개방으로 활기 찾은 영화

이런 상황에서 덩샤오핑(鄧小平) 시대의 개막은 영화계에도 큰 빛을 비추었다. 1978년 베이징영화학원(北京電影學院)이 다시 문을 열었고, 난닝(南寧)과 창사(長沙)에도 새로운 촬영소가 설립됐다.

1980년대에 들어서면서 5세대 감독들이 중국 영화계에서 최대의 전성기를 만들었다. 그리고 문혁(文革)은 곧바로 영화의 소재에 중심으로 떠올랐다. 위화의 소설을 각색한 장이머우의 〈인생 (活着)〉이나, 톈좡좡(田壯壯)감독의 〈푸른 연 (藍風箏 1993)〉, 첸카이거의 〈패왕별희 (覇王別姬 1993)〉 등이 이런 대표적인 영화다.

장이머우(張藝謀)의 〈인생(活着)〉. 중국 현대사를 관류하는 이들의 삶으로 역사를 잘 사용했다

위 영화들은 껄끄러운 문혁을 바로 다루기보다는 국민당 시대부터 당대까지를 파노라마식으로 펼치면서 문혁을 마지막에 위치시켜 독자와 공감대를 형성했다. 그럼에도 톈좡좡(田壯壯) 같은 이는 작업금지 조치를 받는 탄압도 따랐다. 그래도 문혁(文革)에 가장 밀접하게 접근한 이가 〈햇빛 쏟아지던 날들 (陽光燦爛的日子 1994)〉을 만든 지앙원(姜文) 감독이나 〈부용진 (芙蓉鎭 1986)〉의 씨에진 감독일 것이다. 소년의 성장을 통해 문혁시대의 광기를 보여주는 〈햇빛 쏟아지던 날들〉이나 한 마을의 갈

등을 통해서 문혁의 상황을 보여주는 〈부용진〉은 밝음을 통해 문혁에서 벗어난 기쁨을 표현하고 있다. 이후 일어난 1989년 텐안먼 사태는 아직 영화의 소재로 사용하기에 많은 금기가 있어서 소재로 사용되지 않는다. 장이머우(張藝謀) 감독의 〈국두(菊豆 1990)〉를 비롯해 이 사건 이후 만들어진 상당수 영화는 이 사건을 심리적 소재로 사용하고 있다. 이후 6세대 감독들은 정부의 간섭이 심한 역사에서 소재를 찾기 보다는 개인의 삶에서 소재를 찾는 것을 중시했다. 역사적 사건을 넣지 않은 대신에 그린 역사를 관류하던 인간의 심리를 간파하는 영화를 만들었다.

제7장 석굴로 보는 중국사

4세기 수당(隋唐)대까지 번성한 불교의 위상과 좌절

　바위에 무엇을 조각한다는 것은 마치 뼈를 깎는 것과 같은 고통이 수반된다. 강한 바위를 정으로 깨는 고통도 고통이지만 한 번의 실수로 수년, 수십 년의 공덕이 물거품 될 수 있는데, 하물며 부처를 조각한다는데 그 마음은 어떨까.

　중국에서 만나는 어지간한 유물에는 이제 그다지 놀라지 않지만 거대한 불교문화 앞에서는 좀 주눅이 든다. 대장정을 마친 홍군의 정착지이자, 중화인민공화국의 기틀을 닦은 샨시(陝西)성 옌안(延安)에 있는 칭량산(淸凉山)의 동굴 속에 가면 현기증이 날 정도의 거대한 석굴들이 나온다. 특히 만개의 불상이 사방에 조각된 만불동 등은 당시의 불심을 가늠할 수 있다.

　중국 공산당은 옌안시절 이 동굴에서 『런민르빠오(人民日報)』의 전신인 『지에팡르바오(解放日報)』, 신화사, 중국 최대의 서점망인 신화수디엔(新華書店)을 탄생시켰다. 두 번이나 칭량산(淸

샨시(陝西)성 옌안(延安)에 있는 칭량산(淸凉山)의 만불동.

凉山)을 들릴 기회가 있었던 필자에게 그곳은 공산(共産)의 성지보다는 불국토로서 느낌이 더 강하다. 칭량산(淸凉山)은 물론이고 따주스커(大足石刻), 마이즈산(麥積山) 석굴 등에서도 이런 느낌은 마찬가지고, 특히 둔황(敦煌), 윈깡(雲崗), 롱먼(龍門) 등 3대 석굴에 가면 그런 느낌은 더욱 강해진다.

4세기 중반에 건설되기 시작한 둔황(敦煌)석굴을 비롯해 윈깡(雲崗), 롱먼(龍門) 석굴은 불국토를 향한 인간의 간절한 염원이 살아있다. 도대체 무슨 힘이 이렇게 거대한 불사를 이룩하게 했을까.

불교는 위로부터 아래로

중국 불교의 시작을 엿 볼 수 있는 곳은 뤄양(洛陽) 시내에서 조금 떨어진 바이마스(白馬寺)다. 후한(後漢) 때인 BC 67년, 인도의 승려 가섭마등(迦葉摩騰), 축법란(竺法蘭) 등이 명제(明帝)의 사신 채음(蔡愔)의 간청으로 불상과 경전을 흰 말에 싣고 뤄양(洛陽)에 온다. 1년 후 명제는 바이마스(白馬寺)를 세우는 등 믿음을 실천에 옮긴다. 이 때문에 중국뿐만 아니라 한국, 일본 불교계에서도 전래의 중요한 성지가 되어 많은 신도들이 찾는 것이다.

지금도 이곳은 중국 사찰 가운데 승려들이 남아서 예불을 올리는 한편 수행할 수 있는 몇 안돼는 사찰 가운데 하나로 남아 있다. 당시만 해도 종교의 대다수를 무속신앙에 의존하던 사람들에게 불교는 너무나 세련된 종교였다. 불경과 불상을 통한 고급 종교의 전파는 많은 사람들의 가슴을 흔들었다. 이런 불교에 대한 숭배는 거대한 불사들로 이어졌다.

타가와 준조의 『둔황석굴』에는 둔황(敦煌)의 탄생배경을 3세기 중엽 이 둔황(敦煌)에서 태어난 축법호(竺法護)에서 유래한다고 본다. 어려서부터 총명한 그는 경전을 얻기 위해 중앙아시아를 거쳐 인도를 여행하고, 장안(長安)으로 돌아와 불경 1백75부를 번역하는 족적을 남긴 중국 불교의 거인이다. 그의 덕을 칭송해 '월씨보살(月氏菩薩)'이라 불렀는데, 한편으로는 그의 고향으로 인해 '돈황보살(敦煌菩薩)'로도 불렸다. 그가 죽은 후 50년가량이 지난 366년 전진(前秦)의 승려 낙준(樂僔)에 의하여 시작된 석굴사원의 조영사업은, 그 뒤 북위(北魏)·서위(西魏)·북주(北周)·수(隋)·당(唐)·5대(五代)·송(宋)·원(元)에 이르는 13세기 무렵까지 지속되었다.

이후 천년 가량 지속된 둔황석굴(敦煌石窟)의 서막이었다. 6백여 개의 석굴안에 수많은 불상과 불화, 벽화가 만들어진 둔황(敦煌)은 분명히 중국 불교문화의 꽃이다.

둔황막고굴(敦煌莫高窟) 야경.

둔황(敦煌) 부근은 '돈황보살' 시절에 진(晋)왕조의 땅이었다가 이후 피비린내 나는 격전을 거듭했던 장소이기에 살육의 죄업을 벗고, 민중의 구원을 기원하는 불사의 소명감은 더욱 커졌을 것이다. 이후 불도징(佛圖澄), 구마라습(鳩摩羅什), 법현(法顯) 등이 둔황(敦煌)의 발전을 이끌었다.

439년에는 선비족(鮮卑族)이 세운 북위(北魏)가 이 지역을 지배하면서 한층 안정적인 석굴 작업에 들어간다. 북위는 선비족(鮮卑族)의 탁발부(拓跋部)가 중국 화북지역에 세운 북조(北朝) 최초의 왕조(386년~534년)로 탁발규(拓跋珪 후의 道武帝)가 나라를 재건하고 스스로 황제라 칭하고 국호를 위(魏 386년)라고 고쳤다. 이어 내몽골, 후연(後燕)을 격파한 후 국도(國都)를 평성(平城 지금은 산시성(山西省) 다퉁(大同) 398년)에 정했다. 이후 세력을 넓혀 중원에 들어와 439년에는 강북지역을 통일했다.

그 뒤 선비족(鮮卑族)의 한화(漢化)가 촉진되었는데, 특히 효문제(孝文帝)가 즉위하자 국도를 뤄양(洛陽)으로 옮겨(494), 호복(胡服), 호어(胡語)를 금하고 호성(胡姓)을 한인(漢人)처럼 단성(單姓)으로 고치게 했으며, 황족인 탁발(拓跋)씨도 원씨(元氏)로 개성(改姓)하였다.

효문제는 한화정책과 함께 봉록제(俸祿制), 삼장제(三長制), 균전법(均田法) 등을 창시하여 북위의 국력과 문화를 크게 발전시켰다. 하지만 이런 북위의 변화는 북방민족 고유의 소박한 것을 좋아하며 무술을 숭상하는 기운을 잃게 했고, 사치스럽고 문약(文弱)한 경향이 일어나게 했다. 이후 나이 어린 효명제(孝明帝)를 섭정한 영태후(靈太后)가 지나치게 불교를 존숭하여, 사탑(寺塔) 건축에 국비(國費)를 낭비함으로써 국정을 어지럽게 하였다. 따라서 도둑이 들끓고, 524년에는 북진(北鎭) 병사의 반란이 일어났다. 북위는 중국 석굴문화 발전에 절대적인 공헌을 한 왕조라는데 이의를 달 사람은 없다.

한편 북위는 지나친 한화(漢化)로 인한 힘의 약화와 내분으로 534년 멸망한다. 이때는 둔황석굴(敦煌石窟)은 물론이고 룽먼석굴(龍門石窟)도 계속해서 만들어지고 있는 시기였다.

둔황(敦煌)지역은 서위에 속하다가 다시 북주(北周)에 의해 지배된다. 북주 3대 무제(武帝)는 국력약화를 막기 위해 574년부터 다시 폐불정책을 시행한다. 그러나 무제의 아들 선제(宣帝)가 폭군이었기 때문에 민심을 얻지 못했고, 그 틈을 탄 외척 양견(楊堅)이 정권을 빼앗아 589년 수(隋)를 세웠다. 수문제의 불교숭상 기운은 당(唐)나라까지 계속되고, 진행중이던 둔황(敦

煌)과 롱먼석굴(龍門石窟)의 건립도 그 깊이를 더해간다.

특히 690년 당 고종(高宗)의 병이 심해지자 중국 최초의 여제인 측천무후(則天武后)가 제위를 찬탈한

둔황막고굴(敦煌莫高窟)의 벽화.

다. 또 그녀를 모델로한 롱먼석굴(龍門石窟) 최대의 불상인 봉선사(奉先寺) 석굴이 만들어지기도 한다. 지금 봐도 무리하기 그지 없는 불사의 연속은 국력의 쇠퇴를 부른다.

당(唐) 무종(武宗)은 845년 도교 이외의 모든 종교를 금할 것을 명령한다. 하지만 이후에도 둔황석굴(敦煌石窟)을 보면 알 수 있듯이 지속적으로 석굴은 만들어진다. 이런 석굴은 국가 규모의 거대한 석굴보다는 불심에 기초한 석공이나 귀족의 불심에 의해 만들어지는 경우가 많았다.

광활하고 황량한 황토고원위에 석굴은 세워지고

그럼 석굴이 만들어진 지역은 어떤 특성을 갖고 있을까. 중국의 3대 석굴들은 지리적으로 가까운 거리는 아니지만 중국 전체 영토에 비하면 비교적 지역적으로 집중되어 있다고 볼 수 있다. 그 중심점은 중국 중서부에 위치한 거대한 고원이나 사막지형에 위치하고 있다는 것이다. 샨시성(陝西省)을 포함해 깐수

따통(大同) 윈깡스쿠(雲崗石窟).

(甘肅), 닝샤(寧夏) 등 서부의 중심부는 황토고원(黃土高原)이 있다.

해발 1000에서 2000미터에 위치한 이 고원은 이 지역의 황량함을 더해준다. 거대한 협곡의 연속인 이곳은 마오쩌둥(毛澤東)이 홍군(紅軍)을 이끌고 대장정의 종착점으로 삼을 만큼 적을 방어하기에는 적지다. 하지만 상대적으로 거대한 황토의 연속인 이곳은 적에게 노출되기 쉬워 적지 않은 약점을 가지고 있는 지역이기도 하다.

황토고원을 중심으로 한 이 지역의 생활환경은 극히 열악하다. 나무가 적고, 강수량이 적어서 농사가 어렵다. 2002년 초여름 이 지역에는 그다지 많은 비가 내리지 않았음에도 순식간에 백여명의 목숨을 잃는 홍수가 일어나기도 했다. 또 여름에는 기온이 40도 정도로 폭염이 계속되고, 겨울에는 영하 20도까지 떨어지는 등 혹한과 혹서가 계속되는 지형이다. 이 지역은 서쪽으로 티벳, 북쪽으로 위구르, 선비, 몽골 등 강력한 힘을 가진 민족이 자리하고 있었다.

이런 민족들은 수시로 중국을 넘봤고, 수(隋), 당(唐) 등 한족(漢族)의 국가는 화번공주(和蕃公主)나 불공정 거래를 통해 이들에게 조공 아닌 조공을 바치는 형국이었다. 물론 한무제 등은 신장 위구르 지역까지 영토를 확장하기도 했지만 전반적으로 한족은 무력하기 그지없었다. 이런 상황은 당연히 어떤 절대적인 기원들을 불러 일으켰고, 이런 연유로 사찰이나 석굴과 같은 불사들도 늘어났다.

3대 석굴의 과거와 현재

둔황석굴(敦煌石窟)은 그 가운데 가장 오래되고, 가장 긴 수축 역사를 갖고 있다. 둔황(敦煌)이 위치한 실크로드는 이방 문화가 중국에 들어오는 절대적인 공간이었다. 시안(西安)에서 란저우(蘭州)를 거쳐, 진창(金昌)을 거치면 진대 만리장성(萬里長城)의 동쪽 끝인 지아위관(嘉谷關)에 닿는다.

이곳에서 조금 더 가면 안시(安西)가 나오는데 이곳에서 타리무(塔里木)분지 남쪽을 경유해 유럽으로 가는 길과 북쪽을 경유해 유럽이나 러시아로 가는 갈림길이 나온다. 남쪽 길로 접어들어 얼마가지 않아서 둔황이 나온다. 그곳에 위치한 둔황석굴(敦煌石窟)은 4세기 중반부터 13세기에 이르는 약 1,000년 간 석굴 조영자(石窟造營者)들의 노력으로 만들어졌다. 이 벽화는 표면에 석회를 칠한 벽면 위에 짙은 채색의 불교회화(佛敎繪畫)를 치밀하게 묘사했는데, 제작 연대별로는 위대(魏代)가 22굴, 수대(隋代)가 90굴, 송대(宋代)가 103굴이 있다. 그 중에는 청대(淸代)에 들어와서 그린 것들도 있다. 여전히 보존과 연구가 진행되고 있는 이 유산은 '둔황학(敦煌學)'이라는 학문의 카테고리를 만들었지만 아직도 그 전모의 상당수가 발견되지 않은 거대한 유산이다.

그럼 누가 이 굴들을 만들었을까. 수잔휫필드는 과거 인물을 생생하게 재 구성해놓은 『실크로드 이야기』에서 둔황석굴(敦煌石窟)을 만드는 데 평생을 바친 화가 둥바오더(董保德 965)를 부활시킨다. 당시는 실크로드 동쪽 절반의 주도권을 둘러싸고 주변의 강국들, 즉 서쪽의 이슬람, 북쪽의 투르크와 위구르, 남쪽의 티베트, 그리고 동쪽의 중국이 쟁탈을 벌이는 상황 이었다. 화가 둥바오더(董保德)는 석굴의 완성을 위해 자식은 물론이고 아내를 팔아 자신의 목숨을 연명한다. 그런 그의 노력이 있었기에 둔황(敦煌)은 완성될 수 있었다. 하지만 불교의 쇠약과 더불어 둔황(敦煌)은 서서히 잊혀져갔다. 그리고 다시 둔황(敦煌)이 얼굴을 드러낸 것은 좀 비극적이었다.

당대(當代) 중국 문화학자의 대명사인 위치우위(余秋雨)는 "둔황(敦煌) 막고굴은 미칠 듯한 기쁨이자 해방이다. 그 품 안에서 신과 인간은 하나가 되어 시공을 날아오른다. 그리하여 인간은 신화와 우언(寓言)의 세계로, 신비한 우주의 세계로 나아갈 수 있는 것이다. 이곳에서는 미칠 듯한 기쁨이 곧 천연의 질서

원깡석굴(雲崗石窟) 안 조
상(造像)과 채색. 화려한
느낌이 살아있다.

가 되고, 해방이 천부의 인격이 된다. 예술의 천국은 바로 이러
한 자유의 전당인 것이다"고 극찬했다. 그런 유산의 대부분을
발견자 왕원록(王圓籙)의 욕심으로 문화유산을 탐내던 유럽 문
화재 사냥꾼의 손으로 넘긴다. 이 때문에 지금은 거금을 주고
그 마이크로 필름을 사와 연구해야하는 상황이다.

북위(北魏)의 불교 흥성과 더불어 시작된 따퉁원깡(大同雲崗)
석굴은 북위의 초기 국도인 따퉁(大同)의 서쪽 교외 우저우산
(武周山)에 자리하고 있다. 460년부터 465년까지 저명한 승려
담약(曇曜)의 주도로 이룩된 원깡석굴(雲崗石窟)은 현재 53개의
동굴에 5만1천여의 석각이 남아있으며, 5번 굴의 조상은 높이
17미터의 거대한 석조좌상이다. 또 6번 굴에는 중앙에 15미터
높이의 장방형의 탑둥이 천장까지 닿아 있는데, 동굴의 측면과
탑을 장식하고 있는 소벽에는 부처의 탄생에서 열반에 이르기

까지의 일생을 묘사한 정교한 조각들이 새겨져 있다. 이 두 동굴 장식은 윈깡석굴(雲崗石窟)에서 최고의 걸작으로 평가되고 있는데, 그 규모도 규모이지만 섬세함이 돋보이고 색채의 현란함도 전혀 거부감을 느끼지 않게 한다. 희미한 조명 속에 떠오르는 부처의 얼굴 하나하나에서 순진무구한 미적 감각을 느끼게 함은 물론이고, 시대를 초월한 다른 차원으로 유혹하는 듯하다. 윈깡석굴(雲崗石窟)은 1500년이 넘은 석굴로 롱먼석굴(龍門石窟)에 비해 오랜 시간이 지났지만 상대적으로 척박하고, 인적이 적은 곳에 있어 손실이 덜하고, 또 예상외로 석질이 단단해 아직까지 상당수의 불상들이 비교적 온전한 모습을 간직하고 있다.

북위는 494년 국도를 따통(大同)에서 뤄양(洛陽)으로 천도한다. 이미 한족 문화에 깊숙이 침윤된 효문제의 이 천도로 불교계도 뤄양(洛陽)으로 따라온다. 이에 따라 뤄양(洛陽) 교외에 있는 이허(伊河)를 마주보고 있는 향산(香山)과 롱먼산(龍門山)에 석굴이 세워지기 시작한다. 북위에 시작된 석굴은 이후 불교를 숭상했던 동주(東周), 동한(東漢), 조위(曹魏), 서진(西晉), 북위(北魏), 수(隋), 당(唐) 등의 시대는 물론이고 민중에 불교가 뿌리 내리기 시작한 북송(北宋)시대의 유산까지도 포괄하고 있다. 때문에 롱먼석굴(龍門石窟)의 건축사는 당대 문화를 바라보는 가장 좋은 바로미터의 역할을 하고 있다. 롱먼석굴(龍門石窟)에서 가장 두드러지는 불상은 봉선사(奉先寺)의 중심에 자리한 노사나대불(盧舍那大佛)로 측천무후를 모델로 해선지 불상이 아닌 미인상이라고 할 만큼 아름다운 자태를 하고 있다. 또 주위 불

봉선사(奉先寺)의 중심에 자리한 노사나대불(盧舍那大佛).

상들이 상당수 파괴된데 반해 거의 훼손된 흔적이 없고 독특한 느낌을 자아낸다. 몇 개의 불상을 제외하고 상당수의 불상이 훼손된 것은 도시와 가까이 있어 사람의 흔적을 많이 탄 탓도 있지만 룽먼석굴(龍門石窟)은 윈깡(雲崗)의 사암에 비해 조각이 쉬운 만큼 부식이 빠른 회색 석회암이기 때문이기도 하다.

불교의 쇠락(衰落), 봄날은 가고

수(隋), 당대(唐代)에 이르기까지 왕실에서부터 번성했던 불교는 중국 사상이나 종교의 주도권을 영원히 쥘 수 없었다. 당말(唐末)에 무종(武宗)이 도교 이외의 모든 종교를 금지시키는 불교에 대한 억압이 시작됐고, 북송(北宋)시대에는 유교(儒敎) 이념들이 정치를 지배하면서 상대적으로 불교는 위축됐다. 특히 북송(北宋) 때인 1073년 주돈이(周敦頤) 등에 의해 성리학(性理學)이 형성되고, 남송(南宋) 때인 1175년 주희(朱熹)가 성리학(性理學)을 완성하면서 상대적으로 불교는 더욱 위축된다.

불교의 위축은 정치사상으로 주로 작용한 유교나 토착사상과 결합한 도교의 번성 등 다양한 원인이 있다. "불교가 중국에 전래된 초기에는 신이(神異), 기적 및 주술, 기도만으로도 사람의 마음을 사로잡을 수 있었지만, 그것이 고도의 문화적 전통을 가진 중국의 풍토에 적응하면서 사상계를 이끌어가기 위해서는 반드시 직면하는 난관이 있었다. 그것은 위진(魏晋)시대 지식인들의 압도적인 지지를 받은 '노장사상(老莊思想)'과의 관계를 어떻게 처리하는가 하는 것이었다."(金谷治『중국 사상사』중) 이 과정에서 불교는 도교나 토착사상을 상당수 수용했다. 하지만 사람들은 불교가 모든 것을 해결할 수 있다는 믿음을 서서히 잃기 시작했다.

결국 수(隋), 당대(唐代)에 절정에 달했던 긴 영화(榮華)는 다시 돌아오지 않았다. 민중의 마음에는 도교가, 정치인의 마음에는 유교가 더 크게 자리잡았기 때문이다. 또 어떤 사상에 절대적으로 몰입할 것을 주창하는 불교의 사고관은 어떤 사상이든 자신들에게 흡수시키려는 도교와 근본적으로 맞지 않았을 수도 있다. 다만 도교에 비해 훨씬 종교적 성향이 강한 불교는 중국적 성격이 강한 선종(禪宗) 불교로 자리했고, 훗날 라마불교의 형태로 다양하게 숭배됐다.

제8장 사상가(思想家)로 본 중국사

국운(國運)과 생사고락(生死苦樂)을 같이한 사상가

오랜 시간 동안 중국사상의 중심을 차지하던 흐름은 당연히 유가(儒家), 불가(佛家), 도가(道家)이다. 전한 무제(武帝)시대 부터 동중서의 주도로 유가(儒家)가 정치의 중심이념이 되기도 했지만, 위진 시대부터는 불가(佛家)가 사상의 중심을 차지했다. 그러나 불가(佛家)의 사상적 기반이 약해지고 서기 1000년을 전후로 150년가량은 도가(道家)가 중심 사상으로 올라서기도 했다.

이후에는 주자(朱子)가 중앙정치의 헤게모니를 장악해 유가(儒家)가 중심이념으로 섰다. 일시적으로 유가(儒家)가 흔들리기도 했지만 중앙의 통치이념은 유가(儒家)로, 중앙의 종교이념은 불가(佛家)로, 민간의 종교이념은 도가(道家)가 상당한 영향력을 행사해왔다. 이런 사상을 만든 사상가라면 유가(儒家)의 비조(鼻祖)인 공자(孔子)나 맹자(孟子), 도가(道家)의 중심형성자인 노자(老子)나 장자(莊子), 중국 선종 불교의 기초를 튼 달마 대사(達磨大師) 등이 있다. 이런 중국 사상의 가장 큰 특성은 각 사상을 각기 융합시켜가는 작업이었다. 그런 통합의 인물을 꼽으라면 필자는 춘추시대 환공(桓公)을 도와 패업을 이룬 관중(官仲), 법가(法家)의 비조인 한비자(韓非子), 전한(前漢)의 사상가 동중서(董仲舒), 위진(魏晉)사상가 왕필(王弼), 명대(明代)의 사상가 왕수인(王守仁), 혁명가 이지(李贄), 청대(淸代)의 사상가 왕부지(王夫之) 등을 들수있다. 또 청말중초(淸末中初)의 사상가 캉유웨이(康有爲)와 량치차오(梁啓超)도 그런 인물로 꼽힐 것이다.

물론 필자는 중국 사상사를 말할 위치는 아니다. 그러나 중국 사상의 먼 관찰자쯤은 된다. 중국 사상에 대해 특히 도올 김용옥의 책을 정독했으며, 철학자 원정근의 강의나 동양사상사 강의 몇 개를 청강한 기억, 그리고 이후에 읽은 전통에 충실한 펑요란(馮友蘭)이나 사회주의적 철학관을 가진 런지위(任繼愈)의 『중국철학사』 및 각종 서적에서 인상적인 느낌을 받았다. 또 중국에서 공부하면서 들었던 전통사상의 관점이 저널리즘적 글쓰기를 충동시켰다.

2002년 여름에는 우연히 김형찬 철학전문기자와 40여일 동안 중국 사상의 태동지를 돌아다니면서 그들의 흔적과 의미를 읽어볼 수 있었다. 이런 과정에서 얻은 관점으로 중국 역사를 보는데 도움을 줄만한 중국 철학을 간단히 정리한다. 수많은 사상과 사상가가 있지만 필자가 정리한 인물은 사상적 가치가 높고, 또 시대적으로도 중요한 의미를 가지는 몇 사상가를 탐구했다. 물론 이 사상가들은 한 챕터가 아니라 한권의 책으로도 접근하기에 불가능한 인물들이다. 다만 책의 특성에 맞게 간략히 정리해 독자들에게 중국 사상가에 대한 관심을 유도하는 수준에서 썼다.

관중과 한비자, 실용적 사상으로 통일을 일궈

한자성어 '관포지교(管鮑之交)'의 주인공이기도 한 관중(官仲 ?~BC 645년)은 춘추시대(春秋時代) 제(齊)나라의 군주 환공(桓公 재위 BC 685년~BC 643년)을 도와 진시황에 미치지는 못하지만 중원의 통일을 이루는 데 결정적인 역할을 한 인물이다.

제나라 환공은 포숙아(鮑叔牙)의 진언으로 관중(管仲)을 재상으로 기용, 그 후 관중의 협력으로 여러 제후들과 회맹(會盟)하여 신뢰를 얻은 후 규구(葵丘: 河南省)에서의 회맹으로 패자(覇者)가 된 인물이다. 그가 패업을 이룰 수 있었던 결정적인 원인은 관중의 등용이었다.

관중 사상의 핵심은 군사력의 강화하고, 상업과 수공업의 육성을 통하여 부국강병(富國强兵)을 꾀하는 것이었다. 그에 관한 기록은 후에 가필된 『관자(官子)』에 잘 나타나 있는데, 법가(法家) 사상을 기본에 놓고, 도가(道家) 사상을 편입시켰다. 이 책에서 정치의 요체(要諦)는 백성을 부유하게 하고, 백성을 가르치며, 신명(神明)을 공경하도록 하는 세 가지 일이 있는데, 그 중에서도 백성을 부유하게 하는 일이 으뜸이라고 적었다. 이런 사상을 기반으로 제나라는 나라를 정비해 회맹을 통해 패업을 이룰 수 있었던 것이다. 그렇지만 법가적(法家的) 사상이 농후

제나라 환공을 도와 패업을 이룬 관중의 묘. 즈보(淄博)에 있다.

한 관중의 사상은 훗날 상당히 홀대를 받았다.

제나라의 수도였던 산둥성(山東省) 즈보(淄博)는 개발구 정책을 통해 도시를 부흥하려는 전형적인 개발 도시이다. 관중의 묘는 즈보(淄博)의 언덕에 서 있었는데, 무덤 앞에 서서 보니 사방에는 공장의 연기가 뿜어 나오고 있었다. 실용을 통해 백성이 잘 사는 것을 원하던 그였기에 기꺼워할 지도 모른다. 하지만 새로운 건축을 위해 옛 성을 부수는 후손을 보면 어떤 마음이 들까하는 생각이 들었다.

한비자(韓非子)는 중국 최초의 통일왕조라는 진(秦)나라의 사상적 기반을 이룬 인물이고, 그의 현실적 사상은 지금도 끊임없이 재평가 받고 있다. 한비자는 전국(戰國)시대 말기 한(韓)나라의 공자(公子)로 법치주의(法治主義)를 주창한 한비(韓非 ?~BC

233년)와 그 일파의 논저를 말한다. 물론 그 중심인물은 한비고, 때로는 한비를 일러 한비자로 칭하기도 한다.

그의 사상은 우선 인간의 일반적 성질은 타산적이고 악에 기우는 것으로 설혹 친한 사이에 애정이 있다 해도 그것은 무력(無力)한 것이라 하였고, 따라서 정치를 논할 기초가 될 수 없다고 했다. 또 이 세상은 경제적 원인에 의하여 끊임없이 변화진전하기 때문에 과거에 성립된 정책이 반드시 현세에 적용되지는 않는 것이며 이러한 관점에서 볼 때, 유가(儒家)나 묵가(墨家)의 주장은 인간사회를 너무 좋도록 관찰하여 우연성에만 의존하는 공론(空論)에 불과하다. 그러므로 군주는 그러한 공론에 귀를 기울이지 말고, 끊임없이 시세(時世)에 즉응(卽應)하는 법을 펴고, 관리들의 평소의 근태(勤怠)를 감독하여 상벌을 시행하고 농민과 병사를 아끼고 상공(商工)을 장악하지 않으면 안된다고 설파했다.

이 때 군주는 측근 중신, 유세가(遊說家), 학자, 민중들에게 좌우되어서는 안 된다는 주장이다. 한비와 그 학파의 사상은 일반적으로 편견적인 인간관 위에 성립된 것으로 지적되며, 특히 유가(儒家)로부터는 애정을 무시하는 냉혹하고도 잔인한 술책이라는 비난을 받았다. 하지만 유가(儒家), 법가(法家), 명가(名家), 도가(道家) 등의 설을 집대성하여, 법을 독립된 고찰대상으로 삼고 일종의 유물론과 실증주의에 의하여 독자적인 사상체계를 수립함으로써 진(秦), 한(漢)의 법형제도(法刑制度)에 강력한 영향을 끼쳤다.

당시 한비자의 고국인 한나라는 진나라에게 많은 땅을 빼앗기고 멸망의 위기에 처해 있었다. 성격이 괴팍한 한비는 화가 치밀어 올라, 한비자를 저술했는데, 한왕은 거들떠보지도 않고, 오히려 진시황이 그의 책을 보고 감화 받아 한나라를 치려고 했다. 이후 한왕은 한비자를 진시황에게 보냈고, 한비자를 본 진시황은 그의 탁월한 견해를 높이 평가해 환대했다. 이것이 친구 이사(李斯)의 질투심을 자극했고, 결국 한비자는 이사의 모함으로 죽게 된다. 그의 사상은 진시황의 정책 수립에 큰 영향을 주었고, 진시황이 천하를 통일하는데 결정적인 기반 사상이 된다.

동중서, 유가(儒家)를 정치사상의 주류로 이끈 일등공신

동중서(董仲舒)는 전한(前漢) 때의 유학자다. 중국은 한족과 주변 소수민족들 사이의 주도권 싸움의 역사라할 수 있는데, 한족이 세운 나라 가운데 가장 큰 영역을 갖고, 번성한 때는 한무제(漢武帝)때다. 한무제는 기원전 156년 태어나, 15세인 기원전 141년 황제에 올랐다. 이후 54년 동안 권좌에 있었는데, 이 기록은 청나라 강희제(재위 61년)와 건륭제(재위 60년. 태상황제 3년. 사실상 63년)에 의해 깨지지만 당시로는 대단한 기록이다.

한무제의 정치나 사상적 기반을 제공한 인물이 바로 동중서(董仲舒)이다. 동중서의 가장 큰 역할은 당대에 유가(儒家)가 중국 통치의 전면에 서는 계기를 마련한 인물이라는 것이다. 우선 그의 학문적 성취에 버금갈 만한 인물이 많지 않다. 철학자 펑요란(馮友蘭)은 그를 음양가와 유가를 혼합한 중요한 인물로 풀이하고 있다.

그 이전까지 음양론(陰陽論)과 오행론(五行論)은 분리되어 있지만 동중서는 '홍범'에 있는 오행의 순서를 바꾸면서 음양오행설(陰陽五行說)을 정립시켰다. 또 인성론(人性論)에 있어서는 성선설(性善說)을 가진 맹자(孟子)를 계승했지만, 인간은 이미 선한 게 아니라 선에 다다르지 못한 선(未善)이라고 보았다. 전반적으로 그의 사상에서 가장 두드러진 것은 '천인감응설(天人感應說)'이다. '천인감응설'은 천기(天氣)의 변화가 인간의 신체에 어떤 영향을 준다고 생각하여 "하늘이 음우(陰雨)를 내리려하면 인간의 병고가 그것을 위해 먼저 움직인다. 이것은 음(陰)이 상응하여 일어난 것이다."고 하였는데 이와 같이 하늘(天)과 사람(人)이 서로 감응하는 것을 말한다. 이것은 인간이 하늘(天)의 부본(副本)이요 우주의 축소판이라는 말로, 하늘(天)이 인간을 자기의 모형대로 만든 것은 자기의 의지를 체현시키고 관철시키기 위한 것으로 인간이 하늘(天)의 의지를 위반하게 되면 반드시 하늘(天)의 노여움을 일으켜 재앙 등을 불러오는 것을 말한다.

이런 사상을 통해 동중서(董仲舒)는 군주의 악정에 대한 경고를 하기도 했다. 이는 당시까지만 해도 절대적인 권위를 가진 왕에게 하늘에 대한 두려움을 준 것이다. 그 두려움은 민중의 뜻이 모아졌다는 점에서 이런 평가를 받는 것이다.

즉 군주가 천명을 받아 다스릴 권위를 얻기도 하지만 하늘이 지진이나 일식, 홍수, 가뭄 등으로 군주의 권위를 변화시킬 수 있는 토대를 만든 것이다. 또 동중서는 우리에게도 익숙한 오륜(五倫) 가운데서 세 개를 뽑아 삼강(三綱)을 만든 인물인데, 이를 통해 임금과 신화, 아비와 자식, 남편과 아내의 역할관계를 세우려 했다.

동중서(董仲舒)는 장막(帳幕)을 치고 제자를 가르쳤기 때문에 그의 얼굴을 모르는 제자도 있었고, 3년 동안이나 정원에 나가지 않았을 정도로 그는 학문에 정진했다. 무제(武帝)가 즉위하여 인재를 구할 때 현량대책(賢良對策)을 올려 인정을 받고, 전한의 새로운 문교정책에 참여하고 기획하게 되었다. 그뿐만 아니라 중국에서 처음으로 과거(科擧)정책을 입안(立案)하는 역할을 했던 인물이기도 하다.

왕필(王弼), 요절한 천재

왕필(王弼)은 위(魏)나라의 학자다. 왕필은 중국 철학사에서 손꼽히는 천재 가운데 하나로 꼽힌다. 24살(226-249)의 짧은 생을 살다갔지만 중국 사상의 가장 큰 특징인 사상간의 변주(變奏)를 말하면 왕필을 빼놓을 수 없을 만큼 그의 역할은 크다. 위진(魏晉)시대는 사회의 정치제도와 윤리도덕 등 문화를 총칭하는 명교(名敎)와 자연관과 인생관을 포괄하여 나타내는 자연(自然)의 토론을 통해 사회정치 문제가 철학의 문제로 확대된 시기다.

그는 전통적인 예교(禮敎)의 구속을 깨뜨리고 방임과 자유를 주장했는데, 그 사상적 원류는 노자(老子)와 장자(莊子)의 사상이었다. 특히 이런 기운은 위나라 말기의 정치적 위기 속에서 강한 개성과 자아(自我) 및 반예교적(反禮敎的) 사상을 관철하기 위하여 술과 기행(奇行)으로 자신을 위장하고 살았던 완적(阮

籍)이나 유교사상과 인생관을 통렬하게 비판하고, 인간 본래의 진실성을 키워야 한다고 주장하던 혜강(梧康) 등 죽림칠현(竹林七賢)과 비교되면서 더욱 빛났다.

이런 학자들이 대부분 명교를 떠났음에 반해 왕필은 명교와 자연을 통일적인 기반 위에서 사상을 세운 철학자이다. 왕필은 명교가 자연에서 나온다고 생각했는데 이것은 정치 이론상 명교는 무위(無爲)를 근본으로 삼지 않을 수 없으며, 명교 또한 그 것의 본체의 산물이므로 도(道)에 합치되는 것으로 봤다. 따라서 왕필은 자연을 명교의 위에다 놓고 사상을 합치시켰다. 결국 이상적인 통치자는 명교와 자연의 관계에 있어서 반드시 자연 원칙에 근거하여 명교를 대해야 한다고 생각했다.

통치자(聖人)의 기능은 도(道)와 마찬가지로 무위(無爲)한 것이라고 했다. 이런 과정에서 내세운 지침은 '숭본식말(崇本息末)'이다. 그가 『노자(老子)』를 풀어내 정리한 후 내놓은 이 개념은 '근본'을 높이면서도 '말단'을 살린다는 의미다. 좀더 구체적으로 봤을 때, 대만의 왕필 전문 사학자 린리쩐(林麗眞)은 왕필의 '본(本)'은 "천지의 시작, 사물의 어미, 개별사물의 근원을 의미하며, 우주의 본체를 의미한다"고 봤다.

그가 풀기에 왕필의 '본(本)'은 유가(儒家)의 '인(仁)'이나 '중(中)' 등이 갖는 도덕적 의미를 포함하지는 않는다고 해석했다. 또 '본(本)'이 무(無)를 가리키면, '말(末)'은 유(有)를 가리키고, '본(本)'이 도(道)를 가리키면 '말(末)'은 사물을 가리킨다고 보아 결과적으로 린리쩐은 "숭본(崇本)의 의미가 근본을 잃지 않고 근본을 어기지 않으며, 근본을 떠나지 않고 말단을 쫓아내지 않으며, 말단을 숭상하지 않고 말단에 집착하지 않는 것이라고 할 수 있다”고 말했다.

린리쩐은 ‘식’(息)의 해석에 있어서 휴(休), 지(止), 폐(廢)로 보는 것이 아니라 생(生), 존(存), 전(全) 등 긍정적 의미를 부여한다. 신영복 선생은 본(本)이란 자연을 의미하며 말(末)이란 유법(儒法)의 인위적(人爲的) 규제(規制)를 의미하고 ‘말(末)’의 의미를 ‘종식시킨다’(없앤다)로 보는 등 다른 해석을 내놓기도 한다. 어떻든 왕필 철학은 유가(儒家) 중심의 사상에 새로운 패러다임을 제시해 한대 학문의 유가(儒家) 편향적인 태도를 극복하고, 과감하게 도가(道家)의 사유를 수용하여 유가(儒家)와 도가(道家)를 융합(融合)시키는데 큰 역할을 했다.

왕양명(王陽明), 격물치지(格物致知)로 명대(明代) 사상계에 영향

남송시대(南宋時代)에는 사상가 주희(朱熹 1130-1200)가 중국 사상계에 큰 영향을 끼친다. 그는 중국 유가(儒家) 경전의 대부분을 풀어내고 정리했는데, 이 때문에 그는 주자(朱子)라는 칭송을 받았다. 주자는 당대에도 학문적 성취를 인정받아 적지 않은 권력을 가졌으나 후에 위학(僞學)이라는 모함을 받았다. 그러나 곧바로 명예를 회복한 후 유가(儒家)의 절대적 권위를 부여받으며, 원(元)나라 성종(成宗)때는 주자학이 관학(官學)으로 공인됐다.

주자의 이런 절대적 권위에 도전장을 던진 인물이 왕양명(王

陽明 본명 守仁 1472
년~1528년)이다. 그
는 사상가로는 드물
게 한손에 붓을 들고
다른 한손에는 칼을
든 인물이다. 그의
고향인 저장성(浙江
省) 위야오(餘姚)나
그가 득도했다는 구
이저우(貴州) 룽장
(龍場)에서 만나는

위야오(餘姚)에 있는 양명
의 옛집. 그는 학문의 일
파를 만들었지만 중국 보
다는 일본에서 숭앙되고
있다.

그의 동선을 그린 지도는 중국 남방의 대부분의 지방을 표시해
놓았을 만큼 복잡했다.

교통이 발달한 지금 움직여도 적지 않을 그 길을 오랑캐 정벌
이라는 명목으로 끊임없이 돌아다니는 한편 학문에도 정진했
다. 그도 처음에는 관학인 주자학(朱子學)을 배웠다. 그러나 이
에 만족하지 않았고, 선(禪)이나 노장(老莊)의 설에 심취했다.
그는 좌천당한 구이저우(貴州) 룽장(龍場)에서는 힘든 몸을 이
끌고 도를 닦아 어느날 심즉리(心卽理), 지행합일(知行合一), 만
물일체(萬物一體)라는 개념을 깨달았다. 그는 이후 각지를 돌아
다니면서 무관(武官)으로 업적을 쌓은 한편 강학(講學)을 멈추
지 않았다.

이 때문에 그의 학문은 양명학파로 성립되어 명대(明代) 사상
계에 큰 영향을 주었다. 그는 56세 때 광둥(廣東), 광시(廣西)의

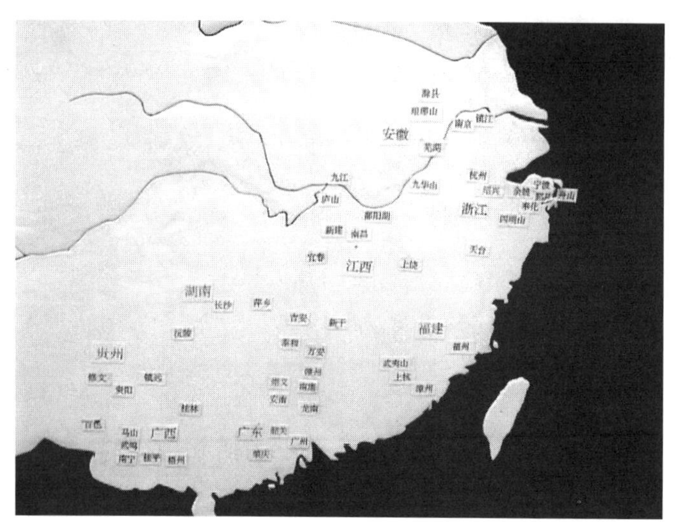

왕양명이 다닌 지역을 표시한 중국 지도.현대에도 가기 힘들 만큼 많은 지역을 경험했다.

묘족(苗族) 반란을 진압하고 오는 길에 죽었는데 출발 전야에 유명한 4구결(四句訣)을 남겼다. "無善無惡是心之體(무선무악시심지체), 有善有惡是意之動(유선유악시의지동), 知善知惡是良知(지선지악시량지), 爲善去惡是格物(위선거악시격물) (마음의 본체는 본래 선과 악이 없는 것이지만, 선과 악이 나타나는 것은 뜻(意)의 작용 때문이다. 그러므로 이미 나타난 선과 악을 구별하여 아는 것이 양지(良知)이며 선을 행하고 악을 버려 마음의 본체로 돌아가는 것이 바로 격물(格物:사물의 이치를 깨달아 마음을 바로잡음)이다"가 그것이다.

양명의 철학은 이후 다양한 각도로 해설된다. 격물치지(格物致知)에 대하여 왕문우파(王門右派) 전서산(錢緖山)은 의(意)에 선악이 있기 때문에 선을 행하고 악을 제거하는 실천 수행을 필요로 한다고 주장했다. 한편 왕문 좌파인 왕용계(王龍溪)는 마음의 본체가 무선무악(無善無惡)이면 의(意)도 무선무악(無善無惡)이며, 의(意)에 선악(善惡)이 있으면 마음의 본체에도 선악(善惡)이 있어야 한다고 하였고, 이는 스승인 양명의 한때의 언사일 뿐, 철두철미한 이론은 아니었다고 주장했다.

이지(李贄), 시대는 그를 따라 주지 못하고

이지(李贄 호 卓吾 1527
년~1602년)는 여러사상이
급속히 밀려오고 환관정
치로 인해서 멸망을 목전
에 둔 명말(明末)의 인물이
다. 그는 항구 추엔저우(泉
州) 출신으로 이 곳은 당시
중국과 세계를 연결시킨
통로며, 그의 사상을 빠르
게 발전시킬 수 있었던 자
양분이 된 곳이다.

옛집에 있는 이탁오의 초
상. 그는 베이징 퉁저우의
감옥에서 자살한다.

그는 이곳에서 중국 전통은 물론이고, 가족이 신봉한 회교,
기독교 등을 빠르게 받아들였다. 너무 빨리 받아들인 사상은 급
진적인 학문으로 변해갔다. 아버지는 아들 이지(李贄)를 상인으
로 키우기보다는 학자로 키우길 바랬고, 이지는 26살에 과거에
합격했다. 그의 사상은 현실에서 받아들이기 어려웠지만 벼슬
길에 태주학파(泰州學派)와 교류하고, 불교학자들과 교류하면
서 사상을 성숙시켜갔다. 그후 54세에 관직을 버리고 세속의
인연을 끊었고 자조적으로 태워야할 책이라는 제목을 붙인 『분
서(焚書)』(6권), 『속분서(續焚書)』(5권)와 묻어야할 책이라는 뜻
의 『장서(藏書)』(68권), 『속장서(續藏書)』(27권)를 남긴다.

그는 가난과 굶주림으로 장녀를 제외한 2남2녀를 잃어버렸지만 아랑곳 않고 이단적인 학문세계로 나아갔다. 이지(李贄)는 금욕주의, 신분차별을 강요하는 예교(禮敎)를 부정하고, 인간성을 옹호하는 입장에서 본능(本能)을 긍정했다. '동심설(童心說)'은 독서견문(讀書見聞)으로 물들지 않은 아동의 맑고 깨끗한 마음을 가장 가치 있는 것이라고 간주하는 것이며, 도가적(道家的)인 자연 그대로의 인간의 마음이 존중되어야 하고, 인욕(人慾)은 가식 없이 그대로 긍정되어야 한다고 주장했다.

또 공자(孔子)의 시비(是非) 판단도 현재의 기준은 되지 않으므로, 사람들은 각각 자기의 시비기준을 가져야 한다고 하며 독자적인 사론(史論)을 전개하였다. 진(秦)나라 시황제(始皇帝)도 천고(千古)의 으뜸가는 황제였다고 칭찬하고, 오대(五代) 때의 풍도(馮道)와 같은 절개 없는 인물을 칭찬하기도 하였다. 그는 또한 '남녀평등론(男女平等論)'도 주장한 바 있으며, 그의 반유교적(反儒敎的)인 교설(敎說) 때문에 자주 정부당국의 박해를 받아, 마지막에는 장문달(張問達)의 탄핵을 받아 투옥되어 옥중에서 자살하고 말았다.

이지의 저술은 이단으로 평가받아 엄격하게 유통을 금지했다. 하지만 거의 모든 사람들이 그의 저서를 한권씩 지니고 있었으며 아주 소중히 여겼다고 할 만큼 학문적 평가는 남달랐다. 그렇다고 그의 부활을 말하지는 않는다. 이지의 흔적이 중국에 남아있는 곳은 별로 없다. 추엔저우(泉州) 그의 생가에는 5평 남짓한 작은 공간만이 그 흔적을 보관하고 있는데, 필자가 문을 두드린 후에야 열릴 만큼 황폐했다. 그가 죽은 베이징 인근 통저우(通州 지금은 행정상 베이징에 속함) 시하이즈(西海子) 공원의 무덤도 너무도 초라했다. 정작 이탁오(李卓吾)가 통열히 비판했던 공자의 가치는 다시 올라가고, 그가 옹호했던 진시황이 재평가되는 이 시점에도 이탁오(李卓吾)에 대한 재평가가 되기에는 아직 틈이 남아있다.

왕부지(王夫之), 중국 유물사상론의 완성자?

필자가 왕부지(王夫之 1619년~1692년)의 이름을 만난 것은 도올 김용옥의 『동양학, 어떻게 할 것인가』에서였다. 이제 도올은 왕부지의 이름을 별로 거론하지 않지만 도올은 하버드대학에서 박사를 받을 때, 왕부지를 연구했다. 도올은 왕부지의 주역(周易)해석을 비교철학적 관점에서 연구해 박사학위를 받았다.

도올의 첫 저작이자 이후에 쏟아진 무수한 저작의 근간이 된 이 책에서 도올은 왕부지를 유물주의 철학이 중심을 이루던 중국 사상계에 그간 분산되어 존재하던 유물론을 정리해 "자연관, 인식론, 철학론 등 철학 방면의 문제들을 연계관통(聯繫貫通)하여 완정(完整)한 박소유물주의(朴素唯物主義)를 구성해낸 자"라고 말하고 있다.

도올의 해석에 따르면 왕부지는 상주(商周)시대에서 내려오던 유물주의, 특히 역경(易經)과 홍범(洪範)에서 변증법과 유물주의의 싹을 발견하고 그 싹이 묵자(墨子), 손자(孫子), 순자(荀子), 한비자(韓非子)에 의해 철학적으로 표현되다가 한(漢)나라 때 왕충(王充)에 의해 손질을 거친다. 이후 기(氣) 사상의 흐름을 원류로 해서 약 1600년 동안 계속되다가 왕부지에 이르러

왕부지는 중국 유물주의 정리자로 일컬어져 그의 사상을 계승하자는 움직임이 활발하다. 헝양시 시두현의 법원앞에 걸린 이 플래카드에는 "왕선산 사상을 널리 이해해 현대문명을 발전시키자"는 표어가 있다.

완성됐다는 것이다. 물론 도올은 지금 보이는 자신 만만한 모습을 그때도 똑 같이 보이면서 "왕부지는 최고봉의 위치를 차지하며 주희(朱熹)나 왕수인(王守仁: 陽明)은 그의 권위에 얼씬거리지도 못한다…… 왕부지의 위치는 서양근대철학사에 있어서 헤겔의 위치와 상응한다"로 평가를 내린다. 이런 도올의 중국 사상사 이해는 사실 중국 본토 철학자 런지위(任繼愈)를 중심으로 내놓은 관점과 거의 유사하다.

1973년 10월 베이징에서 발간한 『중국 철학사 간편(中國哲學史 簡編)』은 발간 시기가 말해주듯이 문화대혁명(文化大革命)이라는 상황적 특수성이 있다. 물론 이 책이 전적으로 바람직하다는 관점을 말해줄 수는 없지만 당시는 지식인들이 수차례의 유심주의에 대한 도전으로 상처를 받고나서 유물론의 관점에서 철저히 연구해 정리한 철학저술이다. 이 시기는 지식인들이 하방 되어 연구했기 때문에 철학뿐만 아니라 식물학, 약학 등 연구의 기본이 되는 수많은 저술을 만들어낸 시간이기도 하다.

그럼 도대체 왕부지가 누구 길래, 주희(朱熹)나 왕수인(王守仁)이 얼씬도 못한 다는 것일까. 런지위(任繼愈) 등 사회주의철학자의 관점은 무엇이었을까. 왕부지는 1642년 24세로 진사시험에 합격하였으나, 명나라 유신(遺臣)이라는 이유로 청나라의 벼슬길에 나가지 않았다. 그는 이후 석선산(石船山)에 집을 짓고 독서와 저작에 몰두해 '왕선산(王船山)'으로 부르기도 한다. 런지위(任繼愈)는 『중국철학사』에서 〈왕부지의 유물주의 사상과 소박한 변증법사상〉이라는 제목으로 그의 사상을 높게 평가한다.

그는 선대의 유물주의를 계승했지만 훨씬 심도 있게 연구해주, 객관적 유심주의를 비판한다. 우선 그는 우주를 물질의 원기(元氣)로 구성된 물질적 존재로 보고, 기와 대립할 기타 물적 존재가 없다고 본다. 그는 노장사상(老莊思想)과 불교의 인식론도 연구해 이 모든 사상 속에도 무(無)란 존재하지 않는다고 역설한다. 또 왕부지는 음양 2기의 대립과 통일 사상을 변증법 사상의 주요내용으로 봤다. 이에따라 왕부지의 사상은 당연히 사회주의 중국에서 중요하게 취급되었다.

왕부지가 잠시 강의했던 후난(湖南) 지성의 산실 악록(岳麓)서원에는 그의 학문적 업적이 정리되어 있는 것은 물론이고, 그의 이름을 딴 학사(學舍)도 있었다. 헝양(衡陽)에서 30분쯤 가면 시두(西渡)가 있다. 옛 헝양의 도심에는 왕부지의 동상이 서 있고,

외곽에는 그를 기념하는 공원 공사가 한창이었다. 또 시두(西渡)의 공산당사 앞에는 왕부지의 사상을 이어받아 사회주의를 발전하자는 플래카드가 걸려있었다.

이곳에서 다시 차로 2시간쯤 들어가면 그가 노년에 강의했던 상서초당(湘西草堂)이 있다. 이곳도 진입로를 뚫고, 주차장을 세우는 등 준비가 한참이었다. 그 초당의 입구에서 다시 30분쯤 산길을 타고 걸어가니, 석선산(石船山)이 나왔다. 나무들 사이에 숨겨진 작은 바위에서 배를 상상하기가 참 어려웠다. 하지만 가는 길 내내 "소비는 궁극적으로 농촌 경제에 도움이 된다"는 정부의 소비 장려책이 눈에 띠었다. 이것이 새로운 중국식 유물주의이기 때문이다.

캉유웨이(康有爲)-량치차오(梁啓超), 중국 근·현대를 이은 사상가

혼돈(混沌)이 별을 만든다는 니체의 은유가 맞을까. 왕부지가 명말 청초라는 혼돈의 시간에 태어났듯이 캉유웨이(康有爲)와 량치차오(梁啓超)는 청말에서 중화민국으로 넘어가는 시기에 만들어졌다. 두 사람은 사상의 성장에서 스승과 제자 이상의 긴밀한 인연이 있었다. 다만 둘의 가장 큰 차이는 캉유웨이(康有爲)가 청(淸)의 유지속에 개혁을 꽤했던 반면, 량치차오(梁啓超)는 청을 전복하고, 한족의 정부를 세워야 한다는 입장을 갖고 있었다.

스승이었던 캉유웨이(康有爲)는 전통적인 유교를 새로운 관

점에서 보는 공양
학(公羊學)을 배우
는 한편 국제정세
나 서양의 학문에
도 깊은 관심을 가
져, 일본의 메이지
유신(明治維新)을
본따서, 국회를 열
고 헌법을 정하여

캉유웨이(康有爲). 청말 '무술변법'을 주도했으나 보수파의 반격에 밀려 실패했다.

입헌군주제로 하는 정치적 개혁(變法自彊)을 주창했다. 1898년 그의 '변법자강책(變法自彊策)'은 제사(帝師)인 옹동화(翁同和)를 통하여 광서제(光緒帝)에 받아들여져 무술변법(戊戌變法)으로 이어졌고, 과거(科擧)의 개정, 실업의 장려, 부정관리의 정리 등이 이뤄졌다. 그러나 개혁의 추진력이 궁정 내의 일부에 한정되었고, 국민들과의 광범한 유대가 없었기 때문에 실효를 거두지 못했고, 100일쯤 뒤에 위안스카이(袁世凱)의 배반으로 실패로 끝났다. 서태후(西太后) 등의 수구파(守舊派)가 모든 것을 원상대로 환원시키자 캉유웨이(康有爲) 등은 해외로 망명했다. 망명 후 보황회(保皇會)를 설립하여 '의화단(義和團)의 난'을 틈타 광서제(光緒帝)의 복위를 꾀하기도 했으나 그의 사상은 점차 쇠퇴하면서 쑨원 등의 혁명파에 의하여 대체되었다.

량치차오(梁啓超)의 고향은 캉유웨이(康有爲)의 고향이자 그가 강의한 난하이(南海)와 그리 멀지 않은 지앙먼(江門) 신후이(新會)다. 어려서부터 중국 전통교육을 받았지만, 상하이에서

량치차오(梁啓超). 캉유웨이와 달리 청나라의 전복을 꾀했던 혁명 사상가다.

세계 지리서인 『영환지략』(瀛環志略)과 서양 서적을 보고는 생각이 크게 바뀌었는데, 이 해 캉유웨이(康有爲)를 처음 만나 그에게 육왕심학(陸王心學)과 서학(西學)을 배우고 공양학(公羊學)을 익혔다.

1895년 캉유웨이(康有爲)와 함께 베이징(北京)에 강학회(强學會)를 설립하고, 상하이에 강학회 분회를 설립하여 여러 나라 서적의 번역, 신문·잡지의 발행, 정치학교의 개설 등 혁신운동을 펼쳐 중국 개화에 공헌하였다.